林漢仕著

文史哲學集成

易傳都都

文史哲出版社印行

國家圖書館出版品預行編目資料

易傳都都 / 林漢仕著. -- 初版. -- 臺北市：文史哲，民 91

面： 公分.--(文史哲學集成;467)

參考書目：面

ISBN 957-549-483-0 (平裝)

1.易經 – 研究與考訂

121.17　　91021776

文史哲學集成 ⑭⑥⑦

易傳都都

著　者：林漢仕
出版者：文史哲出版社
http://www.lapen.com.tw
登記證字號：行政院新聞局版臺業字五三三七號
發行人：彭正雄
發行所：文史哲出版社
印刷者：文史哲出版社
臺北市羅斯福路一段七十二巷四號
郵政劃撥帳號：一六一八〇一七五
電話 886-2-23511028・傳真 886-2-23965656

實價新臺幣五〇〇元

中華民國九十一年(2002) 十一月初版

ISBN 957-549-483-0

易傳都都目錄

易傳都都林漢仕序

從民國六十一年八月自費出版「說文重文彙集」，及六十七年二月出版「孟子的故事」以來，因爲工作忙，書商屢催送書，讀者索書信件無法交代。加上新兼了一個頗負盛名的書局編輯工作，只好將再版的事暫擱一旁。直到認識了文史哲出版社老闆彭正雄先生。商得彼同意再版。沒想到因而衍生創造出一系列不可思議的——林漢仕易傳輯評——長跑的空間。民國七十二年十一月第一本「易傳評詁」問世。我在自序裡說：「竊嘗爲衆傳所困，極思作一明經文之大體，使守而有本，述不失其祖之易傳。聽二千年來學者心聲，冶漢宋於一鑪。」是書共收了咸、恆、遯、大壯、晉、明夷、家人、姤、萃、歸妹、豐等十一卦。傳注以王弼、孔穎達、虞翻、程頤、蘇軾、張載、項安世、朱震、李衡、朱熹、梁寅、來知德、王夫之、李光地、毛奇齡等爲主軸。毛奇齡說如夢如囈，前後迷罔，一往鶻突。而作推易之贊。丁壽昌「讀易會通」亦欲融漢宋爲一家，合理數爲一學。以見宋儒易即漢儒易，即孔子文王易。前輩斧跡斑斑。置冰炭於一鑪也者，欲活潑其生命，相生相成如水火之濟而爲用也。否則，如之何謂易學爲第一修身哲學？如咸卦卦辭：咸、亨、利貞、取女吉。林漢仕案：君子之道，造端乎夫婦。鄭康成解貞有寵統美。貞則正，是吾輩行爲超乎禮法之上。告子云食色性也。設不以禮防則濫矣！咸卦發乎性情，止乎禮俗，正是關睢德化之始。毛繪感象，一幅活春宮躍然見意。昔齊宣王以好色自喻，孟子讚王惟恐不好色也。蓋能與百姓同之。舉天下無曠男怨女矣。故必娶是女而后吉也。

台灣被日本佔領了五十年。振興國學，正靠你我。於是採用淺近的文言作爲抒寫工具。爲了理念，就這樣踽踽而行，已踏出必須孤獨的第一步。

民國七十七年十二月，「乾坤傳識」出版。只收乾、坤、睽三卦。我在序裡說：「本書無門派可依，祇在蒐羅舊聞，忞君臧否，賢者識其大，不賢者識其小。」書名傳識。識，音義同誌，即含賢者識大識小之義。傳注另加彖、象、文言及近人屈萬里、鄭衍通、高亨、傅隸樸、黃慶萱、程兆熊等以壯大其聲勢。譬如說乾卦初九，潛龍勿用。徐世大說指童年小龍未發育，未到男性特徵。有人說：占得潛龍，天子傳位。林漢仕案乾爲純陽。孤陰不生，獨陽不長，龍類滅矣！潛龍，其猶水氣潛藏地中尚未化氣成雲乎？勿用者氣候未成熟也。故各家以德業未備，時機未至勉養晦俟時。孔子都須相機行事，謂見行可、際可，時哉時哉！孔子所以爲聖之時者也。乾卦六爻皆陽；初九，卦之一爻耳，占得潛龍就得傳位，置九二……九五何如？初潛龍即退位，是不明處低處下養晦之義，一憤亡身匹夫匹婦之行也。再言位已傳如何其飛龍在天？政治不能兒嬉，權力一旦移轉，再掌權機率有多少？身且不保矣！如何去彌綸天地！是夢囈之言乎哉！潛龍正乃處約之時也。舜耕歷山，西伯處岐，劉邦亭長，時舍行藏，其理不至明乎？

民國八十年十一月第三本「否泰輯眞」出爐。是書含屯、需、師、泰、否、豫六卦。

例如泰九三爻辭云无平不陂……。俗稱三陽開泰。豈處此即達顚峰？過此，方中方仄乎？史記引書曰成功之下不可久處。書經皇天无親，惟德是輔。老子禍兮福所倚，福兮禍所伏。易理亦彰明變動不居，通神明之德者，明持盈守闕。古人戰戰兢兢，宿夜匪懈，即知創業維艱，守成尤不易也乎。荀子之勝天克天，修道不貳，天不能禍；人謀而臧，天不能貧、不能病。大哉人謀，可參天地化育萬物。故女當自問盡力了多少？求之在我，盡其在我了嗎？世間萬物如轉圜。佛家有超出六道輪迴妙方，發阿耨多羅……正等正覺。彼岸可渡，即回頭亦是岸。事在人爲，可以長保富、長保貴者其權握在女手中。否則，乃人謀鬼謀不善之戒辭，善則長平不陂，不善其剝矣！方中方仄矣，我在自序裡提到否泰輯眞爲新鑄，而綜理廣玩，滙眞將陸續鋟版。並期易經文字之詁訓，集兩千年大賢於一處，強迫出席，共議其宏旨，擇得其涯岸。並期盼讀者諸君，發願古今同唱。無懼少數必須服從，无權勢壟斷，無人情包庇，唯理徵信。是理也，間有發現，不待達旦即披誠心作河東白豕之獻。路遙任重，盡用坐堂餘暇，不知老之將至，其可圖乎？是則爲吾憂也。

民國八十一年九月，「易傳綜理」印就。是書共取蒙、訟、比、大有、蠱五卦。我在序裡提到：學術究探，不引則人疑杜撰，全引又有塗卷充數之譏。是以妄意「鴻裁」，得其旨而止。歐陽修以河圖洛書爲妄。東坡云著之易，見於論語，不可誣也。曾南豐以非所習見果以爲不然，亦可謂過矣。可見古人早已實踐「吾愛吾師、吾更愛眞理。」本書共收五卦。例如訟卦卦辭訟，有孚、窒、惕、中吉……。林案：文明未生，弱肉強食之時無訟。訟爲文明進化之產物。從爪牙、力之決勝至口舌折衝，邏輯理學大明。訟得仲裁，化不親爲親、不和爲和，訟得溝通則理明氣順，無睚眥之恨。涉大川謂盲目賭運氣，蔽不知勝負皆險也。聖人愍之故示之機先，此訟卦之所以多吉也。孔子作春秋，亂臣賊子懼，訟於歷史也。訟使无訟是訟之本旨乎？

民國八十三年十二月，「易經傳傳」鑄成。我在序裡提到受老師程夫子上發下軔，魯夫子上實下先之啓發。妻孥的鼓勵，爲生存競爭者卅年，今得放下，是全力投入——閉門造車——專業易傳整理的時候了。這本書共收小畜、履、同人、謙、隨、臨、觀、大畜、頤等九卦。例如小畜九三、輿脫輻、夫妻反目。車輪鬆脫喻危險，夫妻反目喻家不成家。古人欲治其國者先齊其家。故戒統治者刑于寡妻，至于兄弟。齊家、治國，想非必要條件。然聖人深知「唯女子小人之難養。」故禮：妻者齊也，看成家齊然後國治爲必要條件。天底下唯一能明察秋毫，知良人斤兩者妻也。「貴花封幅員遼闊，汝小子肆應多疏。」良人亦甚知之。狀元郎不如一根××亦乃千眞萬確不爭事實。取其遊戲規則在兩造能尊重對方多少？動用三從四德七出條例者，祇見男子一面之怯。仗權勢煮竿未熟可休、私室更衣可休。與今日台北一上將夫人自求下堂，轉嫁服勤士兵者，非上將軍銜不可愛，上將不多金，妻子自有盤算。拿破崙深愛著奢侈、行爲不儉、終致離婚的妻子約瑟芬，常嘆她才是世上唯一眞正的女人。學習調和，與一最難糾纏角色周旋，是男人，或為統治階層必須面對及必修之功課。輿脫輻可以膠、釘、組合使不脫，夫妻二人點滴在心頭，雖聖如孔子、孟子、曾子，不免休妻寂寞以終。男尊女卑，賢陽賤陰。易教多少有關。梁鴻舉案齊眉，未聞治國；冀缺妻敬如賓，亦未聞曾有多少建樹平治天下。家齊造端夫夫婦，齊家亦未必為治國平天下必然要件。然其直接影響生活心理層面其巨。老子之「知不知、上，不知知、病。」從御妻至御于家邦道理則一致無可疑也。集釋在攤開各家底牌，是明爭。雖然理不專屬，而各山之高，不就霄漢則不易辨其優劣耳。

民國八十七年十二月，「周易匯眞」初版行銷。我在序裡自言生於異邦，長於窮壤。家祖父上學下鳳林公生前四子以元、亨、利、貞取名。家藏古經書甚多，林漢仕知天命之年後始食易果，著手嗤點前賢，又大言不慚謂不知老之將至。其書含噬嗑、賁、剝、復、无妄、大過、小過等七卦。茲例舉大過九五爻辭：枯楊生華，老婦得其士夫，无咎、无譽。林案：作易及傳易者伏羲、文王、孔子、施、孟、梁丘、京、費馬鄭王……皆男士，女卑男尊定矣！佛以五漏垢穢稱女人，去女即男難。我作佛時，國無婦女命終隨化男子。女身非法器，女出家師傅在比丘團中其職掌不可淩駕任一比丘，否則犯墮惡道戒。男、女對決，由來久矣！以曹大家之才，不能廢祖先家法。以呂后、武則天、慈禧之力，不能改變現實。女性之無知，乃我男性共同塑造者。老子弱勝強、柔勝剛。牝勝牡。玄牝之門謂天地根。不爭故莫能與之爭。柔不能勝剛，牝被牡壓制久矣！易之尊陽抑陰也。

女子之德，處常履順、親蠶治生、敬舅姑、助夫長子，議酒食、操井臼、黽勉於內。女子名不出戶限，男子志在四方。女人家生於環堵之中欲與男子競逐，比權量力，不可同日語矣！「夫老妻幼，尙有生育之功。」「老婦得士夫爲可醜。」傳易者黨老男而醜老婦。徐世大云：「喜也相宜，嗔也相宜。」描寫老男、或老女包容豆蔻少女與少男心態！老婦得士夫，无咎、无譽。作易者知兩性心理乎哉！徜士夫與老婦海誓山盟，兩相情願，朱邦復譯作「無所謂得失。」無吉凶是即无咎、无譽矣！老婦少男相愛故事中外皆有也。

又例**剝卦上九碩果不食，君子得輿，小人剝廬**。剝善小人，爲衆所賤。彼小人猶以貞幹自居，不卜亦知其凶也。上九自導自演，成也蕭何、敗也蕭何乎？碩果未必中食，碩果亦言其所存者寡。不爲君之王佐也。小人道長，小人建立新秩序，新社會，一宗澤如南宋何！一李綱如金人何！欠飽叔力薦，欠渭濱車轍，碩果老於山林矣！小人繼續剝善類。大廈將傾，白蟻無庇覆之慮；癌細胞之擴散，無靠山倒矣，乏新鮮血食之饑！是小人特性。時未至言而不信，至則俱覆矣！成群小人營鑽，言上九德備，夢囈乎？不仁者可與言，則何亡國敗家之有！選小人爲王或爲王佐，猶自居貞幹，予及女皆亡矣！蔑貞凶，勉貞凶也。

民國八十八年十一月，「易傳廣玩」秀出。我在序裡表揚拙荊吳秀柑氏，說她無故罹患頑疾免疫性類風濕病，嚴重時穿脫衣褲都需要幫手。病情稍好轉即「家事、國事、天下事」一肩挑。照料夫子及子女。尤其疼愛長孫林子宏。的的確確，是她提供了我向前衝的動力，三百萬字的長篇大著，二十幾年歲月的長跑，路遙知馬力。果眞路遙知「媽」力，媽子阿扁就是我的座騎「馬」子。她領航使我生活無憂，使我產生一股傻勁——莫名的激昂。用拾得的耐心創造出每天清晨三四小時可用來單獨馳騁而無中斷之虞的易傳整理。此時產生奇遇：晨五點案前一坐，振筆疾書，異香滿室，似蘭非蘭，欲追無蹤，如此者前後一個半月之久。從前曾聞禪子精進修行，天女獻花，百鳥朝奏天籟。一退精進，幻像全寂。我以怪力亂神批之。今異香親吮，全由不得自己，暗地追查無著，來無蹤去無影，乃責問嬌妻是否設計陷我迷思，妻笑以平生皆以本來面目處世，天生×質嘛，卅年來責我可曾購買任何化妝品娛奴？而所謂異香者滿室者，彼亦全無同感。唉！我知之矣！彼易學前輩大家某，冥冥中親臨鼓勵監督黽勉乎？一笑，讀者諸君亦以怪力亂神目之可也。「易傳廣玩」共收坎、離、損、益、既濟、未濟六卦。例坎初六、習坎，入于坎窞、凶。林案日日研習變化多端水文，先輩經驗之傳授，囑初六小子不可輕忽，大河易渡，暗流難防，以不入窞陷爲上也。日知其所亡、月无亡其所能，流砂、暗礁、惡水、凶魚其奈我何？故初六研習坎險，能避免入坎窞之爲上，蓋知其可畏也。又未濟初六濡其尾、吝。程子以其終未濟爲可羞，蓋或時有不可邪？又益卦初九，利用爲大作，元吉、无咎。林案初九潛龍也，利用潛龍之位而大作，無乃不可乎？猶合抱之木，生於毫末，毫末非合抱之木，令擔當有爲，無乃奢而過望矣夫！初之欲速則不達也。猶駑馬著猛鞭，行必不遠。潛龍宜養羽翮。寄作大望，僨事無過於是。易家於是轉化初之不能，大其有為之能耐，謂吾家千里駒可也，謂吾家之龍種可也，許其日後無窮希望乎？

民國九十一年一月，「易傳廣都」鋟版。我在序裡自述毋醮父棄，由祖父鳳公隔代恩養。其及門弟子對我的競相「棒負」，少小時即不以「失怙恃」為憾。祖父設館授徒，常年門庭若市。今鳳公涅槃極樂已四十有八年。蕉嶺縣誌有傳。遂準作林學鳳公傳補及補補。在此擬再作三補如后：

鳳公父喜瑯公亦嗣子，從英芳公以下五世單傳。喜瑯公及鳳公又為外入嗣子，家業遂遭堂叔伯兄弟覬覦唾涎，甚而明目張膽白晝追殺，欲躲迫害惟恐不及。自鳳公習武有成，其風漸戢。而明善暗害動作仍不斷。有人將鈀頭置大門上方，開門鈀尖順勢下揷，中者非死即傷。鳳公平生謹慎，寧被人欺而不欺人，凡事忍讓，冀與族人和平相處。設計佈局者約公入室，至門、虛為禮讓，縮足不前，鳳公自推門入，利齒鈀頭從天而降，鳳公一指托住鈀尖，電光火石，第聞呼嘯聲，鈀已拋出直中門前庭桂已入木數寸。拱手乞衆鄉親相容，並言吾輩既為叔侄兄弟，何苦苦相逼如此？……至裔孫南生漢仕，與族人已融為一體血濃於水矣。族人亦以鳳公成就為榮，每津津樂道鳳公軼事。（林茂元先生提供）

鳳公常說：習武者無散漫之時。拳家手腳眼耳之用如神，可隨機應變。隨時隨地出手，百不一失。故不懼任何人任何暗器偷襲，終其一生亦未遇偷襲者幾曾得逞。乘勢、出擊、拳腳起落一氣呵成，渾然無缺。不必矯柔造作，自然天成。防弊乃自救，不制於人才能制人。我曾親見宗叔道梅用同樣技倆：以桶水置虛掩之門楣上，當時年少，第知捉狹而已！待桶水轟然急瀉，不見人影，道梅知事敗，第喁喁自言不欲他人騷擾清夢耳。其心不平，於此可見。然鳳公欲栽培乃侄成材，一如往昔。奈何道梅好賭一如乃父乃祖。自殘手指，立誓戒賭，血止未乾，又參與賭局矣！

鳳公從未抱兒孫。可以怒斥諸兒，而善待諸媳如女。漢仕髫齡有幸，嘗聞 祖父講古：橫腸吊肚，門前掏馬鼓；半夜三斤狗，天亮三叔公；李文古戲弄村姑等葷素不拘故事。小孫子搧扇，老祖父妙語如珠，一幅夏夜天倫行樂圖，距今已六十七八年矣！而我亦已垂老矣，記憶猶新宛如昨日事。

據林氏家譜載：學鳳公、名拳師，在鄉及平遠，開館授徒。組醒獅團迎春。二十年間，廣東憲兵司令林時清中將禮聘爲國術教練。（民國六十八年林華編）又據一九八八年編蕉嶺峽裡林氏族譜載：學鳳公，著名少林派拳師，在鄉及平遠東石開武館授徒。力耕釀酒製跌打丸爲副業。再轉載蕉嶺文獻——林學鳳傳（七〇七頁）一八七五——一九五五。長潭鄉白馬村倉樓下人，身材瘦長結實，年青時，在白馬村下峽擺渡。后拜蕉嶺八郎公館著名拳師林阿俊習武。練成一身好武藝。民國初期，軍閥連年混戰，地方不寧，林學鳳擔任過私人標師，由蕉嶺長潭至福建，替人押運銀貨，往來于長潭、普攤、下埧、武平、下杭等地。由他掛名押運的銀貨，總是平安無事。在蕉嶺武林高手中，繼林阿俊之後頗負盛名。林學鳳擅長鳳眼手功。即右手食指與中指練成鐵鉗般的功力。還有疊骨術和鐵砂掌術，雙掌齊發，有千斤巨力。他走路時擺八字腳，四平八穩。若趁其不備，從背后猛推其擊的大紙傘，恰似蜻蜓碰上石柱，其卻若無其事。民國廿年（一九三一）至民國廿三年，國民黨獨一師長黃任寰駐防蕉嶺、梅縣一帶，曾聘請林學鳳爲該師武術總教官。在蕉嶺鍾家祠、黃家祠大禾坪等地設館教官兵練習拳腳、大刀、劈殺、拼刺刀等武功。

林學鳳一生，從不恃武欺人，爲人正直、善良，晚年在家釀酒、養豬。一九五五年病逝。（以上見蕉嶺文獻七〇七頁）

鳳公裔孫，有留在老家的：保生、烈發、忠保、文保、登保、及晚一輩向文、向榮、關朋、關友、志峰、志堅等是；有旅居馬來西亞的：烈福、烈春、參天、介友及其子傳揚、凱揚等是；有旅居台灣的：南生及其子林湛、俊佑、玄孫子宏等是。彼等孫又生子，子又生孫，子子孫孫，將永續祖德，萬世流芳。而鳳公孫女或曾孫女如海燕、海英，旅深圳；介秋，旅巴西，介華、越圓，旅馬來西亞；貞慧，旅台。或作事業，或傳神旨，或襄助夫子，或從事出版編輯工作，皆一面創業一面兼課子孫，是唯婦德、婦言、婦容、婦功存心。敬順禮義，咸能柔弱慈寬自厲。

「易傳廣都」共收蹇、解、夬、升、困、井、革七卦，如蹇卦卦辭：蹇，利西南，不利東北；利見大人；貞吉。林案：八卦以象告。故君子居則觀象玩辭，動則觀變玩占。上水下山，失水流之性故曰蹇。孟子云今水搏而躍之……激而行之，可使在山，是豈水之性哉？人無不善，水無不下，今在山上，正是人可為不善，其性亦猶是邪？蹇之言跛也，不順也。難也。彖言蹇之時用大矣哉，從反面激勵蹇者內自省，反身修德，不可破釜沈舟，千萬人吾往矣，傷勇。王弼云西南地，東北山；胡樸安云殷紂在諸侯東北，文王西南故利往；是文王自署利見我，不利參見國君于東北也。以臣仇君背君，何足為天下後世法？據文王圖西南坤地，東北艮山；王夫之謂西南高山危灘，行者畏慎。東北衍博可快行忘蹇故不利。三說中謂文王自導自演利己見，則文王其姦也；易為君子謀也者亦一圈套、一陰謀乎？據文王圖則與中國地理相背，所謂安危利災者是。去就之義，有阻不得不往，安不得不舍，蓋占者當如是乎？況經千萬難，苦盡甘來矣？（說見本書蹇卦卦辭輯釋）又雷水解卦，有人從常態言雷雨作百果茂；象云君子赦過宥罪；折中謂聖人窮理盡性之書，繫辭要危平易傾。先儒馳騁智慧空間，各自對號入座，無礙「各自表述」之創作境界。又困卦，林案以困為逃。如論語不為酒困。正見酒食之多也。不為酒亂表示有節，似不及不為酒逃豪邁，蓋有量也。困卦上兌下險，以悅處險，冒險家不險不悅，目的不在出險，乃在挑戰險。挑戰困，向困挑戰。「朕為大地山河主，不及僧家半日閑。」據云皇帝小子不知所終，敢情出家當和尚去也。愛德華不愛江山愛美人，寧放棄王位，終老法國異邦，不正困于赤紱，逃于赤紱最佳詮釋？

民國九十一年秋「易傳彙玩、易傳都都」同時送印，好友陳沅淵老師給我的賀辭是：

混沌初闢，天玄地黃。二氣交感，變化无方。森羅萬象，不離陰陽。聖人作易，幽贊神明。上達天道，下通物情。前脩疏注，室滿架盈。窮蒐簡策，爰集大成。杜門謝客，覃思研精。心光朗照，眾妙畢呈。董生下帷，後先媲美。異說紛如，折中林子。探賾索隱，匙有其比。學者肄習，津梁在是。並不憚煩一一為之註釋，此處略。陳老師乃詩家另有其個人詩集行世。彼五七言律絕置唐宋詩群中並不多讓。惟陳子言集大成，匙有比，實不敢當。而本書從九家易，漢易十三家，李鼎祚集解、李衡義海撮要、釋智旭禪解、納蘭德成大全、李光地折中等網羅漢宋百餘大家易注共議其宏旨，得三百萬言則非子虛。六十四卦評詁、傳識、輯眞、綜理、傳傳、匯眞、廣玩、廣都，至彙玩、都都於焉告竣。名稱雖殊，而為易傳都都，輯眞則一也。「易傳都都」含五卦：巽、兌、渙、節、中孚。約二十餘萬字。爰舉數例如后：渙卦初六用拯馬壯，吉。林案。渙是先知先覺者，值國事頹唐，上下乖離。假廟聚天下人心。前有喪邦，後即立國。生死似同源。此死彼生。馬有良駑，天子馬曰龍、曰駷。驊騮騄驥皆駿馬。孔子問人不問馬，可見馬賤人貴。為龍為駷皆為人所乘，為人財物、籌碼。廟聚則又起另一股「希望工程」，彼崩此立。拯取物資，充實財源，值天下渙散，表當前政治之無能，亦無奈也。不仁者可以言，則何亡國敗家之有？初以柔弱待時畜勢，有心哉！李衡引石介云：「初出民於塗炭。」則初不只待時畜勢，不只有心哉！初已有行動，欲出斯民於水火矣！渙之言為離為散，序卦雜卦為前導也。繫辭之謂刳木為舟以利天下，蓋取諸渙，則渙為發明家，先知先覺者，其勞心聚民畜財皆順時勢也。

又巽上九巽在床下，喪其資斧，貞凶。林案：九二巽在床下不得不耳、兵家謂「爲將亦有怯懦時」，況面對者是君上。尉遲恭聞太宗之嘆：功成後殺功臣，有時候不得不也，而立矯飛揚跋扈爲謙順有禮，此之謂識大體，能爲天下用，用爲天下之必經也。今上九方君爲不切，受制於人之無奈，從前當斷不能斷、勢去時移、轉欲化柔比附，其有不可得矣夫！或謂服中，巽在床下，可，服除之初，戒貞正亦有所失，況不正乎！

又兌九五孚于剝，有厲。林案：孚于制，因剝而孚乎？信於陰柔小人乎？因信小人而被剝裸自損乎？九五以大中至正君，處至尊必須從反面獲取教訓，抑作易者在傳授十六字心傳？人心惟危、道心惟危乎？九五可以孵化牽成小人一股勢力，如宇文士及之言「今臣不少順，雖貴爲天子何聊？」太宗能兼聽、能救已形之荊棘不使侵奪芝蘭也！九五眞一代天驕，九五孚剝之占其如是乎？

又節上六、苦節、貞凶。悔亡。林案苦則枯、枯則苦、過火候，如禮敬聖賢使能之際，過則病，用心太過則察，王夫之云人情之所不堪。苦節者所以長養也。而上六過則變，日方暮矣，猶孜孜正念正施爲，其占難免有疏失，然問心問跡無所愧疚也。

又中孚、六四、月幾望、馬匹亡、无咎，林漢仕案帛書馬必亡，今本易馬匹亡，程子覷定匹字有文章，張立文必匹相假，六四盡馬力奔馳乎？亡之爲言奔，見國語晉語，

又見呂覽審己，時近夜半，盡力馳騖，冀拔頭籌，此其時矣夫！占必无咎也。

卅年前，魯老師實先怒彼大弟子缺席一重要餐會充場面而欲全盤否定彼多年經營建

立之甲骨鐘鼎文字辨識條例，我當時私底下很不以爲然。旣是理路，豈容建立又否定。可左可右、或左或右，祇見是理有未安未妥故搖擺耳。今廣玩易傳亦在女一念之間，確然可左可右，或左或右，吾師恕言非妄也。有個故事說：姜石帚嘲林可山自稱爲和靖七世孫。「和靖當年不娶妻，因何七世有孫兒？若非鶴種兼龍種，定是瓜皮搭李皮。」（見宋稗類鈔卷六詼諧篇）民歌、無老婆：「別人笑我无老婆，你弗得知我破飯籮淘米外頭多……。」有勞你考證彼林可山可眞是梅妻鶴子冒牌貨？清人黃鈞宰著金壺七墨卷五三頁言：「讀書不習醫，此大蔽也。」讀書不習醫，果然大蔽乎？天下之醫者皆庸乎？爲保女百年體而輕珠玉，不欲委庸醫而自醫乎？行道皆醫之習者，斯蔽在不知性向與分工，社會結構層面是多元化也。天下果然理無常是，事无常非乎？賢者行不得道，不肖者得行无道乎？金人瑞（喟）聖嘆名滿天下，可拋棄本姓名張采改姓金。臭豆腐配花生米有火腿味，後人何不直接吃火腿不更具足火腿味？岳飛有一經堂。江文通言豎儒守一經，未足識行藏。王摩詰豈學書生輩，牕間老一經。高逢夫一經何足窮。岳飛可是實至名歸之武聖，終其一生用兵堪稱常勝。佛經三藏大典五千八百多卷，不論是楞嚴、勝鬘、乳光、華嚴。一如四十二章經言中邊皆甜。一經通、百經通，條條道路直詣佛前。要兜率有彌勒，要極樂有彌陀，要琉璃有藥師、要華藏有毘盧遮那、娑婆則釋迦。如每條經絡皆通任督奇經八脈。問題在自誠明、自明誠否？誠則明、明則誠矣！合一其知行。使六經注我，我注六經。我輩行爲皆在禮法之上矣！願與讀者諸君共入「易經注我、我注易經」領域，和易經傳注打成一片。清，蔡澄雞窗叢話云：「易經，孟子不能過海。」孟子的不孝有三，无後爲大。外國人可眞的「狗不理」，不在乎大不大，有女有兒一樣好。彼重陽抑陰，嘉君子抑小人。士女爲先。自爲提倡保護之通用文化，從反提倡保護中，賴物質文明似乎西風壓倒了東風！然而孟子、易經還是飄洋過海來了。通行台灣、世界，無遠弗屆矣！只要中國夠強，不必假於時日，立即流通「星際」。蔡某之言甯笑而知「鐵不可爲舟。」「山有薤必有金，有蔥必有銀。」（宋稗類鈔卷三及雲溪友識五十九唐范攄言）「不可」，「必有」其妄類也。猶今日以前的人不曾想過水可以爲刀，能切割數寸鋼板，開腸破肚，然絕不是老子的攻堅莫勝于水，對水最佳的注腳。

易傳評詁全套十册約三百萬言，前後經過二十二年，文史哲彭老闆首允分段出版，林漢仕不敢保證必能完成這无形的使命。因爲第一要命夠長、第二要信心毅力不退，您看今天總算有結果了，觀自在呀！五蘊皆空呀！空諸所有未嘗眞有，空諸所無亦未始眞無。謹在此向　母氏致十二萬分的謝意，襁褓中沒有因您丈夫的不才，幾度要將他拋向大海。星星不能亮過月亮，但它將是一顆恆星，永遠立足在某一點上繼續發光，默默繼續貢獻，和千千萬萬的中國人一樣，默默的繼續耕耘……

林南生漢仕署　二〇〇三、十、十三

原籍中國廣東蕉嶺長潭鄉白馬村倉樓下
客居台灣台北市溫州街七九號三樓之一

䷸ 巽（風風）

巽，小亨，利有攸往，利見大人。

初六、進退，利武人之貞。

九二、巽在床下，用史巫紛若，吉，无咎。

九三、頻巽，吝。

六四、悔亡，田獲三品。

九五、貞吉，悔亡，无不利，无初有終，先庚三日，後庚三日，吉。

上九、巽在床下，喪其資斧，貞凶。

䷸ 巽，小亨，利有攸往，利見大人。

彖曰：重巽以申命，則巽乎中正而志行，柔皆順乎剛，是以小亨：利有攸往，利見大人。

象曰：隨風，巽，君子以申命行事。

荀爽：兩巽相隨故申命色。法教百端，令行爲上，貴其必從故曰行事也。

陸績：木乾象陰成濕成巽，巽者順也。（京氏易傳注） 傳彖：巽爲命令，重命令者欲丁寧也。（集解） 二得中，五正，體兩巽故剛巽乎中正，據陰故志行。陰爲卦主故小亨。

王弼：全以巽爲德，是以小亨。申命行事時，上下不可不巽。悌以行物无距。大人用之道愈隆。

孔穎達：巽、卑順。說卦巽、人，象風行無所不入。君唱臣和，教令乃行。然全用卑巽、所通非大故小亨。巽悌以行，物无違距故利往、用巽無往不利、大人用其道愈隆。

李鼎祚引虞翻：遯二之四，柔得位而順五剛，故小亨。大人謂五，離日見，二失位利正，往應五故利往見大人矣！

程頤：巽說義相類，而兌亨巽乃小亨者，兌陽爲，巽陰之爲也。兌柔在外用柔也，巽柔在內性柔，巽亨所以小也。

蘇軾：君子和而不同、巽繼巽、小人之道也。二五用事之地而權不在、必用初四而後得志。初四非用事之地、必順二五而後亨。利往爲二五用、見九五大人也。

張浚：巽風爲命、內外巽爲申命。剛巽乎中正而志行柔，皆順乎剛，是以小亨。利見言二五之德，剛中遜志，以順入夫中正之道、中國四夷、孰不順之，柔道以亨也。

張根傳彖：剛巽乎中正而志行是以柔順之，可以小亨，利有攸往，利見大人也。傳象：行事不厭丁寧。

朱震：巽風，天之號令命者。內巽命始、外巽申前命。上下皆巽不違其令命乃行。上下之柔皆順，九五大人剛中正、柔亦正、小者亨矣。六四利往見大人。疑彖脫文（有命乃行四字當在重巽以申命之下）。卦氣七月太玄準之以翕。

李衡引：巽義卑體、容入爲用。上下皆巽、全用卑巽則所通非大故小亨。引陸：四得位爲群陽之主，柔德非君子之道故小亨而已！巽无所不往，唯見大人不陷於邪。

楊萬里：初四在下順在上之二五，是以利見大人而无阻，惟在下不立、是以雖亨而小也。上順下出命則罔咈氏心；下順上承命則罔違君政。初四陰順陽、大人謂九五。

朱熹：巽入。一陰伏於二陽之下，其性能巽以入也。其象風亦取入義。陰爲主故占小亨。陰從陽故利有所往，然必知所從乃得其正。又曰利見大人也。

項安世：姚小彭氏曰巽自遯變、二升四比五故小者得亨。晁公武曰兌巽主柔，兌內剛外柔，其用柔故亨；巽內柔外剛，其質柔故小亨。以卦體言之，重巽以申命是小亨也。

趙彥肅：柔與剛遇、剛中柔順故亨。重巽之卦、剛柔雜居、其情尤順。剛盡道、柔乃服、兩者俱利，反此俱失，主在剛不在柔也。

楊簡：剛、君、上爲大，柔、臣、下爲小。巽小者之道。上命下行是爲申命。重巽、柔皆順剛，是以小亨。小當從大，往必中正。不見大人則見小人矣！非巽之道也。

吳澄：巽入也、一陰入伏二陽之下。占二陰爲主、故小者亨。柔內剛外故利有攸往，二五陽剛爲大故利見大人。

梁寅：巽以陰爲主、內柔外剛、重巽順之甚、安能致大亨乎！利往者以陰從陽也。其功業因人而成也。二五大人、初從二、四從五，此利見大人也。亦以遂其小亨而已。

來知德：卦本屬陰、又卑巽、才智不足識遠任重，僅可小亨。然利有攸往。蓋巽人无不悅。利見大德之人。因其從陽而教之也。

王夫之：巽愼於進、以入爲利、故爲入。柔順修謹欲依陽而求相入成化，巽之德也。陽且樂而受之，是以小亨。剛不失中，相濟往斯利矣。大人謂二五剛中德位竝隆者也。

毛奇齡：二陰卑遜居二陽之下、由小通大謂之小亨。故巽有兩利：一以退爲進，可以尚往；一由小通大，可以見大人。初四不拂剛而順是攸往、其行見大人者。

折中引郭雍：巽入故利往利見大人。引朱子語類：巽無細不及。引蔡清：程說順解不盡，潛心懇到方爲巽。引何楷：有陽巽於上故小亨。案：陰伏陽入，脩敝舉廢而已。

李光地：陰氣始凝、邪欲潛動，奸慝伏匿。陰伏陽散、王者告戒飭治象天風能散乎陰氣。巽飭治從其小故亨小，治不可不速故利有攸往。非陽德不能化故又利見大人。

李塨：巽入也。巽風相襲則風聲被物丁寧申命也。二五皆剛巽入乎中正，初四柔順剛，小通大而亨。用退為進而尚往利見二五大人也。

孫星衍按說文易顨卦為長女、為風、字作顨。引集解褚氏曰夫獻可替否、其道乃宏、柔皆順剛、非大通之道。所以文王係小亨之辭、孔子致皆順之釋。（疏）

姚配中案虞注：二與初易位、初之二應五故彖曰柔皆順乎剛、初之二則二正。傳彖陸注案：風雷者天之號令。又案重故申柔、謂初四、四承五、初之二應五。

吳汝綸：巽入。太玄擬之為翕，亦入也。陰來逆變、陽往順化。小亨者陰為卦主。利見王云大人用之道逾隆，然則易之利大人皆謂大人利此卦也。

丁壽昌：說文顨、巽也。巺古文巽。古顨巽通。晁氏顨為篆文非也。程傳五二為大人，陸公紀重巽重命令丁甯。陰卦主故小亨。朱子語類丁甯反復說便是申命。令行為上。

曹為霖：巽德善入、象風。來氏曰詔令入人如風動物。陸贄從狩奉天、所下制書、雖勇夫悍卒，無不感動流涕。漢文頒詔、父老扶杖往觀。申命係於人君者大矣！

星野恆：巽順於陽、象風動物、重複命令、初四以陰順陽，雖不能大有為而可致小亨，可以有攸往而見大人。蓋令嚴刻而物忤、柔則寬縱下慢、上剛中以巽順何不利之有！

馬通伯：說文作顨。陸績陰為卦主故小亨。蔡清曰潛心懇到為巽。大傳巽入也。鄭杲巽為入、譬道之以德。入後能制、齊之以禮。入而後制、王道也。

劉次源：陰順陽、象風入无跡。陽容陰入故小者志可得。利往、无隔閡也。初四依二五以有爲、見之則中心悅也。

李郁：巽以六四爲卦主。小謂柔。坤初交乾故曰小亨。初利進二故利往。初進成離、應九五故利見。巽以更化爲義，大弊大更、小弊小更。可收推陳出新之效。

徐世大：巽、舊訓入。巽得聲皆含選義，卜爲選之極則，其巽卜無疑。故譯：占卜：少普遍。宜有目的，宜見大人。

胡樸安：說文巽具也、假爲愻、順也。紀頑民順時入周成時代事。旅衆會當然小、順時入故利往。大人謂成王。入爲周民。頑民歸周，隨風而入，柔衆人順剛首領也。

高亨：巽：卦名。亨即享字。古人舉行小享之祭，筮遇此卦故記之曰小亨。又筮遇此卦、有所往則利、見人亦利，故曰利有攸往、利見大人。

李鏡池：象二人跪在丌上順伏之意。卦的內容散雜、事類不一。占往與見大人多爲附載。

屈萬里：巽、說文作顨。申命重命。中正九五、柔順，初四在二五之下。利有攸往。有、熹平石經作用。　傳象：古人以風象命令之行。

傅隸樸：巽入是求容。進退不果是畏縮不決。巽伏是卑躬。重巽是卑之又卑。巽爲全生哲學。小亨是臣順君、當否不敢替、只能算是小康之局。令無不行故利往。卑巽之德表現在剛正大人身上才有利。

金景芳：蔡清潛心懇到方爲巽，與順字有別。折中引何楷巽所以致亨皆陽之爲也。折中按巽但修敝舉廢而已。知必見于行故利往。非有剛德之人不能濟、故利見大人。

徐志銳：巽風通天下无孔不入、代表上天號令。在地君王與天相比。重巽說命令萬民順從、丁寧之謂。陸績陰爲卦主故小亨。利見大人即萬民按君主命令行動。上令下行。利往即君主令通无阻、貫徹下去。彖：「柔皆順乎剛。」

張立文：〔筭（巽），小〕亨。利有攸往，利見大〔人〕。 譯：巽，小有亨通，利有所往，宜於見大人。

林漢仕案：巽以順爲德，以風爲象，故無不入。巽爲命令、重巽即重申命令、一再叮寧之意。有順德、又有耐心、不厭反覆申命爲王前驅、而卦辭曰巽、小亨者何也！豈如孔穎達謂全用卑巽、所通非大故小亨乎？茲聚衆寶以爲比較：

彖：重巽以申命、柔皆順乎剛、是以小亨。 象謂隨風、君子申命行事。 荀爽：兩巽相隨故申命。 陸績：巽順、巽爲命令、重命令、丁寧也。陰卦主故小亨。

王弼：全以巽德故小亨。悌行物无距、大人用之道愈隆。 孔穎達：巽卑順、風行無不入。君唱臣和。全用卑巽、所通非大故小亨。 虞翻：柔得位而順乎五剛故小亨。 程頤：巽說義相類，而兌亨、巽小亨者、巽小亨者、巽陰也、亨所以小也。 蘇軾：巽繼巽、小人之道也。二五必用初四而後得志。 張浚：內外巽爲申命、剛巽乎中正而志行柔、剛中遜志、以順入夫中正之道。 張根：剛巽乎中正而志行是以柔順之、可以小亨。 朱震：內命始、外申前命。九五剛中正、柔亦正、小者亨矣。 李衡引：巽卑體、入用。全用卑巽則所通非大故小亨。引陸：四爲群陽主、柔德非君子之道故小亨而已。　楊萬里：初四在下不立、是以雖亨而小也。　朱熹：一陰伏二陽之下、陰爲主、巽入。占小亨。　項安世：巽內柔外剛、其質柔故小亨。卦體重巽申命是小亨也。　趙彥肅：柔與剛遇、剛中柔順故亨。　楊簡：剛君柔臣。重巽、柔皆順剛是以小亨。小當從大。　吳澄：占二陰爲主故小者亨。二五陽爲大。　梁寅：重巽、順之甚、安能致大亨！初從二、四從五、利見大人、以遂其小亨而已。　來知德：陰卑不足識遠任重、僅可小亨。　王夫之：巽愼進、以入爲利、陽樂愛之、是以小亨。　毛奇齡：二陰卑遜居二陽下、由小通大謂之小亨。　折中引蔡云程說順不盡，潛心懇到方爲巽。引何楷：有陽巽故上故小亨。案脩弊舉廢而已。　李光地：陰凝邪動、王者飭治從其小故亨小。　李塨：風聲被物、丁寧申命、初四順剛、小通大而亨。　孫星衍：說文巺爲長女、爲風。柔順剛非大通之道、所以文王係小亨之辭、孔子致皆順之釋。　姚配中：風雷者天之號令。重故申柔。　吳汝綸：太玄擬之爲翕，亦入也。陰來逆變、陽往順化。小亨者、陰爲卦主。　丁壽昌：巺古之巽、古巺巽通。晁氏巺爲篆文、非也。陰卦主故小亨。　曹爲霖：巽德善入、申命係於人君者大矣。陸贄從狩所下制書、漢文頒詔，悍卒流淚，父老往觀。　星野恆：初四雖不能大有爲而可致小亨。馬通伯引鄭杲巽入，譬道之以德、齊之以禮、入後能制、王道也。　劉次源：陽容陰入故小者志可得。初四依二五以有爲。　李郁：巽以六四爲卦主，小謂柔。坤初交乾故小亨。巽更化、大弊大更、小弊小更。　徐世大：巽含選義。卜爲選之極則。故巽譯占卜。　胡樸安。鄙、具也。假為愻、順也。頑民歸周、隨風而入。 高亨：巽卦名。亨即享。古人舉行小亨之祭、筮遇此卦故記之曰小亨。 李鏡池：象二人跪在丌上、順伏之意。 屈萬里：顨、說文申命重命。有、熹平石經作用。 傅隸樸：巽入是求容。巽伏卑躬。重巽、卑之又卑。巽為全生哲學。小亨是臣順君、當否不敢替、小康之局。卑巽表現在大人身上才有利。 全景芳：折中案巽，但修敝舉廢而已！ 徐志鋭：風无孔不入，代表天令、君王比天，君令无阻。 張立文：巽、小有亨通、宜見大人。

小亨、是所通非大故小亨耶。抑初四得位為群陽之主、初四陰為小、其謂小者亨耶？即程子謂「兌亨，巽乃小亨。」小字可略去、即兌亨、巽亦亨。只是兌亨者「柔在外用亨、巽柔在內性柔。」而兌巽之亨皆小也。小者陰柔為之主也。故小亨有二義：㈠陽大陰小、毛奇謂小通大謂之小亨。換言之即小陰通大陽、小亨即陰亨也。蘇軾云二五用事之地而權不在、必用初四而後得志。陰之所以亨、被陽用也。反過來陽亦被陰用也。陰為卦主，陽識時務與大體、朝綱仍然不墜、是陰依陽而亨也。陰用陽順陽為治也。表示巽順之小人、初與四，雖謂陰卑不足致遠任重。（來知德）然能用剛、依剛而有為，豈如折中之案「脩弊舉廢而已」李郁之謂」大弊大更、小弊小更。」又怕陰小欠缺容人之胸襟。常病耳軟而中途掣肘。傅隸樸謂巽入求容、為全生哲學。從巽順柔順著眼、傅公之言是也。從巽卦初四陰主言、陰之用陽順陽、而二五陽未嘗不順乎陰也，是陰與陽，君子與小人，一幅調和相容、和寵共濟之景象。雖未必能致「王道」之治，亦一有為之氣象也。孔穎達謂君唱臣和。孫星衍謂「所以文王係小亨之辭、孔子致皆順之釋。」曹爲霖謂「陸贄從狩所下制書、悍卒流淚」之意也。㈡小亨即如折中之案、金景芳之是「修敝舉廢而已。」一如彖言柔皆順乎剛、是以小亨。乃全卦言、包含四陽二陰言。王弼云「全以巽德故小亨。」孔疏「全用卑巽、所通標大故小亨。」是陽包陰、陰亦包陽也。不只陰卑順、即陽亦卑順也。李衡引正：巽卑容人、全用卑巽則所通非大。又引陸：柔德非君子之道、故小亨而已。蓋謂陽剛之臣必具有「不可召」、「不能召」天子不臣之臣乃能大有爲乎？一於是爲高、終南未必是捷徑、死之徒而已哉！孔子之權然後知輕重、有伊尹之志則可矣！如張良、陳平者、何必三顧？必屈天子之尊而後用！馬援之所謂非常時期、不只君擇臣 、臣亦擇君也。此時上下順，所謂「穆穆文王，於緝熙敬止。」和衷共濟。和樂且耽。可以大有爲矣！可以大亨矣，亦潛心懇到矣，之所以不能大亨者，蓋亦有時乎？勢乎？如衆易家所言：初四在下順上之二五、陰爲主故占小亨。乃全卦言、非謂小者亨也。

字書巽有申命明制、風、東南、順、伏、入、散、恭遜、具、家語作選。徐世大即謂「選含選義。卜爲選之極則。」胡樸安謂巽、具也。假爲愻、順也。　亦見二氏之用功用力於解說也。

卦辭小亨下有：利有攸往；利見大人。陸績云二中五正，故剛巽乎中正。王弼云大人用之道愈隆。孔疏：巽悌以行、无往不利、大人用其道愈隆。虞翻云：二失位利正、大人謂五、往應五故利往。蘇軾云必順二五、利往爲用。朱震：九五大人剛中正，柔亦正、六四利往見大人。李衡引陸：四爲主、見大人不陷於邪。楊萬里：初四順二五、是利見大人而无阻。朱熹：陰從陽故利有所往。趙彥肅：主在剛不在柔。楊簡：剛大柔小、小當從大。不見大人則見小人矣！非巽道。梁寅：初從二、四從五、此利見大人也。來知德：卦屬陰、又卑巽、利見大德之人、從陽而教之。王夫之：巽進以入爲利。大人謂二五剛中、德位竝隆者。毛奇齡：初四不拂剛而順是攸往、其行見大人者。李光地：陰伏非陽德不化故利見大人。姚配中：初之二則二正、應五、四承五。吳汝綸：男之利見大人、皆謂大人利此卦。星野恆：上剛中以巽順、何不利之有！劉次源：初四依二五以有爲。李郁：初進二成離、應五故利見。胡樸安：大人謂成王。高亨：有所往則利、見人亦利。李鏡池：占往與見大人、多爲附載。屈萬里：初四在二五之下、利有攸往。有、熹平石經作用。傅隸樸：卑巽之德、表現在剛正大人身上才有利。金景芳：折中修敝舉廢而已、非有剛德之人不能濟。徐志鋭：利見大人即萬民按君主命令行動、往往即令通无阻。張立文：利有所往、宜見大人。

陸績：二中五正。虞翻：二失位利正。大人謂五。

孔疏王弼注：巽悌以行、大人用其道愈隆。

蘇軾：必順二五、利往爲用。　朱震：六四利往易大人。

朱熹：陰從陽故利有所往。　楊簡：剛大柔小、小當從大。

梁寅：初從二、四從五。　毛奇齡：初四不拂剛順是利往。

吳文綸：大人利此卦。　星野恆：上以巽順、何不利之有。

胡樸安：大人謂成王。

李鏡池：往與見多爲附載。

徐志鋭：利見大人即萬民按君主命令行動。令通无阻。　於是歸納爲。

1.五中且正爲大人、初三四皆宜往見。是利者初二四。

2.陰從陽、剛大柔小、小當從大、故利有所往。

3.大人利此卦。上巽何而之有！巽悌以行、大人用、其道愈隆。

4.大人謂成王。

5.往與見爲附載。

6.利見大人即按君主命令行動。令通无阻。

傳隸樸謂爲全生哲學，是以畏縮、卑躬、卑之又卑，當否不敢替。如此全生求容，無乃太卑賤乎！然順生逆死，確爲自然之道。荀子議兵云順刃者生、蘇刃者死。蘇、集解讀爲傃，向也。謂相向格鬥者。李鏡池謂象二人跪在丌上順伏之意。姑依王弼注云「全以巽爲德、是以小亨。大人用之道德隆。」作爲卦辭總結。

初六、進退，利武人之貞。

象曰：進退，志疑也。利武人之貞，志治也。

荀爽：風性動，進退欲承五，爲二所據故志以疑也。

王弼：處令初未能服令者也，故進退也、成命齊邪，莫善武人，故利武人之貞以整之。

孔穎達：初體柔巽、心懷進退，未能從令者也。宜用武人之正以整齊之。

李鼎祚引虞翻：巽爲進退，乾爲武人，初失位利之正爲乾故利武人之貞矣。

張載：體柔居下、在巽之始，謙抑過中，故施于武人之貞則適得其宜。進退者、柔不自決之象也。

程頤：六陰居卑不足、處最下承剛。過於卑鄙、恐畏不安，進退不知所從，所利若能用武人剛貞之志則宜，无過卑恐畏之失矣！

蘇軾：初六有權无位，九二九三之所病，故疑而進退也。小人而權在、易謂之武人，負力不貞君、志亂也。及其治則以貞君爲利。

張浚：初發之巽，不果爲進退。惟果斷而正可以有爲！是以利武人之貞。反兌西方卦爲武人。必外用其權、內濟以果、去姑息之弊，得中正之宜，巽道行矣！

張根：方事之初，人情猶豫，尤貴乎果斷故。

朱震：巽初居卑體柔、進无應、二剛據之、莫知所從。健決者武人之貞、兌爲武人、雖千萬人必往，孰能奪其志！巽爲工、有治之意。易傳曰治謂修立也。

李衡引干：巽下不果決，初利勇行則正，志行貞治者。　引石：初陰居陽，不能卑巽。進无應、窮在下。惟利武人能用其正者。

楊萬里：初陰柔在下、過卑巽是小人也。進退皆疑。其惟利武人之貞乎！以謙恭柔遜之德、御其剛強武勇之氣、此其貞而利與！爲躁卦故武。

朱熹：初以陰居下爲巽主，卑巽之過故進退不果象。若以武人處之則有以濟其所不及而得所宜矣。

項安世：巽疑卦。初不正有疑。利以剛矯之。初在下疑淺，柔順乎剛是利見大人也。履三即互巽之初，躁故稱武人。

趙彥肅：欲進從陽，有浸長之嫌，故不果而退。然重卦矣，情與姤異，故利決往。

楊簡：初爻進退不決象。利武人之貞、教決也。貞正。決不失正、易之道也。此疑不治、當疑不疑，不必疑而疑、非道也。

吳澄：巽進退不果、陰欲進從陽、又欲退安於下、疑不決。占武人質柔位剛、比二、以二之剛爲己之強，上進以從陽故利武人之貞。

梁寅：初六柔居剛、質柔用剛。剛故進柔易退。以義言之則巽順之人必濟之以剛，然後有爲。故利如武人之貞、所以勉其斷也。

來知德：巽爲進退、變乾故武人。初六巽主，卑巽之過、凡事是非可否、莫之適從故有進退象。苟能如武人之貞以矯柔懦、不至于過巽矣！故教占者如是。

王夫之：陰起而入陽進也，在下而柔退也。初陰入未果故爲進退不決象。陽文陰武。陰上臨陽欲進、武人勇於進者，貞則愼於進而不妄。故得進退之宜而利。

毛奇齡：初居重巽之下、位極巽、猶豫甚矣！獨不曰巽爲躁乎？覆互巽名武人，此亦巽陰，本互震承乾之治，去巽疑之不果、振猶豫之志，行之至貞者也，何有勿利！

折中引胡瑗：初柔在下，有進退之疑，利武勇然後獲吉。

引俞琰：巽申命卦、令出必行，豈宜或進退。初懦不武，若以武人處之、則貞固足以幹事矣！故曰利武人之貞。

李光地：初六巽主，以柔居下、能入不能斷、故有進退象。若濟以武人之貞則無不利矣。

李塨：巽進退、初居下，三思不已。志進退而狐疑矣。變乾爲健則武人之貞矣！以治吾志乃利耳。

姚配中案荀注：初動之爻欲之四承五、四已爲陰、初仍退而自化故志疑、與二易位得正故志治、謂成既濟也。

吳汝綸：進退者欲入不入也。武人剛也。變爲剛則無疑矣、貞占也。

丁壽昌：虞注孔疏俱謂志在乎治。程傳志脩治、義亦可通故兩存之。乾爲大明故志治，乾元用九天下治是其義也。

曹爲霖：初陰柔爲巽主、志疑故進退不果。若爲武人之貞處之則治其疑而濟其不及。寇準勸眞宗幸澶州、宗澤勸高宗還汴京、皆利武人之貞者也。一志治一志疑。宗澤弗能悟身負大仇之高宗，其亦中人以下之資乎！

星野恆：柔處最下承二剛，此卑巽或貽之辱、進退恐疑，當用武人剛貞之志則不過巽。夫子曰恭無禮則勞、愼無禮則葸。孟子配義與道、無是則餒。言剛柔相濟以成其德也。

馬通伯：二互兌爲武人、覆三體兌亦稱武人。李覯曰初六而衆疑、不濟以威則終不可爲也。案正位在四、初失位故疑、有進退象。然柔當順剛、利用二治之。

劉次源：初六進退、欲入未果。利武人之貞以起其懦。志疑則惑，志治則勇也。

李郁：巽以行權。知進知退，權衡至當。巽懦、居下優柔過懦爲嫌、必以剛武乃能振作，故利武人貞。

徐世大：初爻爲臨戰陣之卜。所以堅定軍人信心以成力量者。　譯文：或進或退、宜於軍人的持久。

胡樸安：會時有主張入而言進，不入言退。遲疑不決。武人謂首領。決定入事，不遲疑也。

高亨：武人占問行軍，筮遇此爻則或進或退皆利。故曰進退利武人之貞。

李鏡池：武人是統治者，軍隊的指揮者，進退都要人服從他。

屈萬里：傳象志在治平。

傅隸樸：進退猶豫不決。自卑之人畏首畏尾。柔居剛位，地卑才弱、猶豫不定、教人當以武人的勇法爲法，振奮自己志氣、劍及履及。此所以利武人之貞。

金景芳：柔處下優柔寡斷，不知進好退好！兪琰說巽申命之卦、令出必行。初柔懦不武、進退不能自決。若以武人處之，則貞固足以幹事矣！傳象志治，武人无有疑慮。

徐志銳：卦義爲君王令、萬民順從。初六小民，君命令下達、茫然不知所措。初六思想混亂、軟弱勇氣不足。補之以武人之勇即可整治其混亂思想、順命進不退縮了。

張立文：初六，進內（退），利武人之貞。　譯：初六、或進或退，武人有所占問則利。（武人猶軍隊指揮者。）

林漢仕案：卦辭言「利有攸往。」是明示之可往。論語子曰求也退、故進也；由也兼人、故退之。今初六柔、又處巽伏卑順之卦、豈三聖心同理亦通，以初退故進之乎？若然、進退爲連綿詞、只作退解。卦謂利往、是利初四柔進，亦利大人之用柔、其道益隆。初之葸也、寡斷之至矣！而猶知進從陽、初不退矣！楊萬里、項安世、毛奇齡皆謂巽躁。初懦故疑。李郁云「巽以行權。」又云「巽懦優柔。」原來說卦巽爲進退，其究爲躁卦。疏：究極，取風近極於躁急也。又繫辭下巽德之制，巽稱而隱、巽以行權。疏云順時合宜故可以權行。若不順時制變，不可以行權。以見大儒言之各有本也。夫子曰天之所助者順也。史記陽武逆取順受。孟子順天者存、逆天者亡。有匹夫套用之曰順我者生、逆我者死。如美國總統布希爲帝國主義大頭目、父子都用兵中東（伊拉克、阿富汗）並妄想以核子敲詐中國、蘇聯。中國、天朝也。今有二天，順逆情勢看智慧與實力，相信黷武者終將遭天譴、受報復性懲罰。茲輯易家對初六爻辭之界定：

象：進退、志疑也；利武人之貞志治也。

荀爽：進退承五、二據故疑。

王弼：初未服令故進退，利武人整齊之。

孔穎達：初柔心懷進退、未能從令、宜武人以整齊之。
虞翻：巽進退。乾武人。初失位、利之正爲乾。
張載：進退者柔不自決象。施于武人之貞則得其宜。
程頤：六過於卑巽，若用武人剛貞、无過卑恐畏之失矣。
蘇軾：初六小人有權、易謂之武人、負力志亂，以貞君爲利。
張浚：不果爲進退、濟以果、得中正之宜、巽道行矣。
張根：人情猶豫、貴乎果斷故。
朱震：初无應莫知所從，兌武人，雖千萬人必往。
李衡引干：初利勇行則正。引石：初窮下无應、惟利武人能用其正。
楊萬里：初過卑巽是小人，進退皆疑。躁卦故武，貞利。
朱熹：初巽主，進退不果，若武人則有以濟其不及。
項安世：巽疑卦。躁故稱武人。不正自疑、利剛矯之。
趙彥肅：欲進從陽，不果而退、故利決往。
楊簡：初進退不決，教決也。決不失正、易之道也。
吳澄：欲進從陽，又欲退安下。占上進從陽故利武人之貞。
梁寅：剛欲進，柔易退。初柔居剛，故勉其斷。
來知德：巽進退，變乾武人，以矯柔懦。教占者如是。

王夫之：陽文陰武，武人勇於進，貞則愼於進故得宜而利。

毛奇齡：重巽猶豫甚、巽躁、振猶豫之志、行至貞何有勿利！

折中引兪琰：巽申命、令出必行。初懦不武、若武處之，貞固足以幹事矣。李光地：巽主柔、濟武則無不利矣。

李塨：初志進退而三思狐疑，變乾健則武人之貞矣。

姚配中：初動爻欲之四承五，仍退自化故志疑。與二易位得正故志治。

吳汝綸：欲入不入，變爲剛則無疑矣。貞占也。

丁壽昌：乾爲大明故志治。乾元用九天下治是其義。

曹爲霖：初柔巽主、若以武人處之則治疑而濟不及。

星野恆：承二剛、卑貽之辱、當用武人之剛貞相濟成德。

馬通伯：互兌武人、體兌亦武人。初疑、柔順剛利二治之

劉次源：利武人之貞以起懦。志疑則惑。志治則勇。

李郁：巽懦、必以剛武乃能振作、故利武人之貞。

徐世大：或進或退、宜於軍人的持久。

胡樸安：武人謂首領、決定入事不遲疑。

高亨：武人占問行軍。進退皆利、都要人服從他。

李鏡池：武人是統治者、指揮者、進退都要服從他。

傅隸樸：柔居剛、當以武人的勇振奮自己、劍及履及。

全景芳：優柔寡斷、初柔懦、若以武人則貞固足以幹事矣。

徐志銳：初六小民、茫然混弱、補以武人之勇可整治順命了。

張立文：初六或進或退、武人有所占問則利。

初柔居剛、宜乎剛而柔、聖人進之。故進退只作退解。象謂志疑、亦退縮意。王弼、孔穎達之謂初未能服從令者。亦退也、若進則從令矣。張載之初謙抑、程頤之初過卑巽、朱震之巽初居卑體柔。皆退之資也。夫之之求也退、故進之。其初六乎？鼓勵其進也。如荀爽之謂進退承五。如荀言皆進也。初進四、四承五也。易家則多以首鼠兩端喻初進退皆疑、柔巽不果。矯柔起懦、師效武人之剛勇、似爲易家共同心聲。而武人多負力躁傲，蘇軾故特限制之以貞君爲利，與本爻之利武人之貞、劃定初也退、故進之、所進之武人必須貞君始得利耳、夫如是進爲有利也。來知德謂教占者如是。蓋初六退、故進之、進之之方、必仗持忠貞武勇之志節以勉奮自勵、庶利初六之進也。

九二、巽在床下，用史巫紛若，吉，无咎。

象曰：紛若之吉，得中也。

宋衷：巽爲木，二陽在上，初陰在下，床之象也。二无應于上，退而據初，心在于下故曰巽在床下也。（集解）

荀慈明：床下以喻近。二者軍帥，三者號令，故言床下以明將之所專，不過軍中事也。史書動、巫告廟，紛變若順。二以陽應陽，君所不臣，征伐畢、書勳告廟，當變順五則吉。

傳象謂二處中和故能變。

王弼：處巽中復以陽居陰，卑巽之甚！卑甚失正則入咎過矣！能居中至卑於神祇而不用威勢，則至紛若之吉而亡其過矣。

孔穎達：處巽下體又陽居陰，卑巽甚。祝史、巫覡，事鬼神之人。紛若，盛多貌。卑甚失正則入過咎。用居中之德，行至卑之道，用之神祇，不行威勢則能致盛多之吉而无咎。

張載：以陽居陰，其志下比，无應于上故曰巽在床下，然不失中道，下爲之用，故史巫紛若，樂爲之使，吉而无咎，非如上九喪資斧。史巫論言不失中道則樂盡誠者衆矣！

程頤：陽處陰而在下，過於巽者。非恐怯則諂說，非正。二剛中非有邪心。史巫者通誠意於神明，紛若，多也。謂誠足動人，人不察則以過巽爲諂矣！

蘇軾：二陽居陰，能下人者也。知權在初故下求用，求者紛然，譬史巫求神，神之降福未可知，史巫先享其利。紛然求人，非吉道，所以吉者，居得其中用事之地也。

張浚：二以剛得中。互體兌爲史巫。巫通神，二以誠通九五君，用以獲吉。如伊尹於太甲。二深自卑抑以行志，故紛若之吉。九應三，三處四下亦曰巽在親下，上九窮，二盡誠心而已。

張根：其巽已甚，君子不貴。

失震：九二不正，卑巽如此。然剛中動正，之五成震爲聲，五之二成兌口爲言。二五外降史巫紛若，卑巽之意達于上下，巽在床下，何咎之有！

李衡引陸：以陽居陰，巽太過入床下，非正。行未違中可以求福。用史巫以享、鬼神降福、吉无咎。　引牧：巽太過而不爲之吝，蓋守中存實，謙卑可薦神，獲吉。

楊萬里：九二大臣之位、抑陽德自處柔、處卑下。君之股肱若此！然卑巽用爲史巫則吉。事神不嫌卑巽也。二陽上橫、床象、一陰承下足象。

朱熹：二陽處陰而居下、有不安之意。然當巽時不厭卑而二居中不至已甚。其占丁寧自道，達到吉而无咎。亦竭誠意、以祭祀之吉。占也。

項安世：二不正、用史巫占問，疑甚。遯四降二故疑深。得中、中大於正、本无咎。猶自疑紛紛不能決也。紛若之所以吉，以得中也。先儒多以紛若爲致吉之道。既得中又何疑焉！

趙彥肅：巽在床下謂初六也。用史巫以誠接之也。初六志疑，故二接之。

楊簡：巽體居下卦又柔，有在床下象。過於巽也。史巫通神、紛若之多。過巽出於中、過雖非中、就過亦有得中者，九二之謂也。是變易之道。

吳澄。初耦二奇有床象。床二也，初卑伏於下。占史作策告神，巫歌舞事神。紛若多也。巽時陽爻亦當卑巽爲善。巽上亦巽己下者吉也。得中故无咎。

梁寅：巽木而陰下、爲足、床象。禮尊者坐床、卑者在床下。二剛中不卑、巽甚在床下誠足羞也。然令交際寧卑毋亢、況祭交神，竭誠獲福、非諂瀆鬼神之比也。

來知德：一陰在下、二陽在上、床象。二比初、心在下故曰床下。二以陽處陰、居下无應、過于卑巽、必不安寧如史巫之紛若。史掌卜筮、巫善卜吉凶。非兩人。紛雜亂。

顧炎武：九二巽在床下，恭而無禮則勞也。初六之進退，愼而無禮則葸也。

王夫之：巽在床下謂初。史撰辭告神者。二以剛居柔、篤志下求、紛若不已。陰可入而陽得其耦故吉。不當位疑有咎，而不失其剛中之德則无咎。

毛奇齡：巽木、二陽木架、一陰爲床（宋衷說）二上俱剛二獨有所用，禮王前巫後史，記告紛紛若若（多也）。王中心無爲以守正，故曰吉也。

折中引馮椅：周官史掌卜筮占吉凶，巫祓禳除烖害。　案：床下陰邪所伏、入則深矣，於是史占知之，巫祓去之，神怪無能爲害矣！紛若申命頻煩、二五剛中盡申命之道如此。

李光地：巽在床下，言入之至深也。史以察吉凶，巫以除烖害。入深又能察害，如史巫之紛若則合巽道故吉且无咎也。

李塨：巽木、二陽上一陰下、床象。二退入床下似過卑矣！然以人事神宜下，史巫並用（兌口舌爲巫、周禮大史掌祭祀。）以敬神、明得中道矣。

姚配中案：二之初故巽在床下。宋衷云巽木、二陽上、初陰下故巽在床下。互兌爲史巫、二初易位故用史巫紛若吉无咎。白虎通云：天子遣將必於廟示不專。二受命出師象。

吳汝綸：巽有制義。制在床下。床下喻近。九家云上爲宗廟、卦賞出軍皆先告廟，然後受行。床、廟中之物、行禮所用。史巫紛若、皆廟中事。紛若盛也。謂禮儀之盛也。

丁壽昌：注疏紛若吉句，傳吉无咎句、傳義爲長。史巫事事、非以動人。蘇蒿坪曰互兌口舌有史巫象。案巽爲潔齋、兌爲巫、故有祭祀用史巫象。

曹爲霖：史祭巫禱，皆通誠意于神明者。用之紛若，如成湯禱桑林以六事自責，紛若之吉也。二巽床委曲上達，故公旦金滕卒以悟主得吉。上巽床讒諂面諛故以凶警之。

星野恆：史巫、接神明者。紛若、言多也。居下不得位、無應、未爲上知者。巽過故在床下。然剛中不可終廢、苟誠意以達上史巫接神明則可吉而无咎矣！

馬通伯：馮經曰巽互離兌皆女、許云載寢之地。案詩箋男子生而臥床、女臥地、卑之也。臥地則在床下矣。史巫治志。二得中以此治初陰之疑疾、宜其吉而无咎矣。

劉次源：巽在床下、比初陰也。剛巽乎中正故得其心。紛用史巫、篤志求神、吉且无咎、誠也。傳象：得中之吉，雖紛求初不自失也。

李郁：二爲軍帥。二得中退居初、紛若交迭貌。巽過柔宜進、過剛宜退。史書動、巫告廟，功成則退。巽有床象。入不嫌卑、敵應、退初進退紛如。各得其位故吉无咎。

徐世大：在床前卜，弄得瞽史和神巫亂烘烘地，好，怪不得。
二爻似指此時言，既卜又筮、紛然景象如畫。

胡樸安：巽伏在床下，遲不願入。或用史卜筮，或用巫問鬼，紛論入不入，雖武人猶不能決其疑。吉无咎者，史巫言入得中道而无咎也。

高亨：甲文巽象二人跽伏之形。紛疑借爲釁，同聲系，古通用。用史巫釁之。巽在床下指人言，釁人先塗牲血而後浴之，所以厭鬼魅除不祥也。人偶見鬼物，驚伏床下，史巫釁之可吉而無咎。

李鏡池：史巫：從事迷信活動的人，祝史可祭，巫降神祓不祥。巫屬下有史。紛若：辭紛紛的樣子。商人伏在床下，因怕鬼，用史巫趕鬼，鬧得亂紛紛。商人旅途中發生的事。

屈萬里：巽入，巽謂在下，巽伏也。史卜巫祝。若猶然也。女巫掌歲時祓除疾病。逸周書巫醫具百藥備疾炎。抱朴子寧殺生請福，分著問祟，不信良醫，反用巫史紛若。

傅隸樸：巽是自謙，床下即下床。下讀虎。卑賤者所臥。視不登帶，言不過步這種巽在床下的謙卑，祝史巫覡，紛若是奔忙狀，原解盛多未涉卑巽義。九二雖有自卑之累，剛中便能獲吉。史巫紛若勗勉之辭。

金景芳：程傳：「床人所安。床下，過卑巽非怯則諂。二處剛實有中德，恭過雖非正禮，可以遠恥辱，絕怨咎，亦吉道也。史巫通誠意于神明者。紛若，多也。

徐志銳：君令下達，九二跪拜巽順，還恐君王不信，假借史巫溝通人神關係去說明九二溝通九五的關係。能屈能伸。九二剛與五相敵不應，因中則无過剛之弊。故終獲吉。

張立文：九二，箄（巽）在床下，用使（史）巫，忿（紛）若，吉，无咎。　譯：九二，病人伏在床下，以爲鬼魅作祟，用史巫的巫術可愈，則吉祥無災患。

林漢仕案：床象之形成：

巽木，二陽在上，初陰在下，床象。（宋衷）

床下喻近。明將有所專。（荀慈明）

卑巽甚、失正則入過咎。（孔穎達）

陽居陰、志下比、无應上故巽床下。（張載）

過巽、非恐怯則諂說、非正。人不察則以為諂。（程頤）

二知權在初故下求用。二能下人者也。（蘇軾）

二自卑以行志。九應三、三處四下亦曰巽在床下。（張浚）

巽甚、君子不貴。（張根）

卑巽之意達于上下、巽在床下、何咎！（朱震）

巽太過，入床下、非正。（李衡引陸）

事神不嫌卑巽。二陽上横床象。一陰承足象。（楊萬里）

二陽處陰居下，不安。占達則吉。（朱熹）

二不正疑甚、紛紛得中、又何疑焉。（項安世）

在床下謂初六、志疑故二接之、用史巫誠接之也。（趙彥肅）

巽柔在床下象。史巫通神、紛若之多、二中變易之道。（楊簡）

床、二也。占史告神、巫歌舞多也。陽當卑巽為善。（吳澄）

禮卑在床下、二卑誠足羞、然非諂瀆鬼神之比。（梁寅）

二比初，心在下故曰床下。二過卑巽。紛雜辭。（來知德）

九二恭而無禮則勞。初六愼而無禮則葸。（顧炎武）。
床下謂初。史告神。二下求紛若不已，陽得藕故吉。（王夫之）
一陰爲床、二陽木架。禮王前巫後史、王無爲守正故吉。（毛奇齡）
床下陰邪所伏、史占巫祓、二五盡申命之道。（折中引）
在床下、入至深。史察吉凶巫除害、合巽道故吉。（李光地）
二陽上一陰下床象。二退床下過卑。然事神、明得中道。（李塨）
巽木，二陽上、初陰下故巽在床下。（姚配中引宋衷）
床下喩近。床、廟中物，行禮所用。紛盛、謂禮儀盛。（吳汝綸）
吉无咎句爲長。巽潔齋、兌巫、祭用史巫象。（丁壽昌）
二巽床委曲上達、上巽床讒諂面諛。（曹爲霖）
史巫接神言多、苟誠意接神明可吉无咎。（星野恆）
男子生臥床、女子臥地，在床下。史巫治志、二治初疑。（馬通伯）
在床下、比初陰。雖紛求初，想中不自失也。（劉次源）
二軍帥、功成則退、巽床象。入不嫌卑。（李郁）
床前下、亂烘烘、旣卜又筮、紛然如畫。（徐世大）
巽伏床下、雖武人不能決其疑。（胡樸安）
紛借爲釁、床下指人、釁塗血。人見鬼物驚伏床下、釁之可吉而無咎。（高亨）

迷信活動亂紛紛、商人伏床下怕鬼、用史巫趕鬼。（李鏡池）
巽伏。不信良醫、反用巫史紛若。若猶然。（屈萬里）
巽謙、床下即下床。紛若奔忙狀。二剛中、史巫勗勉之。（傅隸樸）
二剛中、恭過非禮、可遠怨、亦吉道也。（金景芳）
二巽順五、能屈能伸。因中無過咎之弊。（徐志銳）
病人伏在床下、以爲鬼祟、用巫術則吉祥無災患。（張立文）

床之在剝卦初六剝床以足。言床之象者如王弼云床、人所安。蘇軾：載己者床。項安世：巽木故有床象。馬其昶引：床、車廂。張立文帛書藏假有床。徐世大謂被剝削者爲上層階級所倚賴。床可坐可臥、待賓客。字書床、安身之坐者。人所坐臥曰床。自裝載也。八尺曰床。井榦曰床。床字在易書中、見剝與巽兩卦、前者帛書作臧、後者即本字床、古供踞坐寢臥具。詩北山或息偃在床，或不已于行。又詩斯干：乃生男子，載寢之床。乃生女子，載寢之地。生男寢床、生女寢地，尊卑之也。然則在床爲尊、寢地爲卑也明矣！甲文巽之象二人跽伏之形。（高亨）跽伏在床下、卑且賤矣！如九二者得中。（象曰）二者軍帥。（荀慈明）王弼云：處巽中、復以陽居陰、卑巽之甚！程子直斥之爲「非恐怯則諂說，非正。」顧炎武謂「九二恭而無禮則勞」折中案：「床下陰邪所伏。」難爲九二之受命出帥、二爲軍帥、二之得中也。徐志銳云云：「九二跪拜巽順，還恐君王不信、假借史巫溝通九五關係，能屈能伸。」傅隸樸云「巽入求容、巽爲全生哲學、卑巽之德表現在剛正大人身上才有利」三聖心同理通、以初退故進之、九二剛，故折之宜卑乎？其事多疑之主也哉！曾國藩稱「陸敬輿事多疑之主、馭難馴之將、燭之以至明、將之以至誠、譬若禦駑馬、登峻坂、縱橫險阻而不失其馳，何其神也。」陸之「全生哲學」非諂邪無禮，跪拜巽賤可知矣！陸宣公奏議、史稱所草詔制、雖武人悍卒、無不感動流涕。焉用跪拜巽伏，卑賤自污以通上？易家於是乎轉而謂在床下謂初六。（趙彥肅）二能下人者也。（蘇軾）二自卑以行志。（張浚）二中，變易之道。（楊簡）床下喻近、明將有所事。（荀爽）而為之緩頰。梁寅云二卑誠足差、然非諂瀆鬼神之比。由巽在床下、對人、轉化為能下人，又轉化為對鬼神之卑巽。朱子云「其占丁寧自道、達則吉而无咎。」占者其能達乎？

巽卦為巽伏卑順、九二以陽居陰、頻於祝史、巫覡、弄鬼弄神、必有其不得已者，苟中矣又能正、雖有恐懼流言日、謙恭下士時、終有大白於天下之一日也。能不欺心之妄為上，以國家為賭本、雖終吉、其心亦可誅也。九二之巽伏在床下、九二之用史、用巫交替爭取信賴，無非要放手一搏。昔為霖之謂成陽禱桑林、公旦金滕是也。屈萬里以分蓍問祟、不信良醫、反用巫史紛若。似只取「用史巫紛若」論事而棄其大者「巽在床下。」也！況下文又著一吉无咎矣！孔夫子執一無權之說，豈無的哉！

九三，頻巽，吝。

象曰：頻巽之吝，志窮也。

荀慈明：乘陽无據，爲陰所乘，號令不行，故志窮也。

王弼：頻蹙不樂而窮不得已之謂也。以剛正爲四乘，志窮而巽是以吝也。

孔穎達：頻蹙憂戚之容。三體剛居正、爲四所乘，是志意窮屈不得申遂，處巽時只得受其屈辱也。鄙吝之道也。

李鼎祚引虞翻：頻、頞也，謂二已變三體坎艮，坎爲憂，艮爲鼻，故頻巽，无應在險故吝。

張載：三處陽剛，失巽之道。乘剛而動，頻吝所宜。志在此物故吝，如復之六三、志窮也。

程頤：三以剛亢之質而居巽順之時，勉爲故屢失也，故頻失而頻巽，是可吝也。

蘇軾：三以陽居陽、非用事之地。知權在初，下則心不服，制之力不能，故頻蹙以待之。三不能止初之爲巽故頻巽。

張浚：三剛過不正、志近僞。水厓曰頻。迫澤險又承陰，不得已惟巽順是事。夫士君子於巽，建中以用、度義而爲、至誠行之、則信於上而民說。安俟頻頻其吝哉！

張根：行權之道，安可常哉！

朱震：頻、水厓。三重剛不中，在下體之上，巽極決躁、憚於改過，有吝之意！志窮不得已而巽。易傳曰，雖欲不巽，得乎哉！

鄭汝諧：彼之三曰頻復，巽之三曰頻巽。復貴早，巽欲不過，三遠初故頻巽。皆初爻爲主。巽如初則柔謙，至三則失之過。頻復厲，頻巽吝。吝故志窮也。

李衡引陸：以陽處陽、在巽不巽。四巽主，不得不承，情不順故頻蹙，志窮自恨而已。引逢：三用剛人不與故吝。

楊萬里：三以剛處剛、非能巽身，以剛乘剛、非能巽人。出二上、詘四下、時屢不巽、時屢巽、人而无常者邪！廉不巽辱藺、藺以巽辱廉、九三其廉之徒乎？頻、屢也。

朱熹：過剛不中，居下之上，非能巽者勉爲屢失吝之道也。其象占如此。

項安世：三重剛不中、志本強躁，迫於二四兩爻相易、不得已巽、故爲頻蹙爲羞吝。

趙彥肅：體巽也。剛過故不安於巽、有時不然故頻巽。

楊簡：九居三、剛過中、質非巽、勉強行之故知頻失之矣！故吝。夫實不能巽、不得已後頻失頻巽，志亦窮矣！

吳澄：九三以剛居剛、非能卑巽者。當下卦之終變柔、猶頻於水而後能巽。占：頻而後巽故吝。

梁寅：以九居三、本不能巽而勉強爲之、非出於誠心矣！故頻巽而頻失，其所不吝、乃頻失非巽之吝也。

來知德：頻數。一巽盡一巽復來。頻失可知矣！九三過剛不中，屢巽屢失，吝之道也。

王夫之：頻顰通。三以剛居剛而不中，見陰之巽入而顰蹙以受之，不能止陰使不入，徒吝而已！

毛奇齡：三下巽之終、接上巽之始。以巽承巽、巽之頻者也。下巽至三、上巽至上、巽窮。三上巽窮一也，吝也。

折中引趙汝楳曰既巽復巽猶頻復。案：巽入之深、徒使弊益滋、奸無所畏，非唯無益而又害之。事貴斷也。三上多思少斷，三未如上之甚、但頻巽之象而占曰吝。

李光地：三過中、過巽者。過巽則爲頻巽。以剛才處之，煩擾甚矣！雖未至於凶而向乎凶矣，故吝。

李塨：三剛居剛不中、上下重巽相連，屢入屢不入，躁卦，不志窮乎！

姚配中案：復三頻復、陰退陽復故无咎。巽三頻巽，陽動失位故吝。　傳象：化而失位故窮。

吳汝綸：頻數。二爲將帥、三爲號令，號令頻數則不行，故志窮也。

丁壽昌：頻顣與頻復同。傳義屢爲屢失、非也。虞曰頻頞也。有體坎爲憂故頻巽、无應在險故吝。荀曰乘陽无據、爲陰所乘、號令不行故志窮也。

曹爲霖：金雞陳氏曰其志窮，故其命亂。如漢永光五年罷寢廟園、越六年復、踰年復罷！唐景福二年以李茂貞爲節度使、秋討、冬復爲節度使。蓋此類也。

星野恆：重剛不中、乘剛承柔、每天不孫、所以吝也。蓋天資倨傲、居下不能自下。上柔不能制。下剛不服。頻巽之吝，可不自省乎！

馬通伯：王逢曰頻數之令、人所不與故吝。沈該曰頻巽屢變也。剛過不中、令不當、志不得行。唐鶴徵：鄙疑兼躁。錢澄之紛更不一。案三志窮思變、變失正故吝。

劉次源：過剛不中、頻于巽也。令出旋更是以吝、傳象：志帥氣、窮故失信。三處內卦終頻頻不定也。

李郁：有在重巽之間故頻巽。巽時以剛強之質，處剛乘剛、欲退未能。故吝。傳象：三上敵應故窮。

徐世大：三爻頻卜成笑話。亦爲優默敘述。與蒙卦「初筮告、再三瀆、瀆則不告。」相參。

譯文：屢卜，要鬧笑話。

胡樸安：雖史巫言入吉而猶頻蹙不願入。不得已入者其事吝也。故象曰志窮。

高亨：頻、蹙眉也。巽者被人強制不得不伏。故蹙眉而伏也。此難加於身之象。故曰頻巽、吝。

李鏡池：頻借爲嚬。嚬眉蹙額順伏于人。這是很不願意的，只是不得已。

屈萬里：王弼：頻蹙不樂而窮不得已之謂也。與顰通。蹙眉。　頻巽吝、伏而不出。言計慮已窮。

傅隸樸：頻即皺眉苦臉。九三陽居陽、表裡剛正象、非自甘下流。上不得應、爲六四所乘、不得不低首下人，痛苦之情見於顏面。吝是愧咎之情。周勃獻金獄吏英雄失勢！

金景芳：趙汝楳說：「頻巽者、既巽復巽、猶頻復也。」

徐志銳：九三屢順從屢不順從、反反復復故稱頻巽。三質剛用剛、巽順時又不得不順，勉強巽順、變化无常。初志疑、可補勇氣，三志窮无法補救，也只羞吝而已！

張立文：編（頻）筭（巽），閵（吝）。　編假頻、蹙頞。閵假爲吝。　譯。九三皺眉而順從，則有艱難。

林漢仕案：字書頻義有：數、急、並、比、匡濱、頞、蹙、憂、嚬等。易家之謂九三以剛居剛、過中無應、又爲四乘、號令不行、屢失志窮、只得受其屈辱、頻失頻吝。傅隸樸謂爲全生哲學。委曲可以求全。苟得生、無所不可用其極矣！讒諂面諛、跪拜巽賤、九二誠足羞矣！然又有謂成湯禱桑林、公旦筈金滕。朱子云占者達則吉而无咎。卦之爲巽、大方向登錄爲巽順、安知非狸貓之伏耶？蘇軾故謂二能下人者也　對鬼神交心盡誠、謙恭下士、陸敬輿之禦駑馬、登峻坂、皆可謂之權也。九三之謂過中、有何不可謂九三爲卦之大中？處大中而頻巽、是有其不得已者，小節出入可也。九三之頻巽、吝。吝之言其憂虞小疵也。作易者不正有其憂患耶！九三頻巽之吝、有不足爲外人道者矣！茲誌易家卓見條析於后：象謂志窮也。　荀爽云乘陽、陰乘、號令不行。　王弼頻蹙不樂、爲四乘。　孔疏：頻蹙憂戚、志窮不得申，只得受辱。　虞翻：頻、頞。无應在險故吝。　張載：處剛失巽道。　程頤：三亢質居巽、勉爲故屢失。　蘇軾：三頻蹙以待之。　張浚。水厓曰頻、迫澤險又承陰、不得已巽順。　張根：行權之道。　朱震：三重剛不中、憚改過、雖欲不巽、得乎哉！　鄭汝諧：三頻巽吝、吝故志窮。　李衡引：不得不承四巽主、情不順故頻蹙、志窮自恨而已。　楊萬里：三非能巽身、非能巽人、人而无常者邪！廉（頗）之徒乎！頻、屢之。　朱熹：非能巽者、勉爲屢失，其象占如此。　項安世：志本躁、不得已巽、故頻蹙爲羞吝。　趙彥肅：剛過不安巽。　楊簡：質非巽、勉強行之故知頻失之矣。實不能巽、志亦窮矣！　吳澄：三剛居剛、非能卑巽者。頻於水而後能巽。　梁寅：不能巽、勉強非出誠心、頻失非巽之吝也。來知德：頻、數也。過剛不中、屢巽屢失、吝之道也。王夫之：顰通。見陰巽不能止而顰蹙受之。毛奇齡：巽終巽始，頻也。三上巽窮一也。折中：三上多思少斷、但頻巽而占吝。李光地：過中、過巽、向乎凶矣故吝。李塨：重巽、屢入屢不入、躁卦。姚配中：陽動失位故吝。化失位故窮。吳汝綸：三號令頻數不行、故志窮。丁壽昌：傳屢爲屢失非也。頻顣與頻復同。曹爲霖引陳氏曰志窮故命亂。如罷寢廟園、越六年復、踰年復罷。星野恆：乘剛承柔、每失不孫。居下不能下、上柔不能制。馬通伯引王逢：頻數之令。又引沈該：頻巽屢變。引唐鶴徵：巽疑兼躁。引錢澄之：紛更不一。自案：三志窮思變，變失正故吝。引李郁：處剛乘剛、欲退未能故吝。徐世大：頻卜、笑話。胡樸安：頻蹙不願入、不得已入、其事吝也。高亨：蹙眉而伏、被強制、難加身象。李鏡池：借爲嚬眉蹙額順伏于人，只是不得已。屈萬里：顰通，蹙眉。言計慮窮。傅隸樸：皺眉苦臉。表裡剛正、非自甘下流、周勃獻金獄吏、英雄失勢。徐志銳：屢順屢不順、反反復復、三志窮无法補救，只羞吝而已。張立文：皺眉順從則有艱難。

易家對九三之評斷爲：

1.志窮：a.乘陽、陰乘、每失不孫、號令不行。b.亢質居巽無應在險。C.重剛不中、憚改過、志窮自恨。D.躁、非能巽、過剛、屢巽屢失。E.動失位、化失位故吝窮。F.志窮故命亂、紛更不一、思變、變失正。

2. 頻蹙不樂、頻蹙憂戚、爲四乘、志窮、只得受辰。
3. 頻、頞、无應在險。
4. 處剛失巽道。亢質、勉爲故屢失。象占如此。
5. 水厓曰頻、迫澤險又承陰。
6. 行權之道、頻蹙待之。實不能巽。
7. 頻、數也、故屢巽屢失。
8. 通顰、蹙眉而伏。借爲嚬眉蹙額、順伏于人。皺眉苦臉、表裡剛正、非自甘下流。英雄失勢。

象所斷九三之所以頻巽、乃志窮、易家即解釋九三之所以鬧志窮爲不孫无應、躁而憚改過。其中姚配中派爲動失位故吝、化失位故窮。似謂九三已動已化、三動則成六三矣、其卦名爲上風下水、渙卦。就事論事、九三未之變也、乃巽之九三也。九三未變則不失位、而仍在吝窮之中、亦所謂窮也。假設變則之他卦矣！易家於是又有從頻字他義著手論九三之所以頻巽吝、謂頻、蹙、憂戚、頻頞、皺眉頭、苦瓜臉。又謂頻、數。頻、水厓。通顰。英雄失勢、非自甘下流、志窮只得受辱、象占如此。楊萬里謂藺以巽辱廉、九三其廉之徒。傳隸樸謂九三周勃獻金獄吏、英雄失勢。曹爲霖則以漢永光、唐景福皇帝之詔令反覆。其於九二之謂成湯禱桑林、公旦金縢悟主說，九三其貞處象占勉爲行權之中、蘇軾之稱有以待之。張根之謂行權之道，安可常也。此其時矣！亦夫子之所嘆謂其命矣夫哉！朱子之稱其象占如此。此時九三若執意仍行行如也、則九三將成爲：你看彼乃是騎在一匹灰色馬背上之人、其名叫死亡。是死之徒也。李光地云雖未至凶而向乎凶矣！故吝。九三之欲全生而悻悻然、祗加深羞辱而已！卜得是卦者應知所處矣！欺於暴君長上故吝、欺於暴民無知之辱、亦可吝也。君子應知善處逆勢也。

六四、悔亡，田獲三品。

象曰：田獲三品，有功也。

翟元：田獲三品，下三爻也。謂初巽爲雞，二兌爲羊，三離雉也。（集解）

王弼：乘剛，悔也。然得位承五、卑得所奉、雖乘剛依尊，履正，以斯行命，必能獲強暴，遠不仁也。田獲三品曰乾豆，賓客，充君之庖。

孔疏：有乘剛之悔，然得位承尊，以斯行命，必能有功。譬田獵能獲而有益，莫善三品、所以得悔亡。

李鼎祚引虞翻：田謂二，地中稱田，初失位无應，悔也。二之初得應故悔亾。二動正應五多功。二動艮手稱獲，艮狼坎豕，艮二之初離雉故獲三品矣！ 案春獵曰田，田獲三品爲乾豆，爲賓客，爲充君之庖。

張載：柔德陰居，離或乘剛，悔終可亡。近比五不諂妄，二三幷爲所獲，不私其累、樂爲己用，田獲之類也。使三陽見獲，四之功也。

程頤：柔无援，承乘皆剛，宜有悔。四以陰居陰，得巽之正，故悔亡。如田獲乾豆，充庖，巽上下之陽遍及，處之至善故悔亡而成巽之功也。

蘇軾：四有權无位，與初均也。有五爲之主、坦然以正待之故悔亡。五不求、四自求用。盡力以獲禽而利歸君、爲乾豆、賓客、充庖，不勞而獲三品、其與史巫之功亦遠矣！

張浚：四以陰居四陽中，離明巽順群剛上下順之，大臣守其位，諸侯保其國，立無過之地故悔亡。因獲謂事業建立。詩云靖共爾位、好是正直，神之聽之，介爾景福。四其有之。互兌，四得君得民，上下說之，著於互象。

張根：不爭而得之謂。

朱震：四无應，乘承皆剛。得位處二陽之際，上巽五，下巽三，三爻皆正而相得故田獲三品。巽雞離雉爲三品，以巽事上臨下，雖无應，其悔亡矣。易傳曰：善處悔可以有功矣。

李衡引石：乘剛有悔，然居正是亡也。寡者衆所宗，一陰爲四陽所從。如田獵有功可以備三品。

引介：田者興事之大，三品功盛，柔可大有功，巽正而得所附也。

楊萬里：四以柔處柔，順上、下亦順之；順下，下亦順之。一順獲三順，猶蒐田獲君庖、賓客，乾豆三品也。五君庖、二三賓客乾豆象。獲三品有功之驗，豈悔亡而已乎！

朱熹：陰柔无應，承乘皆剛，宜有悔也。陰居處上之下故得悔亡。又爲卜田之吉占也。三品一乾豆、賓客、以充庖。

項安世：四重柔，安於巽者。遯變二升爲四比五故小者得亨。升得正是以悔无。遯上三爻在田野者皆變爲入，此六四之功故田獲三品、此小亨之驗、巽利市三倍。
趙彥肅：乘三有悔，承五居柔故悔亡。體巽故陽樂與之。二得初矣、四之所獲三陽爾。三五以近上以同體。
楊簡：六四柔順之至。春蒐夏苗秋獮冬狩，先生以習武備。有剛德象。濟六四不足曰悔亡。往田獲乾豆三品有功之誘掖，即堯之輔之翼之之意。
吳澄：六四无應、承乘皆剛，能上從陽故悔亡。四田、獵獲奉宗廟、充君庖、須徒御。四順如獵田獲三品遍及上下也。
梁寅：巽而取象於田狩，未詳其義。
來知德：離戈兵錯震動、田象。離居三、初巽雞、二兌羊、三離雉三品。四陰无應、承乘皆剛、然居陰得巽正，居上能下、有田獲三品，占者如是、所求必得有功矣。
王夫之：三品乾豆、賓客、充君之庖。上中下殺皆獲焉，四施命行事者。國之大事在祀與戒，巽非征伐卦。田獵以供賓祭役民率作故取象焉。悔亡者本無悔也。
毛奇齡：六四善處巽。坤陰爲田、互離戈兵合爲春獵。巽固利倍。上中下殺悉獲。重巽之成全在乎四。
折中引王安石：田、興事之大者。三品、有功之盛者。引郭雍：四近君無疑、有田獲之功。引沈該：將以興利除害也。 引胡炳文：田武事、四田獲用武而有功者。案：柔克剛，柔而立，初利武人貞，四纘武功田害悉去。

李光地：巽主。以陰居陰宜有悔。以上順五故可亡其悔。田獲三品象。田獵爲民除害、所獲既多、害盡去矣。

李塨：八卦正位、巽在四、柔順乎剛故悔亡。坤陰爲田、互離以網罟戈兵、爲田獵纘武功。巽固利倍、巽主爻又倍、全獲三品、初巽雞二兌羊三離雉皆獲、其功爲何如者！

姚配中案虞注：初二易位成離、稱田、得位有應故有功。

吳汝綸：三品、下三爻也。承剛有悔。入據下三爻則悔亡。

丁壽昌：三品、虞以艮狼坎豕離雉。翟以巽雞兌羊離雉。程以乾豆、充庖、頒徒御。二家牽合、程禮不合。王注本王制爲田獵象。蘇蒿坪四承五申命不厭卑故悔則亡也。三品取巽爲市三倍，與巽三畫之象。

曹爲霖：陳氏曰四柔正、其悔斯亡。爲能除害與利。若田之獲禽也。如漢元朔初、用主父偃言、詔諸侯得分國邑封子弟爲列侯。晉桑維翰相制書指揮節度使、無敢違者。深予之也。

星野恆：田蒐獮名。禮天子諸侯歲三田。此爻巽柔無應、乘承皆剛宜有悔者，然位正巽於下、苟巽而正、豈唯免悔，亦可以有功、柔質尙然、況陽剛者乎！

馬通伯：胡炳文曰田武事。四之田獲用武而有功者也。鄭杲曰巽風爲入爲號令、皆動物之事。周公制禮樂、不敢輕舉、驗之物情旣動而後制之。此悔亡之說。重巽德在四。

劉次源：四重巽主、巽之又巽則人心樂從。悔亡者得其正。上巽下則下歸心、是田獲三品所向有功也。

李郁：四无應初是悔。必初變剛而後悔亡。田內卦初變成乾、三陽充實。禽獲豐。乾豆供祭，或饗賓客，或獻充庖廚，故稱三品。

于省吾：虞翻田二。二動艮爲手稱獲，艮狼坎豕離雉三品，翟玄下三爻巽雞兌羊離雉。按甲文田獲習見。稱人物類數每以品計、小盂鼎凡區以品。田四品、錫玉五品例也。

徐世大：心活動失掉田獵得三種品味。四五爻卜者術館，雜湊無深意。頗似星命家「父在母先亡」之江湖，莫可捉模其準確性。

胡樸安：頻蹙不願入，至是亦悔亡。會田獵聚衆入。三品，田所得禽數。故象曰有功。言獲三品之功。

高亨：筮遇此爻、其悔可亡。故曰悔亡。田、獵也，品，類也。謂禽獸之屬三類。獵則得禽獸三品。

李鏡池：三品、三種。貞兆辭悔亡。沒有貞事辭。不連下讀。田獵獲得三種野獸。巽卦或意味著要把野獸馴服，豢養起來。

屈萬里：三品謂三種。此田所獲三品、明獸類也。周公簋云錫臣三品，州人、重人、庸人是三種人亦可曰三品。

傅隸樸：乘三剛、以陰居陰、近君不虧臣節。乘剛有咎、不失職可銷乘剛之悔。三品：乾豆是上品依上殺禽獸在心、肉潔。中品即殺傷後腿宴賓客。下品即下殺傷腹充君庖。古代畋獵用意：「閱兵，一除害稼的禽獸。此處指爲國除害。

金景芳。四陰无應，上邊是陽爻、下邊也是陽文、乘承皆剛，處境不利。但陰居陰位、巽時是適宜的。所以程傳說四處之至善故悔亡而復有功。沈該說田獲三品、令行之效也。行君令興利除害也。令行功著。

徐志銳：六四柔居陰承五、上卦巽主，順九五行事。以田獵作比、射中心臟一等、獵物可供祭祀。中髀骼可供賓客。中下腹自己享用。四順五君打獵一舉獲三個等級爲有功。

張立文：六四，悔亡，田獲三品。　譯：六四，困厄將消失，田獵之物可作三種用途。（田、獵也。品，種類。）

林漢仕案：田之義、以種植五穀桑麻者之泛稱、故古有田亞任三服、亞任不規則、井田多方正。然習兵亦曰田、周禮春官掌四時之田。穀梁：四時之田皆宗廟事。田獻冬狼、夏麋、春秋獸物。禮記王制：天子諸侯無事則歲三田、一爲乾豆，二爲賓客，三爲充君之庖。注三田者、夏不田。周禮春曰蒐、夏苗、秋獮、冬狩。乾豆謂腊之以爲祭祀、豆、實也。疏豆實非脯、謂醢。及麷、先乾其肉。是上殺者。賓客爲中殺。充君庖廚爲下殺。范甯云：上殺、中心死速、乾之以爲豆實。次殺、射髀骼、死差遲、故爲賓客。下殺、中腸污泡、死最遲、故充庖廚。毛傳則以自左膘射達右腢爲上殺，射右耳次之、射左髀達右骺爲下殺。先宗廟尊神、次敬賓客。穀粱謂春田夏苗、秋蒐冬狩。王制：無事而不田曰不敬。天子不合圍、諸侯不掩群。不麛不卵、不殺胎、不殀夭、不覆巢。　今六四爻謂田獲三品，豈其之謂三殺乎？翟元謂三品爲下三爻：巽雞、兌羊、離雉。李鼎祚引虞翻謂艮狼、坎豕、離雉爲三品。王弼則以乾豆、賓客、充君之庖爲田獲三品。張浚云田獲謂事業建立。朱震以三四五三爻皆正而相得故田獲三品。又謂巽雞離雉爲三品。吳澄謂四田獵獲奉宗廟、充君庖、頒徒御。于有吾謂稱人物類數每以品計、田四品、錫玉五品例。李鏡池三品爲三種。屈萬里三品明獸類、州人、重人、庸人三種人亦曰三品。張立文謂三種用途。

田獵乃古代軍事演練，國之大事也。周禮春官掌四時之田。禮記王制天子諸侯無事則歲三田。周禮春蒐、夏苗、秋獮、冬狩。而不殺胎者、夏不田也。田爲聚衆講武、興利除害、纘武功。所謂上殺、中殺、下殺者、即以區分獵物品類、品題獵者武藝之上下也。丁壽昌是王注本王制而非虞與翟及程傳爲牽合。蓋講武備之田，毋須限定所遇者必以雞羊雉狼豕也、虎豹犀象亦與焉、取其順我者生，逆我者死而已！王夫之云：巽非征代卦，田獵以役民率作、故取象焉。詎可解深寅巽而取象田狩、未詳其義之疑乎？

茲依例聚而論之何如：

象：田獲三品、有功也。

翟元：下有爻初雞、二羊、三雉也。

王弼：三品爲乾豆、賓客、充君之庖。

虞翻：地中稱田、謂二。艮狼坎豕離雉獲三品。李鼎祚案田三品同王弼說。

張載以四比五、二三并爲所獲、三陽見獲、四之功也。

張浚云事業建立，神之聽之，四得君得民。張根謂不爭而得之謂。

李鏡池：三品，三種野獸。　屈萬里州人、重人、庸人三種人亦曰三品。
集註引是翟元、虞翻三品之說者、朱震、來知德、李塨等而已。而王弼三品亦爲三殺而是之者從蘇軾以降、楊萬里、朱熹、楊簡、吳澄、王夫之、丁壽昌、李郁、傅隸樸、徐志銳等大家皆附會焉。而張載謂四獲三陽九二、九三、九五。張浚、張根謂四得君得民、不爭而得、似三陽皆爲六四所俘獲、一陰虜得三陽歸也、其曰悔亡者，四巽功柔德陰居、其可長乎？三個特豕而雌伏、亦云奇矣：吾從衆、以爲田獲三品爲上中下有殺、以之敘三品之功也、論技藝之上下也。

九五、貞吉，悔亡，无不利。无初有終，先庚三日，後庚三日，吉。

象曰：九五之吉，位正中也。

王弼：陽居陽，損謙巽。然中正故貞吉悔亡。化不以漸，剛直加於物，故初不說、中正故有終。先申三日，令著後復申三日然後誅。甲庚皆申命也。

孔穎達：陽居陽、違於謙。然中正宣令、是貞正獲吉。若用剛直不以漸，物皆不說故无初。終中正故有終。申命令謂之庚。民迷固久、申不可卒，故先申復申後民服其罪无怨。

李鼎祚引虞翻：得位處中故貞吉悔亡、无不利。震巽相薄，雷風无形，當變之震矣！巽躁卦故无初有終。震主庚也，離日。震三爻在前故先庚三日，震爻在後故後庚三日，巽初失位，終變震故无初有終。與蠱先甲三日同義。

司馬光：彖曰重巽以申命。重巽隨風也。隨風爲申命之象。風爲號令。九五君爲號令主，得位以行令，不失中正故曰貞吉。悔亡，无不利。民可與樂成，難與慮始，故曰无初有終。庚金主斷，制號令 不嚴則不行，故先庚三日吉也。

張載：解見蠱卦。志不正則將有悔。先庚讓始，後庚存終，雖體陽居尊，无應於下，故不可爲事之唱乃吉。不著於繇辭者，巽非憂患之時故也。

程頤：五居尊，巽主，得中正，盡巽之善，利在貞則吉悔亡。无所不利貞正中也。无初始未善，有終更善。甲者事之端，庚者變更之始。解在蠱卦。

蘇軾：五履正中之位，進不忌四、退不過巽、貞而已，此四所以心服爲之用，是以吉且悔无、四五皆无不利者。五之德如此，故有後庚之終吉。

張浚：用權非聖人常道，必貞吉而後悔亡。九五以剛處中，智足制天下之變而納之治，安往不利。先三日，愼始圖其幾；後三日，思終考其成。庚有制變之義。人君用巽，當以剛德爲主，內強其志，外揆其變，而終享其吉。

張根：戒告丁寧，庚之謂矣。

朱震：五君位正中、巽號令。正故悔亡。動則二應皆正，故无不利。初二始未善，五正有終。庚謂更，先庚使善，後庚慮未盡善，更而正中，正則吉，更天下之弊，其唯剛中乎！

李衡引陸：甲出庚更。以庚變甲天道也。先後三日，使知其意、審其令也。甲庚皆申命令。甲者德政。庚者利政。先甲後甲所以原始要終；先庚後庚所以信而審之也。

楊萬里：五以剛處剛、至尊而能回其剛巽乎中正，是貞故吉悔亡无不利。一貞立、百順隨。无初者乃應變也。甲者事始、庚者事更，甲爲春爲木，巽爲木故言甲。庚爲秋爲金爲白、巽爲白故曰庚。

朱熹：五剛健中正。居巽故有悔。有貞而吉，故得亡其悔无不利。有悔是无初，亡之是有終。庚更色。事之變先庚三日丁也。後庚癸也。丁寧其變前，揆度變後。有所變更而得此占者、如是則吉也。

項安世：五中又正，吉无疑。巽初疑悔盡亡，今不疑也。庚更續也。事巳更爲之以續前事。後庚三日總言上三爻也。巽時惟此爻爲美。其多疑猶如此。

趙彥肅：巽之時體剛有悔。巽乎中正故貞吉悔亡无不利也。

楊簡：五正不偏剛柔、爲貞正必吉、悔亦亡、無不利者。人情喜柔、庚剛道，先三日圖始、後三日圖終，謹之戒之則吉。

王應麟：易稱先甲三日、先庚三日、皆申命令之義。獨取甲庚者，以甲木主仁示其寬令也。庚金主義示其嚴令也。

注引太元曰庚斷甲、義斷仁。甲早開始、庚續其終。

吳澄：剛巽中正故正主事則吉。占无應、中正故悔亡。於事无所不利。下比柔故无初、上同剛故有終。先庚三日丁也後庚三日癸，筮則丁癸吉，皆柔日也。

梁寅：五剛健中正、處巽順之過則威斷不足、所以有悔也。然能守貞固則剛柔不偏、君德全矣。始未善其後可以善。先庚者未變前審始、後庚慮終。如是入理深、見於行者決。

來知德：五居尊巽主、剛健中正、至此悔亡而无不利矣！故无初有終。令出如風、无不入无不動、占而吉也。先三下三爻、後三上三女。巽先庚、艮後庚。

王夫之：五居尊爲申命主，其正也。无初疑悔，有終則悔亡矣！庚者更新行事之義。外事用剛日、先庚三日告之出合，後庚復警以其不逮。於是命無不行，事無不立矣。

毛奇齡：五剛中正故貞吉、悔亡又无不利。巽恐太過便涉卑爾。以庚金之剛克去甲木之柔、所謂无初有終也。故先庚丁戊巳，後庚辛壬癸。甲去戊己、庚去甲乙。消取我克。

折中引郭雍：先庚即命令謂申命，後庚令後行事。引胡炳文：先甲後甲飭復興，先庚後庚適變通。引張清子：庚更事言之。引鄭維嶽：申命行事。引吳愼：丁寧揆度。

李光地：以剛中正居尊位、是處巽而得其正者故占爲吉且悔亡无不利也。有悔是无初、亡之是有終。始丁寧、繼揆度。丁寧申命，揆度行事是以吉。先庚後庚明貞吉義。

李塨：五剛德居剛位以濟巽入，乃貞吉悔亡无不利也。初无剛是无初、終剛有終非變更乎？二四兌庚、甲始庚變、更也。无初有終、申命行事、變積習。大人正中之吉。

姚配中案：庚、更也。先庚三日謂下三爻化成益也。後庚三日謂上三爻化成恒。雷風恆相與益物故言。雷風相薄亦終而復始者也。又案五正中，陰陽化五主之乾元之位也。

吳汝綸：四爲外卦之初，上則終也。初陰終陽爲无初有終。先庚三日才至于丁是爲无初。後庚三日則至于癸是有終也。

丁壽昌：先庚後庚當如本義說。蘇蒿坪曰五尊、巽所出、變則失中正、故貞則吉。蠱元亨取始事故言甲、巽更事庚。先庚兌象、先甲震象。昌案互離日、重巽申命、上下各三爻三日也。

曹爲霖：陳氏曰如漢太宗詔除肉刑，弛利省費以賑民。世宗詔申韓蘇張者皆罷之，置五經博士，造太初歷以正月爲歲首。唐太宗定律令。皆叶斯象。象曰五吉位正中也。

星野恆：天有十日、始甲終癸。庚更也。先庚、丁至己、非日始；後庚、辛至癸、日終也。陽居尊下無應宜有悔，然中正故得貞而吉，亡其悔而利，故貞吉悔亡无不利。

馬其昶：惠士奇曰甲木仁、庚金義。恩掩義故蠱。義斷恩故利武人。沈起元曰制巽木者莫如兌金、庚兌位也。案先庚三日爲夏後庚三日爲冬、歲功成故有終。巽制事行權，革初乃能有終。董子言譬琴瑟不調、必改更張乃可鼓、是其義。

劉次源：正中无過不及、得位居尊故貞吉。巽濟剛悔亡。德稱位故无不利。改不良就良、无初有終。先庚、丁寧詳也，後庚揆其方，重申庚新之義、何用不臧！

李郁：五得位中正故貞吉。二五敵應、二退初故悔亡。乘柔應柔故无不利。庚更，先三日爲丁寧事先、後三日癸度事後。用二能信、二能屈功、成身退故无初有終。

徐世大：卜者術語，無深意者。 譯文：堅定好，活動要糟。沒有不相宜。無頭有尾。先庚日三天、後庚日三天，吉利。

胡樸安：追言諸侯入、吾輩當入。入事吉，以前之悔已亡，以後則无不利也。旅出无初、巽入有終。先庚三日丁、後庚癸。先庚即祀周廟之日丁未也。後庚受命周既生魄也。

高亨：先庚三日丁也、後庚三日癸也。言舉事在丁癸二日則吉也。筮遇此爻、所占者吉、其悔可亡，無不利。雖無初可有終。舉事在庚前三日庚後三日則吉。

李鏡池：庚前第三日丁，庚后第三日癸。共記六占。无初有終，有頭无尾，指某事說。先庚二句占從丁至癸七日，周人多占七日。其餘記貞兆辭而无貞事，不同時占的匯編。

屈萬里：古人以風喻命令。先後庚蓋言發布命令之吉日也。正義申命令謂之庚。民迷固久、中不可卒故先申之三日、後復申之三日、然後誅之。

傅隸樸：陽剛中正爲卦主，巽能正的象徵。商湯把自己作犧牲禱於桑林祈雨、卑巽事天非順桀故曰貞吉悔亡。无往不利。滅暴君除弊政，故有終。申命在庚、庚改也，變法前三天宣傳講解、生效後三天始罰犯新令的人。嚴中有寬。

金景芳：程傳甲者事之端。庚者更之始。胡炳文說蠱者事壞使復興起。巽者事權使變通。張清子說甲干首、事之端也。庚過中、事當更者。易曰三日者、聖人謹始終之意也。

徐志銳：九五中正一得百事順、順則吉。所以象傳言：九五之吉，位中正也。六爻皆以順從爲卦義，五剛居陽位似不巽順。王甲子曰疑有悔者、然居中得正故吉悔亡无不利。

張立文：九五、貞吉，悔亡，无不利，無（初）有終。先庚三（日），後庚三日，吉。譯：九五，占問則吉祥。困厄將失、沒有不利。事雖無好的開始、但有好結果。丁日癸日乃吉祥。（古人以辛、丁、癸日爲吉日）

林漢仕案：不論九五六五、其比應乘承爲何、終究五爲人生最高峰期、事業、體力皆上上乘、能打擊人、亦能承受打擊、使東山再起不難、故著易者多賦予吉字著墨、全六十四卦、以貞凶貞厲者名第五爻、祇見一屯、師、履、噬嗑、恆、兌六卦而已。而六卦之中、師六五、噬嗑六五、恆六五、而屯九五、履九五、兌九五、陰陽爻之在盛年戒貞凶、貞厲者亦各半也。其餘五十八卦皆賦其吉或悔亡、无不利之文、無條件言吉者實有二十又八、五之言吉、无不利、悔亡者、吾知之矣：

巽之爲風爲令、爲叮嚀、爲順、伏、遜㥶、入、散、選、傅隸樸公言巽卦過於畏縮、卑躬爲全生哲學、則凡可生者、何不用也！李鏡池亦以巽象二人跪在丌上順伏之意。漢仕以爲王弼云「全以巽爲德、是以小亨。大人用之道愈隆。」較爲公允、蓋一則無權、不能斟酌是非、不能便宜行事也。一於由是則生、則凡可以生者無不用、仁義、是非、羞惡、辭讓之心可以休矣！有笑話云贈人門聯者、上聯書「忠孝仁愛信義廉」獨缺一恥字耳。巽卦陰順陽、而陽未嘗不順乎陰也。和衷共濟、和樂且耽。陰之包陽、陽亦包陰也。茲輯九五所以貞吉者說明如后：

象云：位中正也。　王弼云：中正故貞吉悔亡。　孔疏：陽居陽、違謙，然中正宣令，是貞正獲吉。　虞翻云得位處中，故貞吉悔亡。　司馬光：九五君爲號令主、得位以行令、不失中正、故貞吉悔亡、无不利。　張載：蠱六四正固乃可幹事。志不正則將有悔。　程子：五居尊、巽主、得中正、盡巽之善、利在貞則吉、悔无、无所不利、貞中正也。　蘇軾：五履正中之位、進不忌四、退不過巽、貞而已。此四所以心服爲之用、是以吉且悔无。

五之德如此。張浚：用權非常道、必貞吉而後悔亡。九五剛中、智足制天下之變而納之治、安往不利。朱震：五君位正中、巽號令、正故悔亡。楊萬里：五以剛處剛、至尊而能回其剛巽乎中正。一貞立、百順隨。朱熹：五剛健中正、居巽有悔。貞而吉。故得亡其悔无不利。項安世：五中又正、吉无疑。巽時惟此爻爲美。趙彥肅：巽時體剛有悔，巽乎中正故貞吉悔亡无不利也。楊簡：五正不偏剛柔、爲貞正必吉、悔亦亡、無不利者。吳澄三剛巽中正，故正主事則吉。无應、中正故悔亡、於事无所不利。梁寅：五剛健中正，處巽順則威不足、能守貞固則剛柔不偏、君德全矣！來知德：五居尊巽主、剛健中正、至此悔亡而无不利矣！天夫之：五居尊爲申命主、其正也。毛奇齡：五剛中正故貞吉、悔亡又无不利。巽太過便涉卑爾。李光地：以剛中正居尊位、是處巽而得其正者，故占爲吉且悔亡无不利也。李塨：五剛德居剛位以濟巽入乃貞吉悔亡无不利也。丁壽昌引蘇蒿坪：五尊，巽所出、變則失中正、故貞則吉。劉次源：正中无過不及、得位居尊故貞吉。巽濟剛悔亡、德稱位故无不利。李郁：五得位中正故貞吉。二退初故悔亡。乘柔應柔故无不利。胡樸安：以前之悔已亡、以後則无不利也。高亨：所占者其悔可亡、無不利。李鏡池：共六占、記貞兆辭而无貞事，不同時占的匯編。屈萬里：古以風喻命令。傅隸樸：陽剛中正爲卦主。巽能正、商湯禱桑林祈雨、卑事天、故曰貞吉悔亡、無不利。徐志銳：九五中正一得百事順、順則吉。六爻皆以順從爲卦義，五剛居陽疑有悔、然居中得正故吉悔亡无不利。張立文：占問則吉祥、困厄將失、沒有不利。

⑴六爻皆以巽順爲卦義。（徐志銳）九五違謙，損巽宜悔、然而悔亡者、以貞固可幹事也。（張載）象故曰位中正、中正故貞吉、悔亡、无不利。張浚云智足制天下之變而納之治。

⑵盡巽之善、利在貞則吉。（程子）楊萬里云一貞立、百順隨。

⑶巽順則威斷不足、巽太過便涉卑爾。（梁寅、毛奇齡）

⑷占爲吉、且悔亡、无不利也。（李光地、高亨、張立文）

⑸變則失中正，故貞則吉。（丁壽昌）以不變爲貞。

⑹五得位中正故貞吉。二退初故悔亡。乘應柔故无不利。（李郁）

⑺貞兆辭而无貞事、不同時占的匯編。（李鏡池）

以上七說是巽九五所以貞吉、悔亡、无不利之匯斷，象曰「位中正」實扣其鑰。下文无初有終、何謂也？王弼云初不說、中正故有終。　孔疏云：物不說故无初，中正故有終。虞翻云巽躁卦故无初有終。　司馬光云：民可樂成、難與慮始，故无初有終。　程頤：无初、始未善，有終更善。　張浚：人君用巽、當以剛德爲主，內強其志、外揆其變而終享其吉。　朱震：初二始未善、五正有終。　李衡引陸先甲後甲所以原始要終。　楊萬里：无初者乃應變也。甲事始。　朱熹：有悔是无初、亡之是有終。　楊簡：庚剛道、先三日圖始、後三日圖終。謹之戒之則吉。　王應麟：甲早開始、庚績其終。　吳澄：下比柔故无初、上同剛故有終。　梁寅：始未善其後可以善。先庚審始、後庚慮終。如是入理深見於行者決也。　來知德：五巽主中正、至悔亡无不利、故无初有終。　王夫之：无初疑悔、有終則悔亡矣。 毛奇齡：以庚金之剛克去甲木之柔、所謂无初有終也。 李光地：有悔是无初、亡之是有終。始丁寧、繼揆度。无初、終剛有終。甲始庚變更也。 姚配中：雷風相薄，亦終而復始者也。 李塨：初无剛是无初、終剛有終。先庚三日才至丁是无初、後庚三日至癸是三終。 吳汝綸：初陰終陽爲无初有終。先庚丁至己、非日始；後庚辛至癸、日終。 星野恒：天有十日、始甲終癸。先庚丁至己、非日始；後庚辛至癸、日終。 馬其昶：後庚三日爲冬、歲功成故有終。革初乃能有終。 劉次源：改不良就良、无初有終。 李郁：庚先三日爲丁寧事先、後三日癸度事後。 徐世大：卜者術語、無深意者。無頭有尾。 胡樸安：旅出无初，巽入有終。 高亨：舉事在丁癸二日則吉、占雖無初可有終。 李鏡池：无初有終、有頭无尾、共六占，指其事說。 傅隸樸：滅暴君、除弊政故有終。 金景芳引張清子：甲干首、事之端；庚過中、事當更。聖人謹始終之意。 張立文：事雖無好的開始，但有好結果。

案王弼以巽爲德、小人用小亨，大人用、道愈隆、是巽卦辭總結。觀爻：初六利武人之貞、二吉、三吝、四悔亡、五貞吉。上六貞凶。所謂無初有終者、以九五爲終耶、抑以上六爲卦終？王弼孔穎達鎖定象之中正故有終，其下謂无初有終者如：

巽躁卦故无初有終。（虞翻）

民可樂成、難慮始、故无初有終。（司馬光）

始未善、終更善。（程子、朱震、梁寅、劉次源、張立文）

先甲後甲、所以原始要終。（李衡引）

有悔是无初、亡之是有終。（朱熹）來知德、李光地）
庚剛道、先三日圖始、後三日圖終。（楊簡、吳汝綸、星野恆等）
甲始、庚續其終。（王應麟，李塨）
下比柔无初，上同剛有終。（吳澄、李塨、吳汝綸）
雷風相傳亦終而復始者。（姚配中）
先庚三日爲夏、後庚三日爲冬、歲功成故有終。（馬其昶）
卜者術語、無深意者。無頭有尾。（徐世大、李鏡池則曰有頭无尾。）
舉事在丁癸二日、占雖無初可有終。（高亨）

上十三說何以不云「初六、進退、利武人之貞。」爲无初、无頭；「上九喪其資斧、貞凶。」爲有終、有尾？似皆略過初上而著力於先庚、後庚找出始終之文理。有司馬光之大才與「吾平生无不可對人言者」大腹、是可以不理孔老夫子之所謂：「民可、使由之；不可、使知之。」或謂「民可使由之、不可使知之。」無司馬大度則嫌斷。虞翻以巽躁終有功爲有終、必須變乃卦曲曲折折行也。徐世大故大膽稱「卜者術語、無深意、先儒之省略始終者、迨亦以難論斷九五之「无初有終」之爻意也。爾雅釋詁：初哉首基肇祖元胎俶落權輿、始也。是无初謂无始，无權輿。謂九五自无始以來乎？初非初六之初，乃其應九二、九二非九五之應、追溯其无始以來即非應爻。九二非九五之應爻、无初也、有終者有祟也。五可制人而不制於人、五治人非治於人者。九五卜得爻辭曰貞吉、悔亡、无不利。毋須无始來即與九二非應而有所介蒂，即使下无助无應、九五本崇高及天、无應而不失九五之本崇高、剛健中正、貞固足以斡濟也。下文又有所限定，謂「先庚三日，後庚三日。」王弼云甲庚皆申命。虞翻謂與蠱先甲三日同義。乾爲甲、震主庚。子夏云先甲三日辛壬癸。後甲三日乙丙丁。程頤甲事首、庚更始。（變更之首）蘇軾先庚三日盡於亥、後庚三日盡於己、先陰後陽、先亂後治。張根：戒告丁寧、庚之謂矣。項安世：庚續、事更續、先庚巽下三爻、後庚上三爻。後庚三日總言上三爻。巽時此爻爲美。梁寅：先庚審始、後庚慮終。來知德：先、下三爻。後、上三爻。先三爻巽懦則諂。後三爻惰、矯之奮發。王夫之先庚告之出令、後庚復警不逮。毛奇齡：先庚丁戊己、後庚辛壬癸。李光地：先甲圖始、後甲慮終。先庚後庚明貞吉義。李塨：庚變更也、變積習、申命行事。姚配中：先庚謂下三爻化成益，後庚謂上三爻化成恆。吳汝綸：先庚三日至丁、後庚三日癸爲有終。丁壽昌：重巽申命，上下各三爻三日也。星野恆：先庚丁至己非日始，後庚辛至癸日終。馬通伯：先庚三日爲夏、後庚三日爲冬。先甲爲冬、艮也，後甲爲夏、巽也。劉次源：先庚、丁寧詳也，後庚揆其方。重申庚新義。胡樸安：先庚三日丁、後庚三日癸。高亨：言舉事在丁癸二日則吉。甲庚皆行事之吉日也。于省吾引：春事先甲、秋事先庚。巽互體兌主庚辛、蠱互震主甲乙。屈萬里：辛曰柔日，先後庚、言發布命令日也。傅隸樸：更變法前三日宣傳、後三日始罰犯新令的人。張立文：丁日癸日乃吉祥。以上參見蠱卦卦辭先甲後甲得二十一說，分爲六類、天干、文王八卦、天干字詁訓等，謂九五之治限定其先庚三日後庚三日、高亨之謂丁癸二日。馬通伯謂先庚三日爲夏、後庚三日爲冬。來知德謂先庚、巽下三爻、後庚、上三爻。後儒之發明、吾寧後王弼云甲庚皆申命，後子夏例先甲三日辛壬癸。則先庚三日爲丁戊己、後庚三日爲辛壬癸。（毛奇齡）庚取庚變庚續。（項安世）丁謂丁嚀、用辛爲改過自新。（正義、朱子）化懦諂、矯怠惰爲奮發、九二巽伏床下矣、九五如虞翻云當變之震主庚、二五應矣、從无始以來之逆境轉化爲順境、爻辭最後著一吉字、是不祗九五吉、即九二亦吉无咎矣。換句話說、九二之原本巽在床下、吉、无咎、則亦可預判斷九五之經先庚後庚折騰後之吉，其理路又必然也。

上九、巽在床下，喪其資斧，貞凶。

象曰：巽在床下，上窮也；喪其資斧，正乎凶也。

荀慈明：軍罷師旋，告廟還斧，故喪齊斧，不執臣節則凶。

九家易：上爲宗廟。禮：封賞出軍皆先告廟，然後受行。三軍之命，將之所專故曰巽在床下也。（集解）

王弼：巽極過甚，故在床下。斧所以斷者，過巽失正，喪所以斷，貞凶。

孔穎達：上九巽極過甚，故巽在床下，斧喻威斷，巽過則不能行威，命令不行，失威斷，是正之凶。

李鼎祚引虞翻：床下謂初，窮上反下成震故巽在床下。變至三離毀入坤，坤喪巽齊離斧，故喪其齊斧。三變失位故貞凶。

張載：柔巽過極，難爲之下，物不爲用，故曰喪其資斧，凶。資斧尚喪，餘用殫矣！

程頤：床，人所安。九居巽極，過於巽者，資、所有，斧、斷。過巽失其剛斷，失其所有，喪資斧也。居上過巽至自失，在正道爲凶。

蘇軾：上九陽亢於上、非能下人者、九二之巽、將以用初六；上巽、將圖六四。用斧、特以處无位故喪其斧也。以上下言之則正，以勢言之則凶。

張浚：資利、斧斷。上重巽之極、外若剛、內實柔，是眞巽無能者。居上不能有爲於天下、聰明日昏、尙何以保國家而有終邪！故貞凶。剛上以巽喪、喪其資斧也。

張根：九三之巽已吝，況上九乎！

朱震：上九下三、重剛、恐懼自失而伏床下。反三離兌巽毀，故喪資斧。喪利莫或愛之，喪斷莫或畏之，正凶。魯昭公失國，蓋處上極巽，喪資斧乃正凶也！

鄭汝諧：二以陽居陰而下比，上極乎巽而過中，皆巽於床下者。巽稱而隱，德之制也。終止乎巽而莫制焉，正乎凶者也。餘從程氏。

李衡引牧：二巽過謙，上巽過中，俱失安。　引介：處上以此，雖正亦凶。況不貞乎！

楊萬里：上九巽極過順，姦邪之順也。位極而患失心生，阿諛以保所有，故小則喪資，大則喪其勢。正亦凶、況不正乎！李斯順趙高廢立、阿順苟合也。斧謂權勢。

朱熹：在床下過巽者凶。喪資斧、失所以斷也。如是則雖正亦凶矣！居巽極，失其剛陽之德，故其象占如此。

項安世：上與二同，皆以陽居陰，巽中又巽者。巽在床下言失位也。上失位愈巽不反、固守其窮、凶之道也。爻德爲資其本質，位爲斧其利用。剛德亡故資斧喪。姑息時也。

趙彥肅：九二可以接初、近也。上九不可以接四、亢也。亢在外故喪資斧。

楊簡：上九巽過則無斷制，雖其事出於正亦凶象。失利無斷、足以見其失正之驗。

吳澄：四耦五奇亦有床象。六四在五下，巽在床下卑伏從上二陽。上不能有四之巽。巽資互離斧、自初至五資斧，上處外是喪資斧。占如此正主事則凶也。

梁寅：九本剛斷、處柔巽極而謂喪其資斧焉。在下卑巽无斷猶可免害；居上則自喪其權、无以馭下，如龍失水而居陸，幾何不爲螻蟻所制！喪斧之凶爲戒深矣。

來知德：巽木綜兌金、中爻兌金、離戈兵亦斧象。巽近市利三倍、變坎爲盜。陰居下、巽主、亦有床下象。但不中正窮極故又有喪資斧象。占得此爻、離正亦凶也。

王夫之：巽在床下亦謂初也。資斧所以行之具，初求入、上與之絕。上亢無下逮之情，喪其所以行者，權失益之以驕、恃其剛正而凶。詩所謂上帝甚蹈、勿自瘵焉者也。

毛奇齡：二巽在床下，上巽亦在床下。三窮、此亦曰窮。巽極必反、巽資離斧盡毀脫而喪之。以倒兌故。尚以貞固自命、第見凶而已！資斧作齊斧黃鉞、恐旅人不宜有！

折中引胡瑗：斧、斤也。處無位無才，不能斷割以自決其事故凶也。　案資斧古本作齊斧。齊斧所以齊物之斧也。總論引蘇濬曰：巽入、故武人不可弛、獲不可後、史不可激，先後庚不爲煩。傳曰巽以行權。

李光地：巽未聞有順義！王輔嗣以卑順解後多因之。床下陰所伏。巽在床下所以入而制之也。卑者巽之形，順者巽之效，皆非正解。以人心爲沉潛深密則可，訓卑順不可。考之經、巽伏、入、制、齊。皆與順義差別。

李塨：上九不中不正，不能制命行事，无所入矣！窮則返下，故六四亦有床下象。敵應九三、巽資離斧、兩窮不相與、盡喪之矣！以退巽爲正乎，吾見其凶也。

姚配中案：巽齊離斧、上失位當化不得之初成離故喪齊斧。君不主內政而預軍事則凶已至矣、故貞凶。言正於凶至時也。

吳汝綸：床下與二同辭。荀及九家說告廟。象云上窮者。窮無所入而聽於神也。喪資斧失威柄也。王莽傳亦以此爲將帥之占。資漢書作齊。象正乎凶王引之云廣雅正、當也。

丁壽昌：資斧當作齊斧。本義雖正亦凶。說未妥。正乎凶、言正當乎凶。蘇蒿坪曰上九剛居巽極、務爲卑下田循姑息不能斷故喪資斧象。以此爲貞執一不變、凶必矣。

曹爲霖：岳飛唾手燕雲、當令稽首稱藩之語，秦檜殺之。金人舉酒相賀。此喪資斧也。秦檜之和、巽在床下也。少保之死、非喪其資斧乎！

星野恒：資斧、漢書引作齊斧。應劭曰齊利也。斧剛斷之物、失剛故喪資斧，雖正而不免凶。優柔不斷、漢元帝、唐代宗之事是已，卒不免凶。

馬其昶：胡一桂曰斧即離兵。華學泉曰上失德、无其制、无其權、貞凶矣。案巽極失所斷制、宜乎凶矣！貞者正、定、成也。即、成乎凶。蓋皆主人事而言、其凶由自取也。

楊樹達：漢書王莽傳司徒尋初發長安，宿霸昌廏，亡其黃鉞。尋士房揚素狂直，迺哭曰此經所謂喪其齊斧者也。樹達案資斧、子夏作齊斧。此與之合。

劉次源：初入床下求庇，上闋其情也。喪資斧則无以行。亢不逮下難乎爲貞也。巽以亢終是以凶生也。傳象：喪其所行之具猶得謂之正乎！適以取禍害也。

李郁：上九剛乘剛、是宜知退反下。上反下以剛承故有所喪。上九旅于處、進退失據、喪資斧，豈得謂之正！亦凶而已矣！窮反下雖正亦凶矣。

徐世大：在床前卜，失掉他的盤纏，久必糟。　上爻爲喜卜者最後結果。卜人固得其所，占卜者資斧喪矣。

胡樸安：上爻言奪冥頑資斧而正其罪。九下床下、不欲入，此床下、入而伏也。入而猶伏、以窮迫於上命入也。挾利斧伏床下、其心叵測，奪而喪之，其事凶也。

高亨：巽伏。資斧猶今言錢財。盜入室、主人恐伏床下，盜掠其財以去。寇外來、無自衛之勇，喪室中財、非凶而何！故曰巽于床下，喪其資斧、貞凶。

李鏡池：商人在旅館遇到搶劫，伏在床下，幸免于難。但錢還是被搶了，倒霉。

屈萬里：資、集解虞荀並作齊。　經義述聞：貞當也。正亦當也。正乎凶者，當乎凶也。證多不具引。

傅隸樸：陽居陰位、卑巽過了頭，巽而不正，他的剛斷本性便全消失，故曰喪資斧。斧是斬物工具。斧失、有物不能斷了。巽過乎正、正就凶了。二是下床仍可睡，上九是床下、失安身之所。象正乎凶示惋惜意。

金景芳：折中按說：「資斧，古本作齊斧。齊物之斧也。」王弼說：「極巽過甚，故巽在床下。斧所以斷者。過巽失正，喪所以斷，故曰喪其資斧。」傳象：巽過了頭便爲壞事。越守正越不好，越凶。

徐志銳：上九有不巽順嫌疑。居一卦窮極之地，五更加不信任、上九更恐懼跪地不敢起來。上窮是无招可使。上質是剛爻以位爲斧，跪表懦弱。上九巽得過分。不能解除九五懷疑。

張立文：尙（上）九，筭（巽）在床下，亡（喪）其溍（資）斧，貞凶。　譯：上九，病人伏在床下，失其錢幣，占問則凶。（溍假借爲資。資斧謂錢幣。）

林漢仕案：九二之巽在床下、蓋遇九五之強勢不得不耳、更何況兵家不云：「爲將亦有怯懦時乎！」魏公明其用、爲鼎立首強。尉遲敬德聞太宗之嘆、功成後殺功臣、有時不得已也、而立改往日跋扈魯莽爲謙順有禮、此之謂識大體、能爲天下用、用爲天下之必經也。今上九亦巽在床下、無乃太巽乎！失其時、失其勢、幾無條件之讒諂順承。歲已晚矣！美人遲暮、英雄氣短、猶不惜凋殘羽毛、自創人格以博志窮者九三之一粲。九三之行行如也，死之徒也。悻悻然，如聖經啓示錄耶蘇基督在六章開第四印時所述：「看見一匹灰色馬、騎在馬上的、名叫作死。」如九三尙如此、上九之依、喪盡自己所有資斧、所有條件之後、仍執持所謂貞正以爲正道、是動也爲失、爲凶也、是上九之象占如此乎（朱子）　茲依慣例、引述前賢析說如后：

象曰：在床下、窮也。喪資斧，正乎凶也。　荀爽：軍罷告廟還斧、不執臣節則凶。　九家易：上宗廟、禮、封賞出軍先告廟然後行、三軍之命、將之所專故曰巽在床下。　王弼：巽過甚故床下、喪斧喪所以斷、過巽失正。　孔疏：斧喻威斷、巽過不能行威、是正之凶。

　李引虞翻：床下謂初、窮反下、變三入坤、喪齊斧、失位故貞凶。　張載：巽過難爲下、物不爲用。資斧尚喪、餘用殫矣。　程頤：九過巽失剛斷，自失所有，在正道爲凶。　蘇軾：陽亢將圖六四，无位故喪斧。以上下言則正，勢言則凶。　張浚：資利斧斷、上外剛內柔，是眞巽無能者，不能有爲於天下、故貞凶。　朱震：喪利莫愛、喪斷莫畏、正凶。魯昭公失國也。　鄭汝諧：終止乎巽而莫制馬、正乎凶者也。　李衡引：二巽過謙，上巽過中。雖正亦凶。　楊萬里：上姦邪之順、阿諛以保，正亦凶、況不正！李斯苟合趙高廢立也。斧謂權勢。　朱熹：床下過巽、失所以斷、雖正亦凶。其象占如此。　項安世：巽在床下言失位，固守其窮凶道也。剛德亡故資斧喪，姑息時也。　趙彥肅：上九不可接四，亢也。亢在外故喪資斧。　楊簡：上九失利無斷、雖正亦凶象。　吳澄：巽資、互離斧。自初至五資斧、上處外是喪資斧。占如此，正主事則凶。　梁寅：居上自喪其權、无以馭下、如龍失水、幾何不爲螻蟻所制！　來知德：不中正窮極，又自喪資斧象、占得此爻、雖正亦凶。　王夫之：上亢無下逮之情、喪所以行。驕，恃其剛正而凶，詩所謂上帝甚蹈、勿自瘵焉者。　毛奇齡：巽極必反、巽資離斧毀脫、尚以貞固自命、第見凶而已！作齊斧、黃鉞、恐旅人不宜有。 折中引：斧斤、無位無才，不能斷割故凶。案齊斧所以齊物之斧。 李光地：巽訓卑順不可。巽在床下、所以入而制之也。人心沉潛深密。 李塨：上九不中不正、窮返下、六四亦有床下象。敵應九三、兩窮不相與、退巽爲正乎？吾見其凶也。姚配中：上失位當化、不得之初成離、君預軍事、言正於凶至時也。吳汝綸：窮無所入而聽於神、失威柄。王莽傳亦以此爲將帥之占。資作齊。王引之云正，當也。 丁壽昌：言正當乎凶。本義雖正亦凶說未妥。蘇蒿坪曰上剛、務卑下姑息、以此爲貞、執一不變、凶必矣。 曹爲霖：秦檜之和、巽在床下也。少保之死、非喪其資斧乎！ 星野恆：應劭曰齊利、斧斷。失剛、故喪資斧、優柔不斷、漢元帝，唐代宗之事、卒不免凶。 馬其昶引：斧即離兵。上失德、无制无權，貞者成也，即成乎凶，由自取也。 楊樹達：王莽傳亡其當鉞、此所謂喪其齊斧者。子夏傳作齊斧，此與之合。 劉次源：巽以亢終是以凶生。傳象：喪所行具得謂正乎？適取禍。 李郁：上九進退失據、喪資斧，豈得謂正！窮反下雖正亦凶。 徐世大：在床前卜、失掉盤纏、久必糟。 胡樸安：上爻言挾利斧伏床下。言奪冥頑資斧而正其罪、其事凶也。此床下、入而伏也。 高亨：資斧、錢財。主人恐、伏床下、盜掠以去、非凶而何？ 李鏡池：商人在旅遇劫、幸免難、錢被搶、倒霉。 屈萬里：正乎凶者當乎凶也。證多不具引。 傅隸樸：陽居陰、剛斷本性消失，故喪資斧。巽過正就凶。床下、失安身之所。象示惋惜意。 金景芳傳象：巽過了頭便爲壞事、越守正越不好、越凶。 徐志銳：上九嫌不巽、五更不信任、上九窮極恐懼跪地不起、質剛位斧、巽過分不能解五疑。 張立文：病人伏床下、失錢幣、占問凶。資斧謂錢幣。床剝卦作臧、床、古供坐臥用。詩生男寢床。則在床爲尊。乃生女子，生女寢地、寢地爲卑。如九二之得中者、程子斥爲非恐怯則諂亂。顧炎武謂九二恭而無禮則勞。傳隸樸云全生哲學，表現在大人身上有利。 宋蘇東坡稱贊九二知權在初，故下求用、二能下人者也。梁寅云祭交神、非諂瀆鬼神之比。則二本在床下足羞、轉化對人能下人，對神卑巽竭誠獲福。朱熹云占者達則吉。今上九又巽花床下、床下：⑴窮也。（象）⑵喻近。（荀爽）⑶巽過甚故床下。（王弼）⑷床下謂初。（虞翻）⑸上巽過中、巽過、難爲下，巽失剛斷、雖正亦凶。（張載、程頤、李衡引介）⑹上亢恃剛喪權、无以馭下。（梁寅、王夫之、吳澄。）⑺無位無才、巽在床下、所以入而制之也。（李光地）⑻窮無所入、聽於神、失威柄，王莽傳以此爲將帥之占。⑼秦檜之和，巽在床下也。⑽在床前卜。（徐世大）⑾挾利斧、伏床下。床下、入而伏也。（胡樸安）⑿病人伏床下。（張立文）⒀床下、失安身之所。（傳隸樸） 貞凶，雖正亦凶、吳汝綸引王引之云、正、當也。蘇蒿坪謂執一不變也。屈萬里引經義述聞貞、當也、正亦當也。言當乎凶也。是巽在床下約而言之有：

⑴窮也

⑵喻近

⑶巽過、難爲下、失剛斷、

⑷床下謂初

(5)上恃亢喪權、无以馭下。窮無所入、聽於神、失威柄。
(6)無位無才、挾利斧伏床下、所以入而制之也。
(7)秦檜之和，巽在床下。
(8)在床前卜
(9)失安身之所。
⑽病人伏床下。

上九角色亢窮巽過、失自信、欲以力制人、由亢驕無位無才、難爲下、自失立場、其上九乎？又喪其資斧、再引前賢解資斧：

荀爽以爲齊斧、軍罷告廟還斧。

九家易以上爲宗廟、封賞所出。

王弼：斧所以斷、過巽失正、喪所以斷。孔疏：斧喻威斷、巽過則令不行、失威斷、是正之凶。

虞翻：變三離毀入坤、喪巽齊離斧、三變失位故貞凶。

張載：資斧尚喪、餘用殫矣。

程頤：資、所有，斧、斷。過巽自失、在正道爲凶。

蘇軾：處无位故喪其斧。以勢言之則凶。

張浚：資利、斧斷、眞巽無能者、聽明日昏故貞凶。

朱震：喪利莫或愛之、喪斷莫或畏之、正凶。

楊萬里：姦順諛保、小則喪資、大則喪勢、正亦凶。

朱熹：喪資斧、失所以斷、如是則雖正亦凶矣。

項安世：爻德爲資、爻位爲斧、剛德亡故資斧喪、姑息時也。

趙彥肅：六在外故喪資斧。

楊簡：失利無斷、足以見其失正之驗。

吳澄：巽資離斧、自初至五資斧、上處外是喪資斧。占如此正主事則凶也。

梁寅：居上自喪其權、如能失水、螻蟻所制、喪斧之凶爲戒深矣。

來知德：巽木兌金、離戈兵。不中正又有喪資斧象、占得此爻、雖正亦凶。

王夫之：資斧所以行之具、權失益之驕、恃剛正而凶。

毛奇齡：巽資離斧盡毀、尙以貞固自命、第見凶而已!作齊斧黃鉞、恐旅人不宜有。

折中引：斧、斤。本作齊斧、齊物之斧。不能斷割以自決其事故凶。

李塨：敵應九三、兩窮不相與、盡喪之矣、以退巽爲正乎、吾見其凶也。

姚配中：上失位當化、不得之初成離故喪齊斧。君預軍事、正於凶至時也。

吳汝綸：窮聽於神、喪失威柄。王引之：正、當也。

丁壽昌：本義說未妥。姑息不能斷故喪資斧、執一不變正當乎凶。

曹爲霖：岳少保之死、非喪其資斧乎!

星野恆：齊利斧斷、失剛故喪資斧、雖正不免凶。

馬其昶：上失德、无其制、无其權、貞成也、即成乎凶。

楊樹達：王莽傳亡黃鉞、經所謂喪其齊斧者也。

劉次源：喪其所行之具猶得謂之正乎、適以取禍害也。

李郁：剛乘剛、進退失據、喪資斧、窮反下雖正亦凶。

徐世大：失掉他的盤纏。

胡樸安：奮冥頑者資斧正其罪。挾利斧伏床下、其心叵測。

高亨：資斧猶今言錢財，寇來喪室中財，非凶而何！

李鏡池：在旅館遇到搶劫，伏在床下，幸免于難。

傅隸樸：陽居陰、剛斷本性全失、有物不能斷、上九失安身之所、象示惋惜意。

金景芳：巽過了頭便爲壞事、越守正越不好、越凶。

徐志銳：上窮无招可使、跪地表懦弱、五更不信任。

張立文：病人伏床下、失其錢幣。占問則凶。

依荀爽云告廟還斧、則似權被剝奪、依程頤云居上過巽、至自失、則上九之喪資斧非自外力。張浚謂上九眞巽無能者、聰明日昏。楊萬里更責上九姦邪之順、阿諛保所有。李斯順趙高廢立。朱震謂魯昭公失國、星野恆謂漢元帝、唐代宗之事是已。以上九方之李斯、秦檜固有不是、謂魯昭公、漢元帝、唐代宗等又似高抬上九，其怯於私而無能或剛愎自用則似有類之者矣！一如易家所言、斧所以斷、資所以行、俱失矣、則途窮末路、英雄氣短、是當有所失也。胡樸安之挾利斧伏床下、其心叵測、上可知王夫之謂上九權失益之以驕、恃其剛正而凶也。窮以行險、凶矣！夫之先生引菀柳詩「上帝甚蹈，勿自瘵焉。」瘵、病也。小雅菀柳、刺幽王暴虐無親、上帝斥王、同儕告之王方躁動、無往自病也、朝者聞言遂止不朝矣。以詩謂上九爲上帝爲王耶？抑刺上九暴虐無親、刑罰不中？夫之先生所引詩云之不當之。至昭公之於季孫。元帝雖多材藝、其父宣帝曾預言亂我家者、太子也。漢書贊元帝曰「上牽制文義、優游不斷、孝宣之業衰焉。」王夫之先生之讀通鑑論、謂「漢之亡、非元帝之咎。帝弱而寡斷、然而無所傷於天下」。評唐代宗「委權以驕藩鎮而天下瓦解、其柔弱寬縱也。自以爲老氏翕張取與之術善制姦慝，而權以倒持、適足自斃而已！代宗終爲寄生之君！」歐陽修評爲「蓋亦中材之主也。」由是知朱震、星野恆、以昭公、漢元帝，唐代宗之方上九爲不切也。上九非君也。李斯順趙高、秦檜之順高宗固亦不是、然差強於上九比君受制於人之無奈。上九之恃剛正、亢驕而無位無才、難爲其下也，又自失立場、巽過矣、自失位、猶欲以力制人、當斷又不能斷、其敗自亂、喪資斧如自喪其權、雖將身段化爲柔巽、亦當有所失也。所謂凶也。上九咎由自取也。

又按旅九四、得其資斧、我心不快。斧者黼也、喪服。齊斧即齊衰、謂有服在身也。今上九喪其資斧。豈齊衰之服已滿而親政乎？服中、巽在床下，可服滿而親政、其戒貞凶。正亦有所失、況不正乎？蓋戒上九沿故習也。

䷹ 兌（澤澤）

兌，亨，利貞。

初九、和兌，吉。

九二、孚兌，吉，悔亡。

六三、來兌，凶。

九四、商兌未寧，介疾有喜。

九五、孚于剝，有厲。

上六、引兌。

䷹ 兌，亨，利貞。

彖曰：兌，說也。剛中而柔外，說以利貞，是以順乎天而應乎人。說以先民，民忘其勞；說以犯難，民忘其死；說之大，民勸矣哉！

象曰：麗澤兌，君子以朋友講習。

鄭玄傳象：離澤兌。離猶併也。（釋文）

陸績傳彖說以先民。兌下六陰凝艮上于陽健，納兌爲妻二氣合也。（京氏易傳注）

王弼傳彖：說而違剛則諂，剛而違說則暴。剛中柔外，所以說以利貞也。剛中故利貞，柔外故說亨。

孔穎達：兌、說也。說卦曰說萬物者莫說乎澤。施於人事，猶人君以恩惠養民，民无不說也。所以爲亨。以說說物，恐陷諂邪，其利在於貞正，故曰兌亨，利貞。

李鼎祚引虞翻：大壯五之三也。剛中而柔外，二失正，動應五承三故亨利貞也。

程頤：兌、說也。致亨之道，能說物，物莫不說而與之，足以致亨。然爲說之道、利於貞正，非道求說則邪諂而有悔咎，故戒利貞也。

蘇軾：傳彖：小惠不足以勸民。　傳象：取其樂而不流者也。

張浚：剛中承天意、柔外不拂人。剛內柔外、二五得中，說以先民、民忘其勞，民忘其死，天下大說求以報上，禹湯文武率循是道，功業著見後世。

張根傳彖：剛中而柔、外說以利、貞然後可說，不然則說下不以道、所謂違道以干百姓之譽耳，何足貴哉！傳象：說者惡夫不以道，故六爻皆以剛爲貴。

朱震：陰說陽而見乎外，二五不失中，以說行剛，剛柔皆亨故兌亨。剛中則實、和說而正、和而不流、戒之以利貞者、二三四不正邪諂，故說道利正。湯武之伐，周公東征是也。

鄭汝諧東谷易傳：兌爲口，故六爻皆簡而嚴抑騰口說爲戒歟！

李衡引胡：不謂說而謂兌者，聖人感天下之心，必以仁義，恩惠之道不可以言語口舌，故去言而爲兌。

楊誠齋：兌亨、天人說。天人奚說、說利貞也。民說故天說。利民不利己故能利民。湯不殖貨利、不邇聲色、革之彖曰順天應人。今兌之彖亦云。

朱熹：兌說，一陰進乎二陽之上，喜見乎外，其象澤說萬物，又坎水塞其下流象。剛中故說而亨、柔外故利正。妄說不可不戒。其占如此。又柔外說亨、剛中利正亦一義也。

項安世：以利與貞而得說也。利者萬物所說、貞則天人之理得。天人皆通謂亨也。彖不言亨，說之效故極言之。

趙彥肅：說之情見乎外。 陰居上故說。非說順不能得陽。陽盛將決一陰故說。順天應人方是說處。

楊簡：兌說、得人歡心，然利於貞。大中至正、剛中柔外必不失貞正、順天道應人心，民咸從忘勞忘身，勸善。非有術以使之也。上倡下翕然應之幾於神矣！

吳澄：兌說也。占引程子曰物莫不說而與之、是以致亨。利正主事者、防非道邪諂之說也。

來知德：兌悅見于外也。亨者因卦之所有而與之。貞者因卦之不足而戒之。說則亨矣，但陰陽相說易流于不正，故戒以利貞。

王船山：兌爲欣說、又爲言說。言說使人樂聽移情。兌有三德特无元。元者陽剛資始之德、兌卦陽德隱於中、故元德不足焉。說則志通、相益、無不正。上下亨利皆正。

毛奇齡：兌、荀子仁人兵兌註兌猶聚。水聚亦名兌。澤潤人忻、是兌言悅人、貌悅人、人未有不受其悅、此所以亨也。悅人所以又利于貞正也。兌秋成物，物遂因以悅之。

折中引焦竑：人喜必見。二陽一陰、陰非爲主、但爲陽用耳。　案：兌澤爲說、說雖緣陰、所以用陰者陽也。人有和柔之質、失正入於邪矣故利貞。

李光地：二陽在內，一陰在外，剛中柔外，其德爲說。在天地則陽氣在內，陰潤於外，萬物澤之。在人實心在內，和悅親人，悅物物亦悅之，兌之義也。

李堪：水鍾聚曰兌。兌正秋也，物至秋而結實、欣欣喜悅。二五以剛居中、三上柔居外、外順內嚴是說以利貞也。上順天下應人。民忘勞與死，民勸與勸民遠矣！（淺義巽兌皆柔德、善用其剛而已。）

孫星衍：（集解鄭衆曰樂耽於酒則有沈酗之凶，志累於樂則有傷性之患。所以君子樂之美者莫過於尚詩書、敦習道義。　鄭康成曰離猶併也。　先儒曰同處師門曰朋、共執一志曰友，友猶黨也。（口訣義）

姚配中案：山澤通氣故亨，利之正成既濟故利貞。說則嘉會禮通、民忘其勞、忘其死、利民而不失其正。案彖傳：緇衣云上好仁則下之爲仁爭先人。詩云有覺德行四國順之。

吳汝綸：亨利貞以二五言之。三上皆陰、陽氣上通故亨。二五居中則比於柔故利貞定也。

丁壽昌：說文兌說也。從儿㕣聲。大徐㕣古兗字非聲。釋文麗連也、鄭作離。鄭司農曰耽酒則有沈酗之凶、志樂則有傷性之患、君子之樂莫若尚詩書、樂在斯焉。

曹爲霖：余按張巡之守睢陽、下爭致死力，亦說犯難之一證。又唐代宗詔閑廢日久之郭子儀，吐蕃駭遁。僕固懷恩衆數萬悉歸之，說之大民勸矣哉！吾於令公得之矣。

星野恆：兌爲說懌之義、二五剛中、二陰在外、剛而能柔，內有剛毅不屈之志、外有寬裕溫柔之容、當行之以正，此兌之所以亨。

楊樹達：〔釋名〕酉於易爲兌說也。物足皆喜。〔魏志〕兌爲喪車。〔後漢書〕呂強疏：天生蒸民、君牧民載、易曰悅以使民、忘其勞死。〔魏志〕王肅上疏曰所謂悅以犯難、民忘其死者矣。

劉次源：柔外故相說、剛中則守正不苟說。說自能亨。中心喜說。善爲說辭亦足令人說。其象澤水瀦而流塞。天道始乾元終兌亨利貞，終始相銜接也。

李郁：兌說言必有序、有信，義正則言順、氣和則辭婉。悅心不如悅人德。坤來交乾故亨。初九、九五皆正故利貞。

徐世大：本經凡遇說字、無作悅解，或借挩通脫、或爲言說。今商業匯兌、兌換、朱駿聲以為通儩。商業憑約定，故可相通。故譯作兌換，普遍。宜長久。

胡樸安：兌說也，說釋也。頑氏歸來、說以勸之。民心悅誠服之卦。剛中柔外，兌以利貞。解釋義之和、事之幹，上應天心。至是頑民服，天下太平矣。

高亨：兌、卦名。亨即享字。古享祀曾筮遇此卦，故記之曰亨。又筮遇此卦、所占者利，故曰利貞。

李鏡池：兌、悅本字。這是談邦交卦。卦辭只有貞兆而无貞事。

屈萬里：傳彖二五剛中、三六柔外。先民導其先。民勸、勉勵。傳象兌為說、亦即口說故有講習之象。麗連猶併也。

傅隸樸：咸感，兌說卦名都用破字格。少男女相感不用心；說不用言。少女青春氣息最能悅人、悅人以正、順天理、應人心。天佑人助、政通民和。故兌亨。利正。勾踐載稻與脂於舟以行。孟子曰霸者民驩虞如此。說民勸矣！

金景芳：序卦巽入、入后說。兌說也、說有點牽強。有人解釋為无言之說。貞，正。利正。程傳說為說之道利于貞正。民能忘其勞，忘其死，為統治階級說的。

徐志銳：說即喜悅。上下二體剛爻居中、實德不虛。上六柔居故稱柔外，內有實德、待人和柔、足以使人喜悅。是眞正喜悅，故言說以利貞。順天應人是以卦體釋卦名及卦義。高亨：「先民謂導民前進。」喜悅為前導能使人勤奮勸勉。

張立文：奪（兌），亨，小利貞。　譯：兌、享祭，小有利於卜問。　注奪假借為兌、古音同而通。

林漢仕案：兌、字書之義有：秋也，澤也，目也，耳目鼻口也，和說、說、悅，猶聚、易直、成蹊、言、見也。兌、卦名，六十四卦其卦爻辭總計僅三十字，使用文字最少。易家必須從斯少量文辭中，發揮其「微言大義。」兌、原始八卦之一、屬小妹級。乾坤六子中與艮小弟同屬老么。卦辭曰兌、亨、利貞。兌爲少女、以少女純眞、男性社會發展成熟、易美陽剛君子而抑陰柔爲小人細民。觀叔梁紇知天命晚期、野合而生孔子、老夫憐少女也。胡鐵花亦以近耳順之翁爲一妙齡少女顚狂、胡適自謂毋氏因此接掌家業。其成就老夫借小女子腹而生之小子一也。爲天下細姨者、靠彼原始純眞之天性與肉體、即可俘獲百戰英雄、萬王之王，何用諂邪騰口？兌悅者何止目悅，即耳目口鼻亦无不悅也。出自有情之耳目口鼻，彼英雄豪傑所見無不媚矣！牛羊予之、田宅予之、權力亦不保留予之、心甘情願投入、古今尠克有例外者也。折中引焦竑云：「陰非爲主、但爲陽用耳。」用陰者陽、陽入沒滅於陰，小女子雖不欲爲主已不可得矣！是人情如是也、理路亦如是也。其緣乎？其孽乎？抑老英雄矣、性心理脆弱有以致之也！ 茲輯前輩以少量爻辭、翻騰出滔滔巨浪、兌、如何亨利貞？

彖云：兌說、剛中柔外、順天應人、民忘其勞、忘其死。斯即孟子說「寡人好色、於王何有」之義。百姓恐王之不好色也。能推己及人、人亦念其家。說以先民、說以犯難、民勸矣，何迂之有！蓋悅則無不可行之事矣！致悅之道千千萬、民信第一。去兵去食、所謂無信不立是也。象故推出君子以朋友講習。講習忠信之事乎哉？　鄭玄云離猶併也、蓋謂併澤兌也。併並同。即兩澤併爲兌也。　王弼：說違剛則諂、剛違說則暴、剛中說以利貞。柔外故亨。　孔疏：說卦說萬物者澤、君以惠民、民无不說所以爲亨。恐陷諂邪、利貞正。虞翻：二失正、動應五承三故亨利貞。　程頤、致亨之道、物莫不與，戒利貞。　蘇軾：小惠不足勸民。　張浚：二五得中、剛承天、柔不拂入、天下大說求報上、禹湯循是功業著。　張根：說者惡不以道、故六爻皆以剛爲貴。　朱震：以說行剛、剛柔皆亨。和而不流、說道利正。湯武之伐、周公東征是也。　鄭汝諧：兌口、六爻皆嚴抑騰口說爲戒！李衡引胡：聖人感天下不以言語口舌、故說去言而爲兌。　楊誠齋：兌亨、天人說、說利貞。革彖順天應人、今兌彖亦云。　朱熹：剛中故亨、柔外利正。又柔外說亨、剛中利正。其占如此。　項安世：以利與貞而得說、天人皆通謂亨。　趙彥肅：陰居上故說、非說順不能得陽。順天應人方是說處。　楊簡：得人歡心、利於貞。大中至正、上倡下翕然應、神矣。　吳澄：防非道邪諂之說也。　來知德：悅見於外，陰陽相說易流不止、故戒利貞。

王船山：言說使人樂聽移情。兌、陽德隱故元德不足、特无元。說則志通利皆正。　毛奇齡：兌猶聚。言悅、貌悅、人未有不受其悅，利于貞正。又兌秋成物，物因以悅。　折中引焦竑：二陽一陰、陰非主、但爲陽用耳。　李光地：剛中柔外　、其德爲說。天地人心在內、悅物物亦悅之。　李塨：水聚曰兌、秋結實、欣欣喜悅。二五剛中、三上柔外、外順內嚴、順天應人。　孫星衍引鄭衆：樂耽酒則酗、志累於樂傷性、樂莫尚於詩書道義。

友猶黨也。姚配中：山澤通。氣故亨。利之正成旣濟。上好仁不爲仁爭先人。德行、四國順之。吳汝綸：亨利貞以二五言之。居中比柔故利貞定也。丁壽昌：說文㕣聲、大徐㕣古兗字、非聲。君子樂莫若尙詩書。曹爲霖：張巡守睢陽，郭子儀受詔、說之大、民勸矣哉！星野恆：兌懌、內剛不屈志、外溫柔之容、當行以正、此兌所以亨。劉次源：剛中不苟說、說自能亨。李郁：義正言順、氣和辭婉、坤交乾故亨、初九、九五皆正故利貞。徐世大：說無作悅解。或借挩通脫。兌匪兌、兌換。朱駿聲以爲通儥。胡樸安：說釋也。上應天心、順民服、天下平矣。高亨：兌卦名，亨即亨祀、占利故曰利貞。李鏡池：這是談邦交卦、卦辭只有貞兆而无貞事。屈萬里：口說故有講習象。麗連猶併。傅隸樸：少女青春氣息最能悅人、以正、天佑人助。勾踐載稻與脂於舟、孟子霸者民驩虞如也，民勸矣。金景芳：入后說、說有點牽強。有人解釋无言之說。忘勞忘死爲統治階級說的。徐志銳：內有實德、待人和柔。喜悅爲前導、能使人勤奮勸勉。張立文：兌亨祭、小有利於卜問。

兌、亨利貞。缺元。彖以天道大哉乾元釋元字。文言元者善之長。孔穎達元、始也。義海引魏徵始萬物爲元。朱子元大。王船山元首也。元亨利貞若獨立、則所稱乾有四德。若四字不能並列、有主從、則元與利皆修飾亨貞。今所謂亨利貞、王船山云兌有三德特无元。又云元者陽剛資始之德、兌陽隱於中故元德不足焉。則其亨、非元大、善長、元始、元首之亨矣！以亨爲享、夫之先生謂古烹享通、薦享烹飪。高亨謂亨即享字謂大享之祭。亨字亦不見、第云兌卦大祭利貞矣！蓋即卜大祭而利矣乎？元爲元始、无始以來即亨乎？程子云兌說、致亨之道。楊誠齋云兌亨、天人說。朱子云剛中故亨。項安世云天人皆通謂亨。楊簡云大中至正、上倡下應、神矣！是其德爲說、特无元、防非道邪諂、流于不正之悅、故戒利貞。孫星衍云耽酒累樂傷性、樂莫於詩書道義。孫以詩書道義爲貞。吳汝綸則拆散六爻、衹謂亨利貞以二五言之，居中比柔故利貞定。李郁則以初九、九五皆正故利貞。天地自然、非人力能拗轉，故其以貞爲利釋者僅可達六爻中之人事二爻耳。然六爻所敘無非人事、若然、貞正爲人則不能分入關前、入關後、人性之一面劃分東西、截然不同、蓋記錄猶在也、今是昨非之志可資參攷耳。傳公二說、其一勾踐食國之遊者無不哺、孟子云霸者之心驩虞如也。金景芳云忘勞忘死、爲統治階級說的。孟子自云「未聞以道殉乎人者。」不聞乎桀犬吠堯乎哉！今人之所謂民粹主義者是也。民亦忘勞忘死，以道殉乎人而百姓不自知已服桀之服矣！是以喜悅爲前導、能使人心振作奮勉。利員者，以貞爲利也。貞解作正、似勝過解作卜、解作占。蓋桀紂率天下以暴而民從之，猶堯舜率天下以仁而民從之也。有諸己而後求諸人也，是彼桀紂以暴爲正、猶民粹主義者以其領袖爲正、即使「其所令反其所好。」亦以彼頭目今日之是爲是而非昨日之我也！

兌、說、悅也。一悅之下、天下無難事、悅於處事待人、樂觀進取、上倡下應、神矣、天下翕然相應。中心誠悅、率民以仁以暴、久假成眞、積非成正、何必詩書仁義、自以爲是、自樂於是。因說而感染、雖無元德猶亨矣！至焦竑之「陰爲陽用。」傅隸樸之「少女青春氣息最能悅人。」王能山謂「特无元、陽隱。」張浚仍以「二五剛得中。」折中引謂「陰非爲主。」明明兩情相悅而存剛中悅、柔外利正說、不無男大陽大剛大之以天爲大雄性主義乎？陸績「納兌爲妻。」姚配中「山澤通氣故亨。」（山、少男、澤、少女）金景芳云「巽入、入后說。說有點牽強。」要之徐志銳稱：「喜悅爲前導、能使人勤奮勸勉。」蓋即兌、亨乎？　徐世大云「本經說、無作悅解。」然大戴紀曾子立事，漢書高帝紀上、荀子王制等皆以說通悅、或讀爲悅，百餘見。即易本經履彖說而應乎乾。隨彖說而順。睽彖說而麗乎明。益彖民說无疆。困彖險以說。九五乃徐有說。說卦入而後說。悅文兌：說也。段注說者今之悅字。說：說釋也。段注說釋即悅懌。說悅釋懌皆古今字。許書無悅懌二字。莊子徐无鬼：武侯大悅而笑。有新出版字書謂小篆悅爲說字重文，古悅作說。查新字書悅爲說重文、說無所本。然說悅古今字迨無疑也。徐世大說謂無作悅解者、即本經亦多見」。如此斷案、宜乎哉？

初九、和兌，吉。

象曰：和兌之吉，行未疑也。

王弼：居兌初、應不在一，无所黨係，和兌之謂也。說不在諂，履斯而行，未見有疑之者，吉其宜矣。（按藝文版十三經注疏本：本爻有兩「疏」，茲據義海訂正前疏爲王注）

孔正義：應不在一，无所私說，說之和也。說物以和，何往不吉！故曰和兌，吉也。

李鼎祚引虞翻：得位，四變應己故和兌，吉矣。

張載：以陽居下，无所比附，出門同人，行自信者也。

程頤：初陽居說體最下，无係應，卑下和順爲說，无所偏私者，說之正也。陽剛不卑、下能巽，說能和、无應不偏，說如是所以吉也。

蘇軾：和而不同謂之和兌。六三小人，初九、九二君子。君子之說於小人、將以有所濟非以爲利也。初九以遠而无嫌。

張浚：和有可否義。君子和而不同、說之不以道，不說也。用能不失其應。兌具少女誠一之性。初應四、四有剛德、初因之以成其德曰和兌。

張根：所謂和而不同。

朱震：初剛處說，无偏係之私，動上行、九四相易，六亦得位而正，正則吉。故曰和兌、吉。初九遠於六三，无嫌於說小人，九四未疑也，是以能濟其決，否則四疑矣！

鄭汝諧：兌主三，初遠不流於說、不邇於邪，雖與之同體，和而不同也。其行无所疑。

李衡引子：以剛正之說、首出門而和人也，何往不吉？行豈疑哉！引介：二剛中而說君子也。初九說君子而與之和、是以吉。

楊萬里：「兌以說爲說，和兌以不說爲說。」初九以陽居陽，至剛也；在下无附，至疏也。大利不能怵、大戮不能懼。斷而行之。成帝燕安、非朱雲莫能斬佞臣。所以吉也。

朱熹：陽爻居說體而處最下，又无係應故其象占如此。

項安世：初九與之同體爲和兌。陽爻曰和，曰孚、曰介，皆剛辭。初與凶人相說而不害爲吉。初正，與三同體與之和，有相濟義。以正濟不正、適足救三之凶。

趙彥肅：純卦无應，取陰陽近遠言其情，初九遠陰所說者陽、故和而吉。

楊簡：兌初莫之適從也。泛然和說而已故吉。象曰所行未有可疑之跡也。

吳澄：和者中節而无所乖戾。兌之說以三上二柔言也。四剛畫亦取說義。吉占也。

來知德：和與發皆中節謂之和字同。初九陽爻居悅體而處最下，又无應與之係，說得其正也。故其象占如此。

王夫之：兌雖以三上陰爲主，六爻皆有兌德。和兌者以和而說也。初潛下、陽得位，率其素履、與物無競，有月到天心、風來水面、無求自得意。無入不自得君子之吉也。

毛奇齡：兌悅無淺深，兌悅無可爲先後。初四調所悅，悅始。三五準所悅、悅之中。三上悅之成。三上陰爲卦主。初四天然一偶、巽順有調和義故恐所悅有不正也，故吉。

折中引蔡淵：剛不比柔得說之正、和不流者也故吉。 引趙玉泉：剛無邪媚之嫌、下無上求之念、應無私係之累。不諂不瀆、和兌之象、如是則說得其正矣。

李光地：說以剛爲正、柔邪。初心未失、情心由中。獨不與陰比，故能以和爲兌，其占則吉。和者性之發，情之正也。

李塨：初九无應上，不比陰。其說也夷然和平而已。坎爲疑、初去坎遠故行未疑，此居下而樂在中者。

姚配中案：賈子道術云剛柔得適謂之和，反和爲乖。傳象案虞翻曰四變應初故行未疑也。

吳汝綸：六爻皆取朋友。陽與陽朋、陰與陰朋。初和于二、二孚于初。象云行未疑者、讀陰疑于陽之疑。初去陰尚遠故曰未疑也。

丁壽昌案虞仲翔曰坎爲疑。愚謂初變坎有疑象。震爲行故行未疑也。蘇蒿坪曰和者發而中節。初九以陽在下，變柔而不倚于剛，故爲和兌而吉也。

曹爲霖：公孫私對策有云：氣同則聲同，心和則氣和、形和、聲和、天地之和應矣！故陰陽和、五穀登、六畜蕃、山不童、澤不涸、和之至也。此之謂和吉。

星野恆：陽居最下無係應，無所偏黨。與人致說者也，所謂君子和而不同者、豈不吉乎！其吉無所疑。

劉次源：率其素履无比應、无入不自得。和而不流、得性之正。陶然忘機、吉宜也。

李郁：兌以和悅爲義。但若巧言令色則鮮仁。最故和悅必須剛正。能以剛始是故吉矣。陽初能實、先行其言故未疑。

徐世大：六爻平行敘商業行爲之六格。初：和平的兌換，好。

胡樸安：程頤云：有求而和則涉邪諂。初隨時處順、心无所係，无所爲也，以和而已是以吉也。言隨天時之和而解釋之。毫无所疑。故象行未疑也。

高亨：亨按說文：兌說也、從儿㕣合聲。說釋也。一曰談說、從言兌聲。當以談說爲本義。非喜悅之悅。本卦皆謂談說。以溫和之度向人談說、如是者吉，故曰和兌吉。

李鏡池：以和爲悅。國與國間不要戰爭，和平共悅才吉利。這是邦交的宗旨。

屈萬里：和兌猶和說。

傅隸樸：禮之用和爲貴。又君子和而不同。柳下惠不羞汚君、聖之和者也。是和兌的標準。初陽居陽，行不失正、不與四應、心無所私、所以爻冠以和而斷之曰吉。

金景芳：朱子講得對：初陽爻說體、處最下无應、所以和兌吉。程子說：初陽居說體處最下无係應，是能和順无偏、以和爲說、說之正也，剛不卑、下能巽所以吉也。

徐志銳：喜悅雖能調動人的積極性，但必須守正。初九剛居剛、應比皆剛。剛爻爲剛直守正，故稱和兌。和而不流。蔡淵「初未牽于陰、所行未有疑惑。凡柔爻邪妄不正。

張立文：初九、休奪（兌）吉。　譯：初九、和善而喜悅則吉祥。　注：通行本作和兌。休和義同。

林漢仕案：徐世大、高亨皆主兌、非喜悅之悅。徐世大謂兌換、高亨以說文兌說也、取其一曰談說爲本義。漢仕從衆、以兌說也、即喜悅。鄭玄云併澤兌，說卦：說萬物莫說乎澤。卦辭云亨利貞。諸大家皆以順天應人、民忘勞忘死以報上、堯舜禹湯文武率循是道。先儒鑿鑿之言猶在耳。然而桀犬吠堯、桀紂率天下以暴而民從之何也？彼亦自謂予率以正。民粹主義者之悅民、任何亡國敗家之勸戒皆無效。不能察己之非也！民衆中有雪亮雙眼、然而群衆亦是盲目者、隨劣等政客擺布。貧窮、予汝無尊嚴之前程，所貴者僅存乎意識形態耳。於是乎「彼所令反其所好而民不從。」之哲言。率天下以暴者能化解彼昨是今非、今是昨非反覆搖擺之論以信民。桀犬吠堯、各爲其主輸誠心矣！上倡下應之神、任彼民粹主義者宰制而忘其勞、忘其死效忠矣！其能說民者一也。儒者謂悅不以道、不說也。惜乎僅止於智者。惜乎予天之先覺著可以覺後覺、以先知覺後知之伊尹不再來也！

初九、和兌、吉。　　先賢著論、依慣例輯說於左：　象「行未疑也。」亦不自知其非者之過也。象云：「行未疑。」正指堯舜禹湯賢聖與希特勒式之民粹兩端也。苟自疑、人疑、或有自反之機。無是識、一往無前矣！捨我其誰、狂妄悖逆不自知！　王弼云兌初无所黨係、說不諂、未有見疑者。　孔疏：无所私說、何往不吉！　虞翻：得位、四變應己故和兌。　張載：陽居下无所比附、出門同人、行自信者也。　程頤：初陽无係應、剛不卑能巽能和。　蘇軾：和而不同謂之和兌。初遠六三小人无嫌。　張浚：初應四、初因之以成其德曰和兌。和有可否義。　朱震：初剛无偏私。遠三无嫌說小人。九四未疑也。　鄭汝諧：三兌主、初雖同體、和而不同、其行无所疑也。　李衡引介：二剛中而說君子、初九說君子而與之和。　楊萬里：和兌以不說爲說。初陽在下无附。大利不能怵、大戮不能懼、斷而行之。　朱熹：陽最下无係應、故其象占如此。　項安世：陽爻曰和、孚、介、皆剛辭。初與凶人說不害爲吉。以正濟不正、適足救三凶。　趙彥肅：純卦、初九遠陰所說者陽，故和而吉。　楊簡：初泛然和說而已故吉。莫知適從也。　吳澄：和中節无所乖。兌說以三上二柔言也。吉、占也。　來知德：發皆中節之和。初陽居悅體下无應，說得其正。

王夫之：兌三上陰爲主。六爻皆有兌德。初潛有月到天心、風來水面、無入不自得、君子之吉也。　毛奇齡：初四悅始、天然一偶、巽順有調和義故吉。　折中引趙玉泉：下無求上之念、不諂不瀆、說得其正矣！　李光地：剛正、柔邪。初不與陰比、情之正也。李塨：初无應上、不比陰。去坎遠未疑、樂在中者。　姚配中引賈子云：剛柔得適謂之和。吳汝綸：六爻皆取朋友、陽與陽朋、陰與陰朋。初去陰尙遠故未疑。　丁壽昌：初變坎疑象。震行故未疑。蘇蒿坪：初變柔不倚剛、故和兌而吉。曹爲霖：公孫弘云形和、聲和、陰陽和則五穀登、六畜蕃、澤不涸、和之至也。　星野恆：陽最下無偏黨、與人致說者也。劉次源：无比應、和而不流、陶然忘機、吉宜也。　李郁：以和悅爲義。但巧言令色則鮮仁。和悅剛正、先行其言故未疑。　徐世大：六爻敘商業行爲。初和平兌換。　胡樸安：程子云有求而和則邪諂。初心无所係、无所爲。　高亨：按兌說當以談說爲本義。非喜悅之悅。溫和談說者吉。　李鏡池：和平共悅才吉利。這是邦交宗旨。　傅隸樸：禮之用和爲貴。柳下惠聖之和也。初心無所私、所以冠以和而斷之吉。　金景芳：程朱皆曰初說體无係應、以和爲說、所以吉。　徐志銳：初剛居剛、爲剛直守正、和而不流。蔡淵：初未牽于陰、所行未有疑惑。　張立文：初九和善而喜悅則吉祥。

象云行未疑者、則和初无所黨係、和而不同、和而不流者：非聖賢則鄉愿。初處最下、無條件所謂「謙恭下士」也。蓋本身即最低賤卑位。謂自小即看重自己可也，少小即有遠景遠見、謂彼無偏私機心。說者謂陽與陽朋，未牽于陰。其童年期無男女性別吸力、純眞無邪可也。楊萬里云：「大利不能怵、大戳不能懼。」果眞彼狡童即世說：孔融被收、冀全其子。八歲兒曰大人豈見覆巢之下復有完卵乎。」奕棊如故。尋亦收至。或美化初九无所黨係、說而不諂。(王弼)而虞翻之四變應己。張浚之初四應、毛奇齡初四悅始，天然一偶。豈如趙彥肅言：初九遠陰、所說者陽邪？一如李衡引石云二剛中而說君子、初九與之和？吳汝綸云陽與陽朋、初和二、二孚初。果如是言初或年少即有性別歧視、故只取同性爲友、又或初乃天然同性戀者、故疑於陰而不與之和、免爲私累。初有機心、不得如劉次源君之稱「陶然忘機」矣！先儒皆知和而不流、和爲性之發、情之正。一於剛則偏而不調、浸於柔則失兌以和悅之義尤偏過執一無權。曹爲霖提出公孫私對策中「陰陽和：五穀登，六畜蕃，山不童、澤不涸、和之至也。」應爲初九和兌最佳注腳。又不只初九、而以兌說爲名者皆須陰陽和爲先決條件也。「惟女子與小人難養也」諒孤陰孤陽不生不長、亦不得不另尋覓可替代之悅樂、以移轉所以不樂也。試觀今之修道者如佛徒中之比丘與比丘尼、自得其所樂之道、而成佛成菩薩爲其情之所寄所鐘也。因無男女之情牽欲累而能斷去愛欲，展現大慈大悲之願。初九之和無是大悲之志願也，蓋著一吉字而知。初九之和兌、非聖賢即白癡、即聖賢亦分禹湯之聖與民粹之聖。旁觀者必須假以時日方知彼所謂忠奸公私耳。初九之和而无係應、說而不諂者、如虞翻云四變應己也，陰不邪而和於陽矣！四變則爲水澤節矣。朱熹云湯爻居說體而處最下、又无係應故其象占如此。 來知德云說得其正故象占如此。 王夫之云六爻皆有兌德、和兌者以和而說也。有月到天心、風來水面、無入不自得。初九和兌者其如是乎？

九二、孚兌，吉，悔亡。

象曰：孚兌之吉，信志也。

王弼：說不失中，有孚者也。失位而說孚吉乃悔亡也。

孔穎達：說不失中，有信者也。說而有位則吉從之，故曰孚兌吉。然履失其位、有信而吉乃得亡悔。

李鼎祚引虞翻：孚謂五，四已變，五在坎中稱孚，三動得位應之故孚兌吉悔亡矣！

張載：私係於近悔也。誠於接物，信而不妄，吉且悔亡。

程頤：二承比陰柔小人，當有悔。二剛中孚信、雖比小人，自守不失、君子和而不同，說不失剛中故吉而悔亡。

蘇軾：信於其類謂之孚兌。九二君子，必有以自信於初九者而後悔亡，文予而實不予、所以信於初九也。

張浚：三蔽弗爲累，是以悔亡。二以陽居中、得說之正，卒孚五君曰孚兌。夫事君盡其誠而已，在我有可信之實。孔子釋曰信志焉。兌西方爲信，少女爲孚。

張根：以剛中故。

朱震：三小人、二比之。雖比小人，和而不同，何疑相比哉！二動五應而正，正則吉而悔亡，故曰孚兌之吉、信志也。易傳曰志存誠信，豈至說小人而自失守！

鄭汝諧：三兌主，二比之交深，情密。其能悔亡者，剛陽得中，自信必固、故曰孚兌、吉、悔亡。信、自信而已。

李衡引子：志在利人、欲其說信，中不失正故吉。何悔！引牧：二不違中、有信者也。然比三狎小人，不固守其正得悔亡。二不當位是不守其正也。引簡：信道篤、自知明。說不以道不說也。

楊萬里：九二以剛正之德、居中正之地，見誠正可說者說之、則天下誠正者至，此其所以吉。曰悔亡，贊之至也也。仲尼猶戒曰信志。誠信必察其出於志。

朱熹：剛中爲孚，居陰爲悔，占者以孚而說則吉而悔亡矣。

項安世：九二與三相比爲孚。陽中實爲孚，二與凶人相說不害爲吉，二中也。與三比始涉可疑，然二剛實得中，志可信、決无朋邪之理，與邪比、其悔亦亡。

趙彥肅：以九居二故不孚于六三、自信而說以亡其悔。九五本位无陰故孚于剝。

楊簡：二五兩陽無相應之象。然陽實有誠信之義，故有相孚之象。惟孚以說則吉，悔亡。

吳澄：二以中實孚于三。吉占，比柔當有悔，以誠心待小人則小人无所用其姦，故其悔亡。

來知德：本卦無應與、專以陰陽相比言。二承比陰、說之當有悔矣。然剛中之德，自守不失正、所謂和而不同矣。占者能如是以孚相悅則吉而悔亡矣。

王夫之：下孚初九以合德剛中則不爲妄說。以剛上承乎柔而不亢抑，可以獲上而吉。雖不當位，悔亦以亡。

毛奇齡：二五皆準所悅、悅道大，善處悅者必中外孚合若符節。二從无妄上來、五從大壯三來、二五皆乾爲兌、天然一偶。二離五坎相印孚合故吉且无悔也。

折中引王宗傳：三柔不正、非道以說者。二比疑悔。二剛居中故與三同體無失己之嫌，此悔所以亡也。引龔煥：二剛得中、己以孚信爲說，人不得妄說之、所以吉也。

李光地：二近六三宜有悔。有剛中之德故能以孚爲兌，吉而亡其悔矣。傳象：以信爲志，不爲物遷。

李塨：九二比三陰、宜有悔。然居中有互離之志、即行或涉疑而悅出于孚、志可信、吉而悔亡矣！此出其誠心以與衆悅者。

姚配中案：二化應五皆得中正，故信志、相說以正者也。

吳汝綸：二信志、信初也。信初則亡其比三之悔也。此內卦二陽相反也。

丁壽昌案王注程傳皆謂二孚于三是也。解悔亡則非。蘇蒿坪曰：二以剛中居內體、誠中信人故孚兌得吉。以其變柔比于六三、故又戒以悔亡是也。

曹爲霖：誠齋傳故妄說者小人也。易說者尤小人也。仲尼戒之曰信志。蓋恐其色仁而行違也。

星野恒：以陽承陰、比之、宜有悔。然剛中之德、雖比不失其守，故孚兌吉、悔亡。蓋昵小人而說之、鮮不取敗，非剛中豈能得吉哉！

劉次源：剛孚初、說非妄。上承柔、中不亢。物莫能惑、人信其志、不苟說則孚故悔亡。

李郁：二與五敵、是以有悔。化柔故孚。自正故吉而悔亡矣。

徐世大：二：獲利的兌換，好的，心活動就完。

胡樸安：解釋民信而孚，其事吉、其悔亡。自信其志而民信也。故象曰信志也。

高亨：孚、信也。周易孚爲信義僅此四處——萃六二、升九二孚乃利用禴。兌九二孚兌吉。中孚、中孚豚魚吉。孚兌者、以誠信向人談說、如是者吉、其悔可亡。

李鏡池：以俘虜對方爲悅，這是侵略者。戰爭勝利，抓到俘虜，一時得逞，吉。但侵略別人，終歸倒霉，因此悔亡。

傅隸樸：陽居陰、比六三、不應、失位悅人宜有悔，然內不失其剛正、外和悅。內外兩得所以消悔故孚兌吉、悔亡。魏徵不肯面從太宗、不徒口舌悅人、誠信更足悅人也。

金景芳：二承比柔、說則有悔、二剛中孚內、自守不失，君子和而不同，故吉而悔亡。龔煥：九二陽剛得中、孚信爲說者。人不得妄說所以吉也。

徐志銳：二雖剛爻，但與邪媚六三相鄰，二以剛居中无不正、終得吉而无悔。程頤：「二剛實居中，豈至說小人而自失乎！是以吉也。」九二正是。有人邪道誘惑經得起考驗。

張立文：九二、䛛（孚）吉，悔亡。　譯：九二、誠信而喜悅則吉祥，沒有悔恨事。　注：䛛通行本作孚。馬王堆帛書作㴸。漢唐石經作孚兌吉。帛書抄寫時脫兌字。

林漢仕案：二五各位於上下卦之中故謂之得中、中又必正。雖然失其位、無礙其得中庸崇高之道也。

兌爲說、孚爲信。李鏡池孚爲俘虜。徐世大以兌爲兌換、匯兌。高亨以說爲談說姑排除李、徐，高三說而從衆。兌悅也、孚信也。九二信悅吉悔亡者、如船山先生言：「六爻皆有說德。」俗謂笑臉迎人。所回收者亦相當。欲取先予乎哉？種瓜得瓜也、若夫種瓜得豆、則宜檢討反省，蓋必無是也。然而孚信愉悅之原來、說易者探索多歧路、茲輯而略敘如左：象謂孚兌之吉、信志也。案在心爲志。豈謂信在心中、自信滿滿、抑已伸在心頭之願？

王弼云：說不失中、有孚者。失位而說孚吉乃悔亡。孔疏：說不失中、有信也。然失位、有信而吉乃亡悔。虞翻云：孚謂五、四變五坎中稱孚、二動應故孚兌。張載：誠接物、信不妄。程頤：二剛中孚信、雖比小人、說不失剛中、君子和而不同。蘇軾：信於初九其類謂之孚兌。張浚：二陽居中、得說之正、卒孚五君曰孚兌。朱震：三小人、二比之。雖比、和而不同。鄭汝諧：三兌主、二比之、交深情密。剛陽得中、自信必固。

李衡引子：志在利人。引收：二不當位是不守其正也。引簡：說不以道不說也。楊萬里：九二剛正居中、天下誠正者至。贊之至也。戒誠信必出於志。朱熹：剛中爲孚。占者孚說則吉而悔亡矣。項安世：二與三凶人相說、二剛中志可信、決无朋邪之理、其悔亦亡。趙彥肅：九居二故不孚三、自信而說亡其悔。五本位无陰故孚于剝。楊簡：二五無應、陽實有信故有相孚之象。吳澄：二孚三、比柔當有悔、誠心則小人无所用其姦、故悔亡。來知德：本卦陰陽相比言、二剛中不失正、所謂和而不同。占以孚相悅則吉悔亡矣。王夫之：下孚初九不妄說、上承柔不亢抑，可獲上而吉。毛奇齡：二五準所悅，悅道大。善處悅者必中外孚合若符節。折中引王宗傳：二剛中比三柔不正、無失己之嫌。

李光地：二有剛中之德故能以孚爲兌、以信爲志。李塨：二比三悅出于孚、志可信、此誠心與衆悅者。姚配中：二化應五皆得中，故信志、相悅以正者。吳汝綸：二信初則亡比三之悔。二陽相友也。丁壽昌引蘇蒿坪曰：二剛中誠中信之人。變柔比三、戒以悔亡是也。曹爲霖：仲尼戒信志，蓋恐其色仁行違也。星野恆：剛中雖比不失其守、昵小人、鮮不敗、非剛中豈能得吉！劉次源：孚初承柔、物莫能惑。李郁：二五敵有悔。化柔故孚。自正故吉而悔亡矣。徐世大：二獲利兌換。胡樸安：自信其志而民信也。高亨：孚、信也。以誠信向人談說、如是者吉、其悔可亡。李鏡池：以俘虜對方爲悅。一時得呈、終歸倒霉悔亡。傅隸樸：陽居陰失位、比三、不應。然內剛外悅、誠信更足悅人。金景芳：二比柔、剛中孚內、和而不同。徐志銳：九二與邪媚六三鄰、經得起考驗。張立文：九二誠信而喜悅則吉祥、沒有悔恨事。

兌體爲小妹級人物，天眞爛漫，其無可救藥之樂天主義者邪！所謂能做到無入而不自得也。善調適一切耳目口鼻心所遇事轉化爲營養我生。卦辭所以籠統言之曰兌、亨。然爲長上者特加「利貞」二字以叮嚀彼樂天派者毋超越一定限度耳。初九之和兌、以和爲說、因著一吉字、知非發自大慈大悲之菩薩願者、仍爲俗中人耳。其爲人也非聖即愚。聖者能鼓噪衆人造成時勢。愚者則不知所措隨境而轉。九二孚兌，有天人造作成分，故說者如象曰信志也。信在心中，因剛中雖失位而孚而說也。易家幾無異辭。（除外者如徐世大二因兌換獲利。李鏡池以孚爲俘虜。以孚爲罰之高亨、特言周易孚爲信義者僅萃六二、升九二，兌九二及中孚四處。然兌、高亨云談說。）其悅也首要條件爲中、次爲剛，因中因剛而產生信。故九二可以比六三小人、卦主、陽比陰能化小人爲君子。九二又可比初九、二陽得說之正。易家並未著明孰啖餘桃耳。有云九二孚九五。其孚迸出火花、兩剛中準所悅、毛奇齡等云悅道大。雖獲上矣，易家又以爲二化、二變以應五、得中信志。較爲服人心止人口、變柔可以比三。朱子云剛中即爲孚矣！占者以孚而說則吉而悔亡矣！超出時間、空間、各種背景之外、阿Q精神亦可圈可點、知其莫可奈何而安之若素乎？「諒恕是勇敢之裝飾。」甘地之不抵抗主義是、葉名琛不抵抗主義只得傳笑千古。而葉自比文天祥忠臣烈士、死亦含笑自信，其有負君之所託、食人祿而尸其位素其餐可乎？九二柔位剛居、又得中。五則剛位剛居得中、唯英明之主可駕馭豪傑英雄大臣。九二柔質侍君、剛以行令治民、君臣一氣矣。六爻本悅體、二剛中有柔、柔中帶剛、正統治者後天人爲手腕信悅於上下者也，其曰得、曰悔亡、知九二非阿Q、著莫可奈何安之若素莊君筆下之至人也！九二所孚所悅者不止九五、亦將含蓋上上下下信之矣、象之謂信志也、伸於志也。志已酬也。蓋九之說、後天創造出來之果實也。孚有卵化意、能孵化出新生命者則顯示所孚之卵化有實也。九二所孵化產生之說、陰陽之結晶，其得其吉無悔矣！

六三、來兌，凶。

象曰：來兌之凶，位不當也。

王弼：柔質、履非其位，來求說者也。非正而求說，邪佞者也。

孔穎達：陽位陰來居，是進來求說，以不正來說，佞邪之道故曰來兌，凶也。

李鼎祚引虞翻：從大壯來，失位故來兌凶矣！　自案傳象以陰居陽故位不當，諂邪求悅，所以必凶。

程頤：三柔不中、之內爲來，說不以道者、來兌就之、以求說也。比下陽枉己非道所以凶也。

傳象：自處不中正，无與而妄求說、所以凶也。

蘇軾：五兌主、上、三皆其疾也。傳曰美疢不如惡石。三履非其位、處二陽間以求說、故曰來兌、言初、二不招自來也、其心易知、其爲害淺、故二陽吉而三凶。

張浚：處四剛中、來者說之、是謂導諛之人，故凶。孟子以公孫衍張儀爲妾婦之道，謂事君容說而以順爲正！俯仰愧，何以自立天地間？戒之哉！

張根：此與佞人來矣之來同，无因佞可知矣。

朱震：柔不當位而乘剛，來說於二，說之不以道也，故曰來兌。三高位也，柔邪而說高位，凶矣！

鄭汝諧：兌主三居二剛之上，以柔說剛也。三不中正、說人而媚之故曰來兌、凶。易以進往、反來。三有反就之意是媚也。所以媚者，由所處不當也。

李衡引陸：三卦主、不以正用說、欲以邪諂誘掖衆陽說己，治容誨淫，邪行來兌，凶其宜也。

引牧：三柔不正、下親二，二避不納故稱來兌凶。　引石：一陰爲四陽主，來者皆說、諂佞小人所以凶。

楊萬里：兌六三陰柔邪佞，位不當，容悅小人求說於上，不售、己吉、國吉；售、己凶亦國凶。恭顯得位、凶于恭顯、亦凶于漢。六三說來凶、豈六三之罪哉！

失熹：陰柔不中正、兌主，无所應反來就二陽以求其說，凶之道也。

項安世：兌以六三爲主，六三來而成兌爲來兌。陰來比陽爲兌。陰爻曰來曰引皆柔辭。兌自大壯來，以六三爲主，壯變爲說故爲來兌，凶。

趙彥肅：以三畫卦言之，剛中柔外；以六畫卦言之，陰來居內也。剛中而說、正也；陰來而說、邪矣！

楊簡：三正應在上六，今不從正比二，是說於不正也。三位亦稱高矣，惟賢者宜在高位，說不正不當爾。陰陽相應，兩陰不相應也。

吳澄：三不中正、下求說於二，故曰來兌。小人以諂說媚君子者也。凶占也。

來知德：自內至外往，自外至內來。三柔不中、上无應與、近比初、與二、初二君子、說之不以道，求悅于人，不知有禮義者矣。故占凶。如弘霸嘗糞，猶有遺羞豈不凶。

王夫之：來者招致之謂。六三居四陽之中，不正上諂下諛，待物之來說而相與說，小人之道也故凶。兌亨自三成之而爻凶，別爲一例。宜剛而柔無所不柔矣。況以躁進乎！

毛奇齡：三與上皆兌之陰、悅之成者也。夫成悅、佞人相引至矣！三易自大壯，上易自无妄。三多凶、上凶同。上不曰凶、位正當。三不當耳。

折中引王宗傳：三居兩兌間，一兌盡一兌來故來兌。不正居兩兌間，左右逢迎容說爲事、失正故凶。案：三居內體故曰來。非來說下二陽，說之主。凡外物可說皆感而來也。

李光地：不中不正爲說主，凡可說之物無不感之而來、凶之道也。居內卦故曰來。

李塨：三上同同爲兌口、又居大坎之陰、險而不實、不中不正以兌口招人之說、其凶必矣！

此面諛諂笑以求悅者。

姚配中案：三本失位、上來之三亦失位，故來兌凶。說不以道也。賈子曰柔色傴僂、唯諛之行、唯言之聽、以事君者廝役也、與師爲國者帝，與廝役爲國者亡。

吳汝綸：來兌謂上來也。

丁壽昌案惠半農曰三來兌、上引兌、剛中柔外。柔必附剛、往來皆剛牽引之，皆有孚于三上。

春秋書佞人來、三來其佞人之象乎？可以發明程傳義。孔疏三陽位陰居凶、非也。

曹爲霖：陰柔不中正爲兌主，上无應反來就二陽求悅、凶之道也。太宗識得宇文士及佞人、士及曰南衙廷爭，陛下不得一舉乎、今臣不少有順、雖貴爲天子何聊！亦來兌也。

星野恆：外往內來。就內求說。此爻柔不中正、上無正應，來就二陽求說、枉道非理，故來兌凶。陰求陽固道之常，其德不正，豈免於凶哉！

劉次源：不中不正、物來而說、柔媚、來兌凶、自取戾。說因人動、闇然媚世、小人之道也。

李郁：三柔、上非剛。柔對柔、兩口相對、失位而言、徒多口舌。禍從口出、是故凶矣。

徐世大：招徠的兌換，不好。

胡樸安：無剛健於中、徒和柔於外，民衆未來而往說之，謂之來兌。凶者不當位也。故象曰位不當。

高亨：言未及我，我自來說也。論語言未及而言謂躁。荀子不問而告謂傲。易來兌即所謂躁傲。古人不取多言，故繫辭躁人辭多。多言必多敗，其戒人者深矣。

李鏡池：使人歸服爲悅。這是威懾主義。雖不是武裝侵略、但總不是平等待人。必引起受威脅國不滿、導至自身滅亡、故凶。這是作者總結歷史經驗教訓提出的。

屈萬里：來兌：王朱皆謂來求說。

傅隸樸：三陽位爲君子、陰質爲小人、不應上、下比二、是小人僭君子位。上行曰往、下來。凡據非位者心懷不軌、必由邪諂術爲進身亂政、故曰來兌凶。

金景芳：程傳來指初與二。折中引王宗傳說三居兩兌間、一兌盡一兌來故來兌。折中按：三居內故曰來，非來說下二陽。查愼行引邱行可：三柔居剛、動求陽悅故來兌。來兌之惡易見。比程朱說更好一些。

徐志銳：六三柔爻、處喜悅時、有招來誘惑之意，一付媚態專門誘惑別人來喜歡自己。其道不正故言凶。李光地來兌者我惑而物來。李鼎祚陰居陽、諂邪求說。

張立文：九（六）三、來奪（兌），凶。　譯：六三、非正道得來的喜悅，結果凶。　注：來古文徠。招徠的喜悅。

林漢仕案：集韻通作來。釋文馬本書呂刑惟貨惟求。來作求。釋名釋言語：來、哀也。爾雅釋詁來、舍人注強事也。釋文來本作勑、又作賚。儀禮特牲饋食禮來女孝孫釋文、賜也。周禮樂師來、勑也。又來有至、歸、反還入呼等義。兌六爻皆悅、六三以少女之姿、強事容說求媚之作、招徠蜂蝶。勑又通勅、敕。按元曲俫子、妓女之稱。來兌，豈俫子之兌乎？妓女俵子之說、人生如戲矣！釋名以來爲哀、來兌、哀兌。周禮來、勑、又作勅敕、說豈可敕賜？非出自本心矣！六三以卦之主、少女之身、俵子之野性求說樂、爻文著一凶字、謂不得也。折中引焦竑云：「陰非主、但爲陽用耳。」陰之向來不被尊重、陰陽相悅本爲天地間大事，本爲至性流露，不學而能之本能衝動。楊簡云「上倡下翕然應，神矣！」似不必上倡、下即自動自發神應矣！來知德云：「易流不正。」兌卦元德不足。故六三之來兌，超乎浪漫矣！陰無勝陽之志、陽己豎降旗而不自知矣！英雄醇酒美人、性心理層面脆弱有以致之也。李衡引石云：「一陰而爲四陽主、來者皆說。」兌卦四陽二陰、四陽即包刮全部陽！宜乎云一陰而爲天下之陽主、所謂一雙玉臂千人枕、半點朱脣萬客嚐也！象言「來兌之凶、位不當也。」六三之所以必凶也。茲再輯前人言、證六三之災人耶？抑自災？象云「位不當。」似不必言細節、直指凶之原因。大原則也。王弼云「柔非正、來求說、邪佞者也。」自古來兩性之所以不平等者、男悅女爲正、女發動春情悅男爲邪媚。陰觸動主權之柄乎？爭主權、主導視爲一逆也。孔穎達：「陽位陰居是進來求說、佞邪之道。」

虞翻：「諂邪求悅、所以必凶。」程頤：「之內爲來、說不以道者。處不正妄求所以凶也。」蘇軾：「五兌主。三上皆其疾。初二二陽不招自來故曰來兌。」張浚：「處四剛中、來者說之，故凶。」 張根：「來无因、佞可知矣。」 朱震：「三高位、柔不當位而來剛，凶矣！」 鄭汝諧：「三兌主不中正、反就剛是媚。」 李衡引陸：「三卦主、邪諂誘掖衆陽說己，冶容誨淫。」引牧：「親二、二避不納故稱來兌凶。」引石：「一陰爲四陽主、來者皆說，諂佞小人所以凶。」 楊萬里：「六三容悅小人、來說售，己凶亦國凶。豈六三之罪哉！」 萬里先生之責君子之不明也。 朱熹：「柔不正、无應反就二陽求說、凶道也。」 性心理女子受壓制久矣，一旦解放、豈懼洪水猛獸之出柙衝破山河萬朶？ 項安世：「六三兌主、來比陽成兌爲來兌。大壯變爲說故凶。」 趙彥肅：「陰來而說、邪矣！」 楊簡：「三不從正應上六、比二是說不正不當爾。」 吳澄：「小人諂媚君子、凶占。」 來知德：「三柔无應、近比初二、說不以道故占凶。」 王夫之：「三居四陽中、招致相與說、小人之道也故凶。」楊萬里謂己凶國亦凶。宜乎言三柔凶而四剛、天下有陽剛之美稱者亦凶。蓋陽剛被招致而沆瀣一氣矣夫！ 毛奇齡：「三上皆悅之成者。成悅、佞人相引至。三多凶、位不當。」 折中引王宗傳：「一兌盡一兌來故來兌。失正故凶。案三居內體故曰來、非來下二陽、凡外物可說、皆感而來也。」 李光地：「不中不正、凡可說物無不感之而來、凶之道也。」 若假不中正之位而來百工、子庶民，是臣下誤觸君柄、可妄加以罪、是凶道也。若六三者本居內體爲來、豔幟高懸、四方無不感之而來向彼投資輸誠，有何不可？亦無致凶之道也。豈樹木招風，容易招妒乎？ 李塨：「大坎之陰不實、兌口招人說、其凶必矣！此面諛諂笑求悅者。」 姚配中：「三失位，上來亦失位故來兌凶。說不以道也。」 吳汝綸：「來兌謂上來也。」 丁壽昌：「三來其佞人之象乎？孔疏三陽位陰居凶。非也。」三來即是佞人象、無關乎居位正當否也。生就下賤矣夫？ 曹爲霖：「宇文士及語太宗曰：『今臣不少順，雖貴爲天子何聊』！亦來兌也。」 星野恆：「就內求說。陰求陽固道之常、其德不正、豈能免凶哉！」日本國星野恒君以爲陰求陽敦倫固常道，然婦德不正不能免凶。順應中國之輿情？抑彼日本國亦不欲授權於柔爲主刀！ 劉次源：「物來而說、自取戾。閹然媚世、小人之道也。」一女子之私壑求口腹之足、可以化爲治國大道理、人格教材之上上選、唯易傳能之也。 李郁：「三上柔對柔、口相對、徒多口舌、禍從口出故凶。」 徐世大：「招徠兌換、不好。」胡樸安：「無剛中徒柔外、往說之謂來兌。凶者不當位也。」 高亨：「論語言未及而言謂躁。荀子不問而告謂傲。來兌即躁傲。戒多言多敗深矣！」 李鏡池：「歷史經驗使人威懾歸服爲悅、必引起不滿導至滅亡故凶。」 傅隸樸：「三小人僭君子位、下來邪諂亂政，故曰來兌凶。」 金景芳：「程傳來指初二；折中引一兌盡、二兌來、三居兩兌間，非來說下二陽。查愼行引三柔居剛、動求陽悅故來兌，比程朱說好些。」 徐志銳：「三柔有招來誘惑別人喜歡自己。」 張立文：「三非正道得來的喜悅、結果凶。」

案呂氏春秋辨土篇「几耕之道……寒則雕、熱則脩、一時而五六死，故不能爲來。」注：「來，丕成也。」丕義壯也、乃也。亦有大、奉義。若六三來兌爲丕成兌、凶。謂六三少女初長成即醉心朝朝暮暮求樂、眼耳鼻舌身意皆樂、三百六十根骨頭皆酥。如此而往，傳隸樸言：「少女青春氣息最能悅人。」殘花敗柳恐不能經時間與人言考驗，「履非其位，非正求說」之過也。易家直指凶之原因、約而言之：

象云「位不當。」 王弼云「位非正，來求說。」 孔穎達：「陽位陰居是進來求說。」張浚：「處四剛中，來者說之。」 李衡引：「親二、二避不納故來兌凶。」 楊萬里：「六三求說售，豈六三之罪哉！」 朱熹：「不正无應，就二陽求說。」李光地：「凡可說物無不感之而來、凶道也。」 李塨：「大坎不實，兌口招說、凶中矣。」 姚配中：「三失位上來亦失位故凶。」 丁壽昌：「三來即是佞人象。」無關乎居位正當否、生來就是下賤象也。 李郁：「徒多口舌、禍從口出故凶。」 高亨：「戒多言多敗深矣。」傳隸樸：「三小人僭君子位、下來邪諂亂政。」以上皆就六三位言，陽位陰居、處四剛中、親二、六三不正求說，六三兌口 禍從口出、三小人僭君子位，似六三本來就當招凶、六三本來就多所閃失象。然楊萬里云：「豈六三之罪哉！」吳澄云「小人諂媚君子、凶占。」是君子亦有罪也。故任小人諂媚、四陽相與爲說。陰陽非爲調和、蓋各自爲其私也。小人之所以凶、咎由拜君子陽剛姑息之賜、而六三自己承擔凶象、失象！夫如是：則蘇軾云五兌主、鄭汝諧三兌主，初二不招自來爲來兌：二避不納稱來兌：來比陽成兌爲來兌；一兌盡一兌來故來兌：三失位，上來亦失位故來兌：宦言「今臣不少順、雖貴爲天子何聊」亦來兌：三動求陽悅故來兌等似毋須檢討即知其凶有自矣！

九四、商兌未寧，介疾有喜。

象曰：九四之喜，有慶也。

馬融：介疾有喜。介，大也。（釋文）

鄭玄：商，隱度也。（釋文）

王弼：商、商量裁制。介、隔也。三佞說，將近至尊、故四以剛德裁隔之。匡內制外、是以未寧。處幾近閑邪介疾，宜其有喜也。

孔疏：三佞說將近至尊，故四以剛德裁隔之、使三不得進，防邪隔疾、宜其有喜。

李鼎祚引虞翻：巽為近利市三倍，故稱商兌，變之坎，水性流，震為行，謂二已變，體比象故未寧。與比不寧方來同義。坎為疾故介疾，得位承五故有喜。

張載：通其邪佞、使進而上，則小人道長而不寧，以諂為疾而拒外之，則終不失其得偶之慶。

程頤：上承中正之五，下比柔邪之三，故不能決而商度未寧、謂擬議所從未決也。兩間謂介，分限也。人有節守謂介，若介然守正，疾遠邪害則有喜。若四者得失未有定繫所從耳。

蘇軾：五主、上三皆其疾、九四介于其間，以剛輔五而議二陰者，故曰商兌未寧，介疾有喜。言疾去而後有喜也。疾去而後有喜、則易之所謂慶也。

張浚：商、度也。兌西方為商。三邪佞取容、當斷然疾而去之。乘三比五為介，三承莫應為疾，互巽進退為未寧，互離為有喜。四為天下計，至厚如是、天人喜之。

張根：糾逖小人疏之、宜有慶也。

朱震：巽變之六巾利三倍、商賈象。商賈度利而動。動成坎勞卦未寧也。擬議從度利而未定者乎！介三五間、從五正、三不正、陰陽失位為疾。四疾三小人、上從五有喜。

李衡引牧：說能和人、不為邅諂。專介疾小人。同初說賢、宜其喜而有慶。 引石：商斷剛介之德、嫉佞人。 引逢：商度未安、小人病、四間三柔間可喜。 引佚：三凶五厲、四若能耿介疾忍、喜必來應也。

楊萬里：九四近君之臣，兌悅時躊躇、商摧、心安得自寧！六三小人、九四剛正介隔之、使不得近九五為疾。魏徵用而封倫沮，李絳入而承瓘去。介，隔也。

朱熹：上承五之中正，下比三之柔邪，故不能決、商度所說未定，然質本陽剛、故能介然守正疾惡邪、如此則有喜矣！象占如此，為戒深矣。

項安世：四當三五往來之衝為商兌，商者交易往來之名。三為五得厲，五為三得凶，兩爻易皆未寧。介間也。九四本應有疾、因陰陽相得故得疾愈也。凡疾愈為有喜。

趙彥肅：體與初同而情異者，卦重之，六三在下也。商度故未寧，介於二體、絕三說五、乃有喜爾。

楊簡：九剛四柔，正位在初而未應，比六三諛佞小人、心知其非、實樂其柔媚，故商度所說、去取交戰未寧，聖人於是勉介然疾惡小人則有喜。象言不近小人則澤及民矣。

吳澄：商度也。四下比三柔、上承五剛，皆其所說、故商度其所說而未定。占未寧未定也。

四五同體同德、終能舍三說五、介乎上下之疾、疾安也。无復有不定之意也。

來知德：四承五之中正、比六三之柔邪，故有商度來寧象。然本質陽剛、能介然守正，疾惡柔邪，悅同體之五則有喜矣。故戒占者如此。

王夫之：四與三比，居上卦之下近乎民者也。剛居柔，不欲受小人媚，抑不欲咈人之欲，酌量寬嚴中所以未寧，九四能以悅己者爲疾、三進己退，不期民說而民自說矣。

毛奇齡：商者度也。稱商估之商，兌秋商音用事爲宮商之商，一說商、傷也。皆非義。四居大坎之中，坎不寧、爲疾。傳曰憂悔吝者存乎介，介指上下相介言。

折中案：疾與喜對。疾謂疾病，喜者病去。四比三言介於邪害之間也。若安則爲鴆毒，惟能商度不以可說者爲安，則雖介疾而有喜矣。說不以道不說也，其商兌之謂乎？

李光地：承五近三，有商兌未寧象。本剛德也，故又有介疾有喜之占。傳象：能去邪從正則喜不獨一身。

李塨：商度也。九四以陽居陰、上承九五、商度所說未得寧一似介介有疾者。（大坎爲疾）然剛德不輕悅人、且出以憂心、其獲喜慶豈倖焉！此商其當悅而始悅者。

孫星衍引集解馬融曰介、大也。　鄭康成曰商、隱度也。

姚配中案：四據三上下相麗、不欲即化而失位，又當化故商兌未安。成既濟則六爻安矣。介、界也。四之正在兩坎之間故介疾，得位故有喜，謂成既濟定也。

吳汝綸：商、隱度。商兌隱度以說於五，未寧者、不自安於三也。介、大也。能商兌而未寧則介疾爲之有喜也。

丁壽昌：釋文商量，鄭隱度。介隔、馬云大也。程傳介然守正。疾病、喜病去。惠半農曰陰稱疾、陽稱慶。蘇蒿坪曰商喜俱兌象。變互震故未甯。互離爲麗故曰介。

曹爲霖：誠齋傳曰六三君心膏肓，九四君心箴規。四者三所不喜，三不喜則四有喜矣！四喜天下國家之大慶也。故魏徵用而封倫沮，李絳八而承礶去。

星野恆：上承九五中正，下比六三陰柔，商量所從，取舍未決，其心不能安定，故云商兌未寧。兩間謂介，分限也。質剛能介然守正疾惡故介疾有喜。蓋從善登從惡崩也。

劉次源：剛不喜媚、又不欲拂其情。處之心所以未寧也。介然疾惡、自足服人。剔奸天下乃喜。

李郁：四失位比三、樂其佞諛而與商酌。三非誠實故未寧。介謂四介于五、以剛承剛故疾。然剛正之人不可畏而遠之；邪佞之人不可暱而近之。四不憚五嚴正，化柔與比，則遠小人親君子爲有喜矣。

徐世大：四：商量兌換還沒妥貼，介紹人快有喜了。商業行爲必有中介議價。疾訓速。

胡樸安：與民解釋，商量其未寧之處。商之時，初則介隔有疾，繼則和悅有喜。故象曰有慶也。

高亨：商本商量之義。商兌猶今言商談，相與計議之談說。高談者其事未定故曰商兌未寧。所占亦未定。介疑借爲疥。廣雅病也。病愈曰有喜。疥疾愈故曰有喜。

李鏡池：商談相互和悅的問題，未能作出協定。邦交象人治病。「介疾有喜」是比喻。比喻小磨擦容易諒解，關係惡化就難以作出協定了。

屈萬里：王注商量裁制之謂也。鄭玄商、隱度。馬融、介大也。 按：寧、安也。言不安寧（病）而與人商兌之也。古人平安無疾患曰寧。詩歸寧父母。熹平石經喜作熹。

傅隸樸：四剛正居近臣位，不應初九而據三、抑在位小人之徵。剛正近君、以道事君之徵。商爲商議、來兌是獻媚。商兌以獻疑被悅、生活必不安寧。下據三佞臣不得爲惡是介疾，箴君過也是介君之疾。福國利民爲有喜慶也。

金景芳：朱熹說四承五中正，下比三柔邪。故不能決定商度。然剛守正、疾邪也。折中說疾與喜對。喜者謂疾病去也。四比三故介疾。若安則鴆毒大矣！惟能商度不以可說爲安，則雖介疾而有喜矣。

徐志銳：四承五剛中守正比三，五中正、三邪媚。四剛守正、位陰使它不堅定，何去何從、心裡商度不得安寧。四剛爻、與六三劃清界線不親比，除其弊則无害而有喜。

張立文：九四、章（商）奪（兌）未寧，（介）疾有喜。 譯：九四，有計度而喜悅，雖還不能安寧，但癬疥之疾將痊癒。注：章假爲商，古相通用。 介疥古通、癬疥。

林漢仕案：先觀察前輩文字上釋說「商兌未寧，介疾有喜。」鄭玄云：商、隱度。 王弼：商量裁制。介、隔也。閑邪介疾。 孔疏：四剛裁隔三使不進，防邪隔疾。 虞翻：巽近市利三倍故稱商兌。體比象故未寧。坎疾。 張載：通其邪佞則小人道長而不寧、諂疾拒而外之。　程頤：擬議從五比三未決、兩間謂介、有節謂介。　蘇軾：三上其疾、四輔五而議二陰故曰商兌未寧，疾去而後有喜。　張浚：商計度也、兌西方爲商。三邪佞當斷然疾去。乘三比五爲介。互巽進退未寧。　朱震：商賈象。動成坎未寧。度利未定。失位爲疾、介三五間、疾三小人。　李衡引：商度未安。三凶五厲、四若能耿介疾惡、喜必來應。

楊萬里：兌悅時躊躇、心安得自寧！四介隔三小人、使不得近五爲疾。介、隔也。　朱熹：商度所說未定　，承五？比三？介然守正疾惡邪則有喜。　項安世：當三五往來之衝爲商兌。商、交易名。三五易未寧、介間、四本有疾、陰陽相得故疾愈。　趙彥肅：商度故未寧、絕三說五有喜。　楊簡：初未應比三。商度所說、去取交戰未寧、介然疾惡則有喜。　吳澄：比三承五皆所說、商度未定。占未寧。終舍三說五，介乎上下之疾安。　來知德：承五中正比三柔邪、有高度未寧象。介然守正、悅五則有喜矣！　王夫之：四比三近民，不欲咈人之欲、酌量寬嚴未寧、四以說己者爲疾、三進己退、民自說矣！　毛奇齡：商估、商音、傷也皆非、大坎不寧爲疾。傳憂悔者存乎介、指上下相介言。　折中：疾病、喜病去。四比三若安則鴆毒，商度不可說者爲安。　李光地：承五近三有商兌未寧象。剛德又有介疾有喜占。　李塨：商度所說未得寧，一似介介有疾者。商其當悅始悅者。　孫星衍：馬融介、大。　姚配中：四據三麗、不欲化又當化商兌未安。介、界也。四正在兩坎間故介疾、得位有喜。　吳汝綸：商兌隱度以說五，不自安於三。介、大。能商兌未寧則介疾爲之有喜也。　丁壽昌：釋文商量。惠半農曰陰稱疾、陽稱慶。蘇蒿坪曰商喜兌象、變震未寧、離麗故介。　曹為霖：四、三不喜，三不喜則四喜大慶。　星野恆：承五比三，商量取舍未決、心不安定。能介然守正、從善登從惡崩也。　劉次源：剛不喜媚、又不欲拂其情、心所以未寧。疾惡剔奸、天下乃喜。　李郁：四失位比三、樂其佞諛而與商酌、三非誠實故未寧。四介于五、剛承剛故疾。四化柔與比為有喜。　徐世大：商量兌換沒妥貼、中介議價、介紹人快有喜了。疾速。胡樸安：與民解釋未寧處、初介隔有疾，繼和悅有喜。　高亨：商談計議未定、占亦未定、介疑疥疾、愈故有喜。　李鏡池：商談未能作出協定、邦交象治病、關係惡化就難以協定了。　屈萬里：寧安也。言不安寧（病）與人商兌之也。古人平安無疾患曰寧。　傅隸樸：四不應初而據三。商為商議，來兌是獻媚。據佞臣不得為惡是介疾。箴君過是介君之疾。金景芳：能商度不可以說為安則雖介疾而有喜矣。　徐志銳：四位陰使它不堅定、何去何從？五中正、三邪媚。與三劃清界線不親比、除弊則无害有喜。　張立文：有計度而喜悅、雖還不能安寧、但癬疥痊癒。

商之言：⑴隱度。（鄭玄）　⑵商量裁制。（王弼）　⑶近市利三倍故稱商兌。（虞）　⑷商議三上二陰。（蘇軾）　⑸計度，兌西方為商。（張浚）　⑹商賈象。（朱震）　⑺商度所說未定。（李衡引逢・朱子）　⑻商、交易名。（項安世）　⑼商估、商音、傷也皆非。（毛奇齡）　⑽不欲化，又當化商兌未安。（姚配中）　⑾商喜兌象。（蘇蒿坪）　⑿商談計議未定。（高亨）

十二說中商議商量計議是主流。或自計議、或與五議、或與三議。（樂其佞諛而與商酌）

議題中心爲選五靠邊站而屏三。夫之先生云「不欲咈人之欲。」劉次源云：「剛不喜媚、又不欲拂其情。」徐志銳：「四位陰使它不堅定。」皆謂九四搖擺不過也。將斷不斷、其敗自亂也！星野恆云：「從善登，從惡崩。」朱子云「象占如此，爲戒深矣。」吳澄云：「占未寧、未定也。」來知德云：「故戒占者如此。」高亨云占亦未定。

商在十二說中尙有近市利三倍之商兌、交易名、商估、商音、傷也。（估應是賈之誤）按匯兌乃近代經濟名詞、商義又有金、秋聲、強、敏、張、常、略等。兌乃應依兌卦、和兌、孚兌、來兌之義爲悅也。初九陰陽和說，九二剛中有柔、柔中帶剛信說於上下、志已酬矣！吉無悔也。六三爛漫日日春、因獻媚感者輸誠、面諛求悅。婦德不正、即陽德亦有虧損也。九四之商兌、接六三放縱之後強歡乎？白虎通五行「商者強也。」楊萬里首先提出「豈六三之罪哉？」蓋君子陽剛接納邪媚、拜群陽君子姑息之賜也。故九四金聲強說、九四亦一方有頭有臉人物也。比三不欲咈人欲、劉次源之謂又不欲拂其情。是九四有其獨特性格。楊萬里稱兌悅時躊躇乎？是「商兌未寧」義，即強加歡愉又有少許躊躇不安也。介疾有喜者。王弼之閑邪隔疾。虞坎疾。程頤兩間有節謂介。蘇軾以三上其疾。李衡引謂耿介。朱熹介然守正。王夫之謂四以說己者爲疾。折中疾、病。孫星衍引馬融介、大也。姚配中介、界也、兩坎間故介疾。惠半農陰稱疾。蘇蒿坪離麗介。劉次源疾惡剔奸。李郁四剛承剛疾、化柔與五比有喜。徐世大中介。疾速。高亨介疑疥疾。傅隸樸箴君過是介君之疾。張立文癬疥痤癒。漢仕以爲九四能發金聲、亦有其成就獨特狷介可以稱道者。易家多許九四兩間六三與九五。三凶五厲、四狷者能有所不爲、以五視之更斌媚乎？不以九四狷爲病、剛以承剛、五陽剛中正、四比不必如李郁者言化柔自有福也。蓋五能用其人之獨特狷狂性格而思加榮寵。九四之有福也。九四商度未寧，介疾有喜者果如是乎？

九五、孚于剝，有厲。

象曰：孚于剝，位正當也。

王弼：比上六而與相得，處尊正位、不說信乎陽而說陰，孚于剝之義，剝義小人道長之謂。

孔穎達：剝小人道長、消君子之正。故小人爲剝。九五處尊无應，比上六與之相得、說信小人、成剝道故曰有厲。

李鼎祚引虞翻：孚謂五，二四變體剝故孚于剝，在坎未光有厲也。　自案傳象：以陽居尊位，應二比四孚剝有厲，位正當也。

張載：說六三之進，則是孚於剝，近危之道也。故處盛位者佞不可親，當正位而進小人，信乎剝之道也。

程頤：尊位處中正、聖人設厲戒。五密比上六故戒，雖舜之聖且畏巧言令色，說之惑人易入而可懼如此！剝蓋指上六，故孚于剝則危！

蘇軾：三上小人、陰質以說爲事。五引上六而後至、其心難知、其爲害深。故五孚于剝。五孚於難知小人至於剝、豈足怪哉！然心蓋不知而賢之、知實則去之矣、故有厲而不凶。

張浚：有厲，戒也。視安若危，常脩其身。不然小人乘間復起莫可遏矣！坤變陽爲剝　、五剛中得位應二之賢，誠信足孚小人，終致天下大說而歸己。

張根：居中履正而欲天下說己，所謂一言喪邦，不亦危乎！

朱震：陰消陽也。三上四五消故六三謂之剝。五當位有剛健中正之德，孚于六三小人。小人道長，君子道日消，安得不危！易傳曰巧言令色、孔壬舜且畏之，其可忽諸？

李衡引胡：五本應九二，二有剛正之德已不能盡柔巽以任用之，反比上六邪佞刻剝不正之臣，是其危也。引伊：聖賢在上，天下未嘗无小人，使不敢肆其惡而已！

楊萬里：九五剛明中正，難說於其上，三陽誠正介隔其下。然六三兌說來，上六兌而引，九五輕信二陰則剝胎具矣！安得不危厲而祇懼哉！堯且憂驩兜畏孔壬，況不爲堯者乎！

朱熹：陰能剝陽。五陽剛中正，居尊近上六，說主，處說極能妄說以剝陽者也。其占但戒以信上六則有危也。

項安世：九五不稱兌稱剝者，捨三，陽往自與上比陰爲剝。又言剝者以卦氣當之也。兌上二爻九月爲剝。說比小人是助剝。故以是戒之象。三爲五而得厲，五爲三而得凶。

趙彥肅：信上六也。

楊簡：五與二不應，親信上六小人，又置高位，故曰孚於剝。信小人、危厲之道也。處高位親信小人，致危亂也。故君子進用，小人退遠。

吳澄：五中實孚于上，猶二之孚于三也。然陰在下物，居極上者剝陽已盡而後能至上也。五孚于剝陽之陰也。占誠心待小人、小人未必无害君子之心，言不可不戒也。

來知德：五陽剛中正居尊位、密近上六柔、爲悅主。內蠱其心志、外蔽政令，悅體人易孚故戒占者若信上六則有危矣！

王夫之：剝喪亂也，厲威嚴也。有危意。五剛中與九四疾邪之君子相孚，雖喪亂卒起，人心既說、且忘死履危地、德威自立，說之大者不在呴呴之恩施於小人也。

毛奇齡：以悅固剝我者也。兌秋九月爲剝。厲者坎象耳。五居坎位、二居離位、上下偶對相當，此與三上二爻位不當作一照顧正同。

折中引胡炳文：說之感人最可懼，狃於所說、雖聖人且畏巧言令色。　引錢一本：兌五說不覺其入之易、危在孚。　案：五比上六故亦曰孚于剝、心有危也。有厲與夬有厲正同。

李光地：凡兌居上體，五上多有相感之象。此卦義。又專於說者、故特爲孚于剝之戒。

李塨：九五當尊位、謂天下當悅我也。因上六容悅而遂孚之、以爲孚于說哉！實孚于剝（上六秋末陰盛故爲剝）彼陰剝陽者也。亦有厲矣。

姚配中案：位正當、故但有厲而已。

吳汝綸：五當孚四、又與上比，故戒其孚於上也。名上爲剝者、陰消陽者也。此二外二陽宜相友、而皆與陰鄰、故四未寧而五有厲也。

丁壽昌：胡雲峰曰兌秋之中、九月爲剝，他爻稱兌、五獨剝者、深爲君子戒也。蘇蒿坪曰兌毀折有剝象。變震有厲象。昌案位正當兼孚于剝有厲釋之不言有厲者省文也。

曹爲霖：按五孚於剝，剝民財以容悅其君者也。漢武用桑宏羊、海內苦之，神宗用王安石、小人競進，天下騷然，豈不有厲。

星野恆：陽剛中正居尊位，上承上六說主、妄說信之則危道也。此舜之所以畏乎巧言令色孔壬也。蓋小人陽逞奉承之態、陰懷包藏之心。易狎而信，豈能免厲哉！

劉次源：德位相稱、處剝不利。五近上陰、剛德中正、己與感孚。若履深淵，有厲者、安不忘危也。

李郁：三動成夬、夬通剝，故孚于剝。五無應于二，化柔則失位故有厲。

于省吾：虞翻孚謂五。二四變體剝象。按：剝仆古通。仆、傾覆也。兌爲毀折。九五正兌亦覆兌。上互大坎爲孚，故孚于仆有厲也。

徐世大：五：獲利的被剝削，要見鬼。

胡樸安：孚于剝即彖辭所謂犯難也。有厲，民忘其死也。犯難忘死，正當其位，故象曰位正當也。

高亨：孚讀爲浮，罰也。剝引申國破家毀亦謂之剝。君子行罰于剝，臣下怨叛。小人被罰、境益困、其勢危。

李鏡池：剝：國名。孚于剝句式同隨九五孚于嘉。意即被剝國俘虜。有厲，情況危急。聯繫上爻，大概商談沒結果，終于轉化爲戰爭。

屈萬里：廣雅剝、離。按剝、復之反。朱子解剝卦之剝以爲消落之意。此謂剝人之人也。

以位正當故能孚于剝。

傅隸樸：九五剛資居尊、不應二是不親君子、與上六相比暱、是親小人。得位剛正理當親賢遠佞、是位當行不當。明諱君惡、暗規君之失。親小人足以亡國故孚于剝有厲。

金景芳：陽剛中正與上六比。程說剝者消陽、陰消陽也。蓋指上六。故孚于剝則危矣。五密比六故戒。

徐志銳：孚于剝一句爲警誡語。五剛中正、上六陰邪不正，親近它會消磨意志、終將腐蝕。

楊簡：「五親信上六柔媚不正小人，故曰孚于剝。小人爲剝、信小人危厲之道。

張立文：九〔五、孚〕于〔剝，有厲〕。　譯：九五、對削割者講誠信，則有危險。　注：剝落、削割之義。

林漢仕案：孚義：字書有信、卵化曰孚、猶務躁也、扶、覆、生、浮、専等。此處似不當取高亨、李鏡池、之浮罰，剝國名。主流學以孚爲信。剝、迨即以剝卦陰剝陽消陽之義。小人道長、君子道消也。故剝義爲脫、落、離、裂、爛、擊、取、傷害、亂、倮。孚于剝、因剝而孚乎？信於陰柔小人乎？因信于陰柔小人而被剝裸、自損尊嚴乎？九五以大中至正之君，處至尊必須從反面教材去獲取教訓。亦作易者傳授所謂十六字心傳乎？人心惟危、道心惟微也。茲檢舉易家如何詮釋孚于剝義：

象云位正當也。信乎大中至正之君英明、智足以知古今興替、力足以裂虎豹而敵萬人。不因孚信小人區區小節傷害至尊之諒也。象故以三字「位正當」帶過。　王弼從細節描述：

九五比上六相得、說陰小人道長之謂。孔疏：小人剝、處尊成剝道故有厲。李引虞翻：孚謂五、二四變體剝。應二比四、孚剝有厲。張載：六三進則是孚於剝。佞不可親、當正位而進小人也。程頤：尊處中正、聖人設厲戒。剝蓋指上六、孚剝則危。蘇軾三上小人、五孚至剝、有厲而不凶。張浚：坤變陽爲剝、五信足孚小人、天下大說歸己。張根：居中履正、欲天下說己，所謂一言喪邦，不亦危乎！朱震：陰消陽、六三謂剝。五剛健中正、孚小人、孔壬舜且畏、其可忽諸？李衡引胡：二有剛正之德、己不能盡柔巽以任用之，反比上六邪佞之臣，是其危也。楊萬里：三兌說來，上六兌而引，五輕信安得不危厲而祇懼哉！朱熹：陰剝陽、上六說主、能妄說剝陽者，占戒信上六則危也。

項安世：五稱剝者、捨三與上比，陰爲剝、比小人是助剝。卦氣兌上二爻九月爲剝。趙彥肅：信上六也。楊簡：親信上六小人，致危亂也。吳澄：五孚于剝陽之陰、言不可不戒也。來知德：密近上六悅主、內蠱其心志、外蔽政令、戒占者信上六則有危矣！

王夫之：剝喪亂、厲威嚴危意、說大不在呴呴之恩施於小人也。毛奇齡：兌秋九月剝、厲坎象。折中引胡炳文：狃於說，雖聖人且畏巧言令色。引錢一本危在孚字。案心有危也。李光地：凡兌居上體、五上多有相感之象。此卦義專於說，故特孚剝之戒。李塨：五當尊位、謂天下當悅我，上六容悅遂孚之、彼實孚于剝、亦有厲矣。姚配中：位正當、但有厲而已。吳汝綸：五當孚四、與上比，上爲剝者。其陰鄰、四未寧、五有厲。丁壽昌：他爻稱兌、五獨剝者、深爲君戒也。蘇蒿坪曰兌毀折、剝象、變震厲象。

曹爲霖：剝民財以容悅其君者，豈不有厲！　星野恆：承上六說主、妄說信之。陰懷包藏心，豈能免厲哉！　劉次源：德位相稱、處剝不剝、已與感孚、若履深淵。安不忘危也。李郁：五無應二，化柔失位有厲。三動成夬通剝。　于省吾：按剝仆古通。傾覆也、兌毀折、五正兌亦覆兌、上互大坎孚，故孚于仆厲。　徐世大：五獲利、被剝削。　胡樸安：孚剝即犯難。有厲、民忘其死。　高亨：孚浮、罰也。剝、國破家毀、境益困、其勢危。李鏡池：剝、國名。被剝國俘虜、情況危急。　屈萬里：剝、離。剝、復之反。此謂剝人之剝。　傅隸樸：不應二是不親君子、與上六比暱是親小人。　金景芳：五密比六故戒。徐志銳：孚于剝爲警誡語。五親六將腐蝕掉。　張立文：對削割者講誠信、有危險。

大德之累也。主上如眞英明、雖納廷爭犯顏之餘、得如宇文士及「今臣不少有順、雖貴爲天子何聊？」之諂進、明足兼聽而不偏信，亦小人之侍奉聖君站穩其橋頭堡也。唐太宗用魏徵、史稱三代遺直。程子謂能「正君不能養德。」眞氏德秀曰「救於已形者多、變化未形者少。」親小人、正養其未形者之德闕也！芝蘭與荊棘同生、荊棘之侵奪芝蘭有日矣！五孚六剝、六者六三上六也。張載謂六三進、王弼云比上六。項安世則捨三與上比、小人助剝　、卦氣兌上二爻九月剝。孚于剝陽之陰、呴呴施恩、雖位正當、患不在今日、他日子孫蒙其害矣！蓋種下教龍種不可讀書之禍也！　曹爲霖謂「剝民財容悅其君者」，豈謂九四乎？九五之上更有君乎？桑弘羊、王安石以妾婦之道事君矣！古之謂民賊也！明曹君之引說不夠妥貼！　于省吾謂「上互大坎孚、剝仆傾覆、兌毀折、五正兌亦覆兌。」似言五注定仆厲、無商摧餘地。傳隸樸言：「明諱君惡、暗規君失。」苟可言之君則何亡國敗家之有？九五桀紂矣夫！蘇軾云故五孚于剝、有厲而不凶。知五又非桀紂也。張浚云「五剛中得位，誠信足孚小人、終致天下大說歸己。」張根即澆彼冷水，以爲「欲天下說己。所謂一言喪邦」也。若謂信足孚小人使變爲君子，則天下皆君子人也。不必大說歸己，天下已治矣！信義行於君子乃理之當然耳。胡樸安以「孚剝即犯難、有厲即民忘其死。」五又提升爲越王勾踐矣！孰是君也而可無死乎？高亨孚罰，李鏡池剝國名。孚謂俘虜。張立文：對削割者講誠信。皆所謂孚于剝也。

孚信者叀佈市信、如卵化同孚。晉文公攻原示信、冀市信之速成也；仁義禮智、孝悌忠信、善人爲邦百年，德澤才夠深厚。唐太宗不欲佯怒以辨別諫臣之正佞、謂朕欲使大信於天下，不欲以詐道訓俗。太宗眞有王者風。然縱囚正君臣交賊默契成就其市信義恩澤之手段。不然弒兄死弟、乖悖倫理之故事如何淡化？所市之恩信皆速食文化也。九五孚于剝者，孚可以如卵化同孚，但其義異於上述者。九五之時位勢力可以孵化牽成剝陽之陰勢力也、其親小人乎？剝之成氣候乃九五孚化結果。王弼云九五比上六說陰、小人道長之謂也。非謂五信足孚小人，乃五製造小人。有厲者危厲也。蘇軾云厲而不凶。然厲有另一義爲「起」。以九五之大中至正、豈容隳於一旦、是又爲齊王之不飛則已，不鳴則已之驚人衝天大志起乎？象云位正當者蓋謂有其資本再起也。九五眞一代天驕、孵化剝又起而再造復舊。不因小節之傷害、失其至尊之諒信也。九五孚剝之占之戒果如是乎？

上六、引兌。

象曰：上六引兌，未光也。

王弼：以夫陰質、最處說後靜退者也，故必見引然後乃說也。

孔穎達：上六陰柔之質，最在兌後，是自靜退，不同六三自進求說，必須他人見引然後乃說，故曰引兌也。

李鼎祚引虞翻：二四已變而體屯，上三未爲離故未光也。

張載：與三爲類而引升之，雖不傷類，然未足多也。

程頤：極則愈說，說主，說不知已者，引而長之，然不至悔何也？方言說不知已、未見所說善惡也。九五中正无所施其邪，說六三承乘皆非正是以有凶。

蘇軾：上六超然不累於物，此小人之託於无求爲兌者，故曰引兌、言九五引而後至也。其心難知、其爲害深。上六之害五孚于剝、五陰消一陽、孚於難知之小人。使上六引而不兌、則其道光矣！難進者君子之事也。

張浚：處上求說下、公道必少貶！君子脩德，豈求天下說己也哉！上六至柔處說極牽於求說、蓋好名之人也。雖有爲善之心、喜人說我，惡必不加于人，固亦不罹於凶咎矣！

張根：處卦外雖異乎來兌，然將順而已，是以未光。與夫引君以當道異矣！

朱震：上六正己輔九五剛健中正之君，以引說六三小人如爲山一簣之虧！初剛正不疑三而行，二剛中不比三而悔亡，四以三爲疾，五孚三而厲，上引三未光，小人說進爲害，其可不慮乎！

鄭文諧：三上皆兌主。三介四陽間，二陽在前不受其說，來說初與二，凶道也。上超然不累於物，非若三无所容而求說。然遠引貴剛而才實，柔遠引君子以是未光也。

李衡引牧：上六志高，然執德不固，見誘則從故稱引兌。引胡：上六柔邪苟且牽引天下之民歸悅於己道未足爲光。

楊萬里：上者引，下者來。上六兌說小人必引六三來兌小人。上六在卦外无位，此小人不至光亨亂天下也。九五剛明，三陽正隔，驩兜薦共工而堯吁，皆引兌未光者與！

朱熹：上六說主，陰居說極，引下二陽相與爲說而不能必其從。故九五當戒。而此爻不言其吉凶。

項安世：上六引兌，上爲下所引也。三說主，上六爲其所引，故曰引兌。居正无凶，然爲下引而說，亦不足觀矣！故不稱吉，明其未光也。

趙彥肅：引三俱去成乾則道光矣。

楊簡：上六不應三，超然卦外，有高尚象。近比五相親象。有引之說之象。引之說，未爲光明也。

吳澄：說至上可以已矣！樂不可極！陰柔但知以說爲事，於說之終，又引而長之，豈君子之說哉！

來知德：引、開弓也。坎爲弓。引兌開弓發矢。上六柔居悅極爲悅主，專于悅五陽者也。其
　情急、其爲害深，故九五有厲。不言占凶者、五已有危厲之戒也。
王夫之：居高以柔待物，所以引民之說者也。異於九五之民、自勸而忘其死，故不言吉。然
　上說下柔、當位，異於三屈節招上說、故不言凶。殆霸者驩虞之治乎！傳象：民說非可
　引者也。
毛奇齡：牽引來悅非善悅者，此自中孚之巽來、巽爲繩故引兌。傳曰未光，以三至上皆大坎，
　上尤坎仄耳。
折中引劉牧：執德不固，見誘則從稱引兌。引毛璞：三上爲兌，三內卦曰來、上外卦曰引。
　案：引兌、物引我而去，孟子所謂物交物則引之。樂記物至而人化物。三來終引，此人
　心動乎欲之淺深也。
李光地：陰居說極、在外有去不返象。故曰引兌。來兌者我感而物來。引兌、物引我去。傳
　曰則是物至而人化物。不言凶者，咸之輔頰舌。明夷不明晦之例也。
李塨：上六兌悅主爻。以兌口引天下之悅。持說五其心固未光明也。此王莽謙悅下士而信之。
　艮止不可過，過悅則爲奸佞。故于兌上正位、昭引兌之惡、爲世道慮遠矣。
姚配中案：上引三也。三失位、上引之使之正應己，悅以先民、說以犯難有以引之也。民忘
　勞、民忘死、引之而民說矣。三互巽爲繩，四之正艮爲手。
吳汝綸：引兌三引之也。此二陰之相友也。

丁壽昌：上六說主，無靜退之義。引有牽引之義。劉長民曰執德不固、見誘則從故稱引兌。蘇蒿坪曰上六柔處說極：其情易肆。昌案互巽爲繩有引象。三互離无應故未光。

曹爲霖：日知錄：以言悅人、妾婦之道。口惠而實不至，事君必靜言庸違。唐武宗內監仇士良老致仕、教其黨以奢靡娛天子、愼勿使讀書親儒生。吁此引兌未發之祕與！

星野恆：陰居極、卦主。引下二陽相與爲說故云引兌。蓋陽善陰惡、以陰從陽，雖未必相黨爲惡、亦非君子所欲，故言不涉吉凶、所以戒之也。

劉次源：違道干譽、心未光大也。居高媚物、引民之說，說之大、民自勸、何取驩虞之術也！

李郁：引、以言引人也。上比五可以進言，故謂之引兌。傳象：五上皆正、今徒甘言不正規，是未光大也。

徐世大：誘引的兌換。萃卦引通紖、乃係俘之具。說文牛系、從系引聲。可以參看。

胡樸安：說以先民，說以犯難，謂之引兌。但是雖先民而行、實無難。上引、民未必興起。故象曰未廣也。

高亨：及我乃說也。論語言及不言謂之隱。易引兌即不隱之意。初不可戾，二不可詐，三不可躁，四不可偏執，上不可隱。談說之道可云周備。

李鏡池：引導大家和說。作者主張和平相處，反對侵略。西周爲宗主國，諸候離心，作者百感而發。

屈萬里：國語齊語：是以國家不日引、不月長。韋解引、申也。　上六牽引以悅也。蓋俗言拉攏之意。

傅隸樸：牽引而進、不肯輕出、與來自求容悅相反。文王訪太公、先主請孔明是引兌例。不加褒貶故不言吉凶。傳象光、義廣大。牽引始出、比伊尹五就桀五就湯，墨子摩頂放踵、就未免狹隘了。

金景芳：折中按上六柔居柔、靜而諺陽之悅故曰引兌。引劉牧：執德不固、見誘則從故稱引兌。以引毛璞說三內卦來、上外卦引。邱行可講得清楚：三來悅是公開的、易察覺故凶。上六柔誘陽悅故引兌、是隱蔽的。五應提防它。

徐志銳：上六柔居陰、極其陰邪不正之人故稱「引兌。」李光地：「引兌者、物引我而去也。」上六居卦外沒有誘惑對象，使上六更加孤立。象言未光、沒人理采它。強使人喜悅的伎倆沒能施展、所以不言吉凶。

張立文：尙（上）六、景奪（兌）。　譯：上六、得人引導而喜悅。　注：景古影作景。影響引伸順從引導之義。

林漢仕案：象以「未光」言上六引兌。　王弼孔穎達皆謂上六卻然後說、不同六三自進求說。　虞翻：上未爲離故未光。　張載：與三爲類而引升之，未足多也。　程頤：說主、說不知已、引而長之、極則愈說，說六三凶。　蘇軾：小人託无求爲兌者、故曰引兌。言九五引而後至。難進者君子之事也。　張浚：上六牽於求說、蓋好名之人也。　張根：與夫引君以當道異。順而已是未光。　朱震：上六引說六三小人，如爲山一簣之虧，小人說進爲害、可不慮乎！　鄭汝諧：上超然不累於物，然引貴剛、柔遠引君子、以是未光也。　李衡引牧：上六志高、然執德不固、見誘則從、故稱引兌。引胡：上六柔邪苟且、牽引天下之民歸悅於己。　楊萬里：上引下來、上卦外无位、此小人不至亂天下也。　朱熹：上六說主、引下二陽爲說而不能必其從。　項安世：上爲下所引。三說主。故曰引兌。　趙彥肅：引三俱去成乾則道光矣：　楊簡：上六不應三、高尚。比五、有引說象。　吳澄：樂不可極。說至上可以已矣！陰但知說、又引而長之、豈君子之說哉！　來知德：引兌開弓發矢。上六悅主、悅五陽、其情急。　王夫之：居高以柔引民說者。異於民自勸而忘其死。殆霸者驩虞之治。　毛奇齡：牽引來悅、非善悅者。　折中：物引我而去、此人心動乎欲之淺深也。　李光地：陰居說極、去不返象故曰引兌。引兌、物引我去。物至而人化物。　李塨：兌悅主爻、口引天下悅、此王莽下士、過悅爲奸。持說五、其心未光明也。　姚配中：上引三使正應己。引之而民說忘勞忘死矣。　吳汝綸：三引、此二陰相友也。　丁壽昌引蘇：上六柔處說極、其情易肆。案互巽爲繩、互離无應故未光。　曹爲霖引：以言悅人、妾婦之道。仇士良教其黨以奢靡娛天子、愼勿使讀書親儒生。此引兌未發之祕與！　星野恆：卦主引下二陽相與爲說。未必相黨爲惡。　劉次源：違道干譽、引民之說，何取驩虞之術也。　李郁：以言引人。徒甘言不正規、是未光大。　徐世大：誘引兌換。引、係俘具。　胡樸安：說以先民，說以犯難謂之引兌。上引，民未必興起故象曰未廣。　高亨：引兌即不隱。初不戾，二不詐，三不躁，四不偏執，上不隱，談說周備。　李鏡池：

作者主張大家和說、反對侵略。屈萬里：國語引、韋解申也。俗言拉攏。傅隸樸：文王訪太公，先主請孔明是引兌例。比伊尹就陽就未免狹隘了。金景芳引邱行可：三來悅是公開的，上是隱蔽的，五應提防它。徐志銳：上六極其陰邪不正故稱引兌。居卦外沒有引誘對象，使倆沒能施展，所以不言吉凶。張立文：得人引導而喜悅。

易卦六爻，排列組合，其同一空間存在發展者耶？抑六爻依進程六爻各有自我展現時空？依比應、互體、半象、旁通、遊魂、歸魂，擴大排列組合之運用，時空安排。矛盾統一、由讀者心證可也！兌卦初九至上六、卦有內外之分、宜有其一定之進程。有內外就必須有先後、故各爻應有其倫理次序、又依爻辭為中心、卦氣、納甲、爻辰、飛伏、盡一切現成法言，易、變易、不易、務必使卦爻辭納入軌道、生生不息運作。外加八卦三才陰陽相錯、乾健、乾馬、為天。兌為羊為口為少女、為口舌、毀折、為妾、兌見等說卦。又另有不止一家之逸象、卦爻辭依此排列、準此組合、直似今日六面方塊、每面九小格之遊戲、小動小異、大動大異、據云須六之九次方始克盡其週遊。而易以卦爻辭作軸心、任何組合皆能探發卦爻辭之頤隱，通神明之德，類萬物之情，成天下之亹亹者。推而行之，神而明之、存乎其人也乎？易道之精神、言易、變易、不易在此。

兌從初之和兌、二孚兌、三來兌、四商兌、五孚于剝亦當為孚剝兌、上六引兌。兌逸象尚有為刑人、為朋為友、為講習為右為下為常為輔頰等、能入卦爻辭以證通神明者、在抉擇者識其大小耳。兌卦之為說、王夫之言「六爻皆有兌德。」是有其一貫性。以人生層面言、無往而不自得也。初和而不流、性之發、情之正也。二能孵化孚信上下、製造出一片和詳。三之放任自我承擔凶象、失象，亦君子人姑息之過也。四有其獨特性格、強歡悅又帶躊躇、蓋狂者乎、狷者乎、自五視之更覺嫵媚乎？五能孵化扶植剝陽之陰一片勢力、以一代天驕之姿、天縱英明、起而再造復舊之功豈其難乎？至上六引兌：引之爲言牽引、推引、引伸、引導、引進、延長、承受……蓋謂上六牽引、延長承受往日來時路之玩樂人生、不改往日態度、象故嘆以未光。十全十美矣、事業止於是、暑侈依舊不減、欲引天下之民大悅歸己，夫子云不能必其從也。王夫之云異於自勸忘其死。上六之樂觀人生不改，所謂不可救藥之樂天派乎！

易家言上六卻然後說。（王・孔）與三爲類引升，未足多也。（張載）說不知已、極愈說。（程頤）上六柔說、其情易肆。（丁）小人託求爲兌。（蘇）上六引說如爲山一簣之虧。（朱）上六見誘則從。（李引牧）上六引天下民歸悅於己。（引胡）上爲下所引。（項）上六比五。（楊簡）開弓發矢，上六悅五陽情急。（來）殆霸者驩虞之治。（王夫之）物引我去，人化物。（李光地）王莽下士，過悅爲奸。（李塨）二陰相反。（吳汝綸）妾婦之道。（曹爲霖）引談說周備不隱。（高亨）引兌俗言拉攏。（屈萬里）先主請孔明是引兌（傅）上六極其陰邪故稱引兌。（徐）得人引導喜悅。（張立文）

是引兌有卻然後說；與三類引兌；與下二陽兌；柔處極，其情易肆，不知已兌；上六引天下大悅歸已之兌；上六功虧一簣之兌；上六悅五陽之兌；霸者、王莽之兌；妾婦宦豎之兌。談說周備之悅；訪太公請孔明之兌；無引誘對象、極其陰邪之兌；得人引導之悅。上六之引兌應是不可救藥之兌說延長、是自引、是天性、亦含以上易家之引兌之全部、蓋無不可說也、說之牽延也。是上六引兌最佳注腳。

䷺

渙（風水）

渙，亨。王假有廟，利涉大川，利貞。

初六、用拯馬壯，吉。

九二、渙奔其机，悔亡。

六三、渙其躬，无悔。

六四、渙其群，元吉。渙有丘，匪夷所思。

九五、渙汗，其大號，渙王居，无咎。

上九、渙其血，去逖出，无咎。

䷺ 渙，亨，王假有廟，利涉大川，利貞。

彖曰：渙亨，剛來而不窮，柔得位乎外而上同。王假有廟，王乃在中也。利涉大川，乘木有功也。

象曰：風行水上，渙，先王以享于帝，立廟。

荀爽傳彖：謂陽來居二，在坤之中爲立廟。假、大也。言受命之王居五大位上體之中，上享天帝，下五宗廟也。（集解）傳象：受命王集散民、上享天帝、下立宗廟。陰至四承五享帝，陽下二爲立廟。（集解）

陸績：渙者散也。（京氏易傳注）傳彖：虛舟行也。　傳象：木浮于水也。

王弼傳彖：二以剛來居內而不窮於險，四以柔得位乎外而與上同。內剛无險難，外順无違逆之乖，是以亨。凡剛得暢无忌回之累，柔履正同志乎剛，皆亨、利涉大川利貞也。

孔正義：序卦渙者散，雜卦渙離。渙是離散之號。小人離散，大德建功立德，建立宗廟，德洽神人，可濟大難，大難旣散，宜以正道柔集之故曰利貞。

李鼎祚引虞翻：否四之二成坎，巽天地交故亨。乾爲王，假至。艮門闕又爲鬼門故爲宗廟。坎爲大川，渙舟楫象，故涉大川。二失正變應五故利貞。

張載：萃、王假有廟，渙然後聚、道乃久，故王假有廟，互見於此，凡言有廟者，聚道之極也。傳彖象：財散則民聚。

程頤：渙、離散也。人心離則散矣！治散中能收合人心，則散可聚。故卦義主於中、利貞、合渙散之道在乎正固也。

蘇軾：世亂如川潰四出不可止、善治者從而導之。王假有廟謂五、天下渙散不安者有所歸矣，心有所繫歸、有川乘舟可涉也。九二剛來、六四柔得位乎外，渙民所以得亨也。

張浚：渙者離也。德信於內、化行於外、大難散是曰渙。六四比九五、剛下得中、柔升順上、上下情孚其有不亨者哉：大祖考之德，教天下以孝。五乾中乘巽木有功，坎下利涉，譬人君虛心拱己坐收渙散之功。

張根傳彖：此險難所以散也。王假有廟、不失位故。利涉之謂濟難。傳象：險散建國家、廟爲先。

朱震：險難散、否塞解故曰渙亨。二剛中、五得中道、四柔正位乎外所以致亨也。鬼神倚人而行、宗廟爲先。假至謂五、上宗廟、利貞者五也。合散非正其可乎！

鄭汝諧東谷易翼傳傳象：易言假有廟、萃與渙、萃聚之時。渙離散也，立廟何也？物有所底麗則不散，有所歸向則不亂、立極立廟、王乃在中、上下定矣！治之道一也。

李衡引陸：人氣聚則生、散則死。故聖人以神氣渙散乃立宗廟以萃聚之。物散失正故利貞。引繪傳象：渙際託天地宗廟之靈以固民之離心、故王假有廟、王乃在中也。

楊萬里：才以濟之、德以散之、渙之所以亨通也。濟大難者存乎才，散大難者存乎德、不居者存乎道。剛來不窮謂九二。柔得位乎外謂六四。

朱熹：散也。風行水上、離披解散之象。漸九來居二得中、立往居三得九位上同四、故占可亨。又祖考精神既散，王者當廟聚之。巽木坎水舟楫象故利涉。利貞深戒也。

項安世：渙亨指九二，王假有廟指九五，利涉大川指二與四，二來成川、四來成木。利貞指四與五。石經利涉下亦有利貞二字。王假有廟、廟聚之極亦渙之極。

趙彥肅：陽散而下、陰散而外、二氣絪縕、交而生物故亨。九居二、五故亨。陽尊陰卑，其分明也。人死魂散，王假有廟、有事於散也。

楊簡：渙、散也。假、大也。王者大其有廟之道，必可中天下、定四海之民。推之可涉大川、濟大業。自西自東自南自北、無思不服。非智術所能致也。

吳澄：渙散也，離也。占二五剛中故亨。蔡氏曰二四爻用故亨。五王、互艮宗廟。蔡氏曰人死神氣散、朱子曰王當至廟聚之。卦有舟象、繫傳舟楫之利取諸渙、占利貞。

梁寅：渙義散。散所當散、合所宜合乃亨之道。王立宗廟所以合其散。利涉以時可以有爲，才足以有濟。以散難之合必合然後可治。必利於正。

來知德：渙者離散。中爻艮門闕，坎宮廟、又坎隱伏、人鬼象。木在水上、利涉大川。王至廟以聚之。非眞假廟涉川也。假廟者聚天下之心，涉川者冒險圖之、利貞者戒之也。

王夫之：風動水飄木泛皆渙象。卦自否變。物固執不解者、否塞情改，上下通而亨。故六爻皆吉。下不吝上不驕。陽自四下二率三陰事上。二以退爲尊、入險不憂。可以事鬼神、天下無不可通之志；可涉天下無不可安之遇。

毛奇齡：風行水上則水散曰渙。巽命令、坎險、命出險平有勿亨乎？互艮宗廟、陳坎豕以薦。下坎大川、厚巽木是利涉大川。盧氏曰否卦乾九四來居坤坤六二升乾四。

折中案：假廟者所以聚鬼神之既散；涉川聚人力之不齊。盡誠則幽明無不應；秦越共舟心力無不同。渙求聚之大端。然不以正則黷神犯難之事，故曰利貞。

李光地：風行水上有蕩搖離散象。散後能聚有亨道。王者假廟聚渙之大者。利涉蹈險以渙濟渙，其道在正而固也。

李塨：雜卦傳渙、離、風行水上則水散。二剛自乾來而爲坎不窮，四柔自坤往承貴王與五同（盧景裕說）。互艮宗廟，陳坎豕以薦。五王聚渙、大坎川巽木涉利出險之功。

孫星衍引釋文假，梁武帝音賈。引（集解）先儒云剛來不窮釋亨，德柔得位乎外釋利貞。坎下巽上、乘木有功。

姚配中案：王謂二、巽爲木，艮宮闕、宗廟象。故王大有廟。渙者使聚也。二體坎爲大川、利涉。上乘巽。四五易成離，受坎成既濟，此卦例之特變者也。

吳汝綸：渙、散也、離也，又有文義。太玄擬之以文。呂覽訓賢。歐公云渙者流行通達之謂。不事離散一義也。王假謂王告祭於廟。梁武帝音賈，得其義矣。

丁壽昌：案此與家人豐王假音同，梁武音賈非也。荀慈明曰王居五位、上體之中、上享天帝、下立宗廟。深得王乃在中之義。　又彖利涉大川下亦有利貞二字、據蜀石經衍文。

曹爲霖：蘇紫溪曰渙義人各有志、興利除害之情壅。渙也者渙去下險如風行水上，故初拯二就五皆渙也。小臣不背君、大臣不營私、關節脈絡無不貫通、固所以爲聚與！

星野恆：渙散浹洽、非程朱之人心離散。解紛散滯。卦變與節相錯，陰陽和合無否塞之患。五王者之象，大德之人出而後、康濟兆民以永其祚。故王假、巽木坎水利涉。

劉次源：風行水上、離披心說、鬱滯散、豁然大悟、盡破拘泥、徹上徹下、亨通可知。格祖廟以聚渙、人心可齊。乘風破浪、隨遇而安。貞夫一斯无不宜也。

李郁：渙以散爲聚。雲散爲雨，沼澤瀦其水。財散于民藏其富。所重在聚非徒散。渙剛柔交通故亨。王謂九二、假、至。未至爲觀、廟宇。五不宜化柔應二故利貞。

于省吾：虞翻假、至。假廟致孝享。陸績假大也。鄭登也。按虞訓是也。假格之借、金文通作各。王引之訓有爲辭助、王假有家、君臨臣也。大夫曰家。假即格訓至了無疑義。

徐世大：渙與瀚同聲、流散垢汙，引伸洗滌衛生事。瀚灌，普遍。王到廟裡、清潔表虔誠，涉大川流水除穢，占卜洗手焚香、必恭必敬。

胡樸安：渙、水流散而成文章。論語煥乎其有文章。從水從火其義一也。渙離、麗之借。渙立廟教之以禮，天下之宗皆立廟收族、嘉會各國宗子故利涉義和事幹无不宜也。

高亨：假借爲假、至也。有猶於也。古有王者與行享祀、親至於廟，筮遇此卦。又筮涉大川則利。且舉行它事亦利。故曰利涉大川、利貞。

李鏡池：渙渙、盛也。水盛就是洪水。指江河橫溢泛濫。洪水爲患。王到廟裡祭祀求神。利涉大川屬另占。假：至。有：于。

屈萬里：渙乎成功。假渙爲煥。奐、盛也。渙即奐煥義。王假有廟、王至于廟。傳彖九二剛在中故不窮、上同於五。傳象渙、流散亦渙然成波文。奐大、粲爛也。廟聚會所。

傅隸樸：說文渙、流散。京房渙合。孔正義渙散釋。渙然冰釋、即化解。化解是風險的反訓。消除流散、拯難的人必然亨、爲帝稱王、建廟享其先世。假音格、至也。大川即險難代稱。消解險難後應以正道安集流民、消解因環境而心多險詐故曰利貞。

金景芳：渙就是散。王假這假字作感講。天下離散、靠廟來聚。廟是古代氏族聚合中心。這個廟是宗廟。木在水上含濟險有具之意。如何去渙？利貞。

徐志銳：渙義渙散。象江河冬結冰、春散成水。冰不通致通故言渙亨。政治上人心渙散爲窮，團聚得亨通。王祭宗廟能聚合人心團結在王周圍。冰不能行舟、木水是舟行水上之象。涉險歷難、不是无所作爲。

張立文：渙、亨。王叚（假）于（有）廟。利涉大川，利貞。　譯：渙、亨通。王親至宗廟，宜涉渡大川，利占問。　注：歸藏作奐。釋文作煥。叚假通，至也。

林漢仕案：假之字訓、見乎經籍者有：借也，攝也，嘉也、因、請、僭、濫、貸、大、非眞、至、暇、病、升、剔、給與。「王假有廟」、易二見：萃卦王假有廟。及本渙卦。王假有家一見家人九五爻辭：「王假有家。」「王假令。」見豐卦。如萃卦「王假有廟。」享祭先祖、教民愼終追遠也。故民德可歸厚、斯謂一人有慶。王必明主無疑。家人九五「王假有家。」假訓至、大、假設、感格、登、借、假。嘉、金文作各、作叚借解、王借家齊進而國治也。天子刑于四海，刑於寡妻、至兄弟，以御家邦。天子親九家、平章百姓、黎民於變時雍。豐卦卦辭「王假之。」假即叚字藉也、借也。王藉其君臨之勢、以迅雷急電、乘勢改革、霹靂事業、一鳴驚人也。以天下養、何等胸襟、何等氣慨！

渙卦渙義爲、繫辭云：刳木爲舟、剡木爲楫、舟楫之利、以濟不通；致遠以利天下。蓋取諸渙。序卦：渙者離也。雜卦亦曰渙、離也。韓注序卦渙離云：「渙者發暢而无所壅滯則殊越各肆而不反則遂乖離。」渙字義見於經籍者有：離也、散也、盛也、无壅滯、有文章、爛、賢、有似、煥乎成功。內險外安。

今易家詮釋渙亨王假有廟。從茲可見來路矣！

彖：剛來不窮、柔得乎外、王假、王乃在中也。

象：先王以享于帝、立廟。

荀爽：陽居二爲立廟。假、大也。言受命王居五大位、上享天帝、下立宗廟。王集散民。陸績：渙、散也。傳彖虛舟行也。　王弼：二剛來居內，四柔得位乎外、內无險、外无違。　孔穎達：渙是離散之號。大德建功立廟、以正道柔集之。　虞翻：乾王假至、艮宗廟。　張載：凡言廟者、聚道之極。財散則民聚。　程頤：人心離則散矣！中能收合人心。蘇軾：治世亂如川潰、從而導之。廟五、渙散不安者有所歸矣！　張浚：大祖德教以孝、人君虛心拱己、坐收渙散之功。　張根：此險難所以散也。險散建國家、廟爲先。　朱震：否塞解故渙亨。鬼神倚人而行，宗廟爲先。假至謂五、上宗廟。　鄭汝諧：萃聚渙散、物有歸向則不亂。立極立廟、王乃在中、上下定矣。李衡引陸：人氣聚則生、故聖人立宗廟以萃聚之。引繪：託天地之靈以固民之離心。楊萬里：散大難者存乎德、剛來不窮謂九二、柔得位乎外謂六四。朱熹：祖考精神旣散、王者當廟聚之。項安世：廟聚之極亦渙之極。趙彥肅：人死魂散。王假有廟、有事於散也。楊簡：假、大。王者大其廟道、必可中天下、定四海之民，非智術所能致也。吳澄：占二五剛中故亨。互艮宗廟。蔡氏曰人死神散。朱子曰王當廟聚之。梁寅：散所當散、王立宗廟所以合其散。必合然後可治。來知德：假廟者聚天下心。非眞假廟涉川也。王夫之：風動水飄木泛。自否變。上下通而亨。毛奇齡：互艮宗廟、陳坎豕以薦。盧氏曰否乾九四居坤六二。折中。假廟、聚鬼神之旣散、盡誠則幽明無不應。李光地：風行水上有蕩搖離散象。散後能聚有亨道。李塨：風行水上則水散。五王聚渙。孫星衍：先儒以剛來不窮釋亨。姚配中：王謂二、王大有廟、渙者使聚也。吳汝綸：太玄擬之以文。呂覽訓賢。歐公云渙者流行通達。王假謂王告祭於廟。丁壽昌：梁武帝音賈非也。荀慈明曰王五、上享天帝、下立宗廟。曹爲霖：蘇紫溪曰渙義人各有志、興起除害之情壅。渙去下險、關節脈胳無不貫通、固所以爲聚與！星野恆：渙散浹洽、非程朱之人心離散。解紛散滯。卦變與節相錯、無否塞之患。五王康濟兆民，故王假。劉次源：鬱滯散、豁然大悟、盡破拘泥。格祖廟以聚渙、人心可齊。李郁：雲散雨、沼澤瀦其水、財散民藏其富。非徒散。王謂二。假、至。于省吾：按虞訓假、至、是也。假格之借、金文作各。王引之訓爲辭助。王假有家、君臨臣也。訓至了無疑義。　徐世大：渙、澣同聲。引伸洗渫衛生事。王到廟、清潔表虔誠。占卜洗手焚香必恭必敬。　胡樸安：渙、水流散而成文章。同煥、麗之借，立廟教化，收族。　高亨：假借爲假、至也。有猶於。古王者享祀、親至廟筮遇此卦。　李鏡池：水、指江河橫溢氾濫。王到廟求神。假至、有于。　屈萬里：假渙爲煥。奐、盛。王至廟。廟、聚會所。渙然成波文，大、粲爛也。　傅隸樸：說文渙、流散，京房渙、合。渙然冰釋、即化解。風險的反訓。帝王建廟享其先世。假音格、至也。　金景芳：渙就是散，假作感講。離散靠廟聚。廟是宗廟、古代民族聚合中心。　徐志銳：象江河冬冰、春散成水、冰不通致通。政治上人心渙散爲窮、團聚得亨通。王祭廟聚合人心、團結在王周圍。　張立文：王親至宗廟。叚通假、至也。

繫辭蓋取諸渙、釋爻辭舟楫之利、涉大川也。序、雜卦渙、離也者、韓注无所壅滯、各肆不反而遂乖離。水無所壅、人情无所壅、皆謂離散、乖離常道、如何使乖離无壅之水、之情、化无用爲有用，古聖者刳木爲舟、橫渡江河、是无壅之水反爲我用、我利，无壅之情反爲我導我引、假廟聚而歸流、不至決堤氾濫、假无壅之名而遂其乖離潰決窮亂渙散之實。故渙見於經義、乃治渙之功也、故從原義渙散、渙離而至煥乎成功、渙然有文章，是皆經過組織轉換而後見之也。　彖云王在中也。王在中運轉也。象云先王享帝立廟。是即荀子之僞也。以人爲之力組織渙散億兆之心爲一心、從无壅滯至有所歸乎？從散慢至聚合人氣、固結可齊之人心。從茲江河不橫溢、人欲不橫流矣。　荀爽云：二爲立廟、五大位、上享天帝、王集散心。是廟爲中心組織散民也。虞翻謂艮門闕、又爲鬼門故爲宗廟。張浚云大祖教孝。朱震云鬼倚人行。李衡引繪云託天地之靈以固民之離心。至此王爲四大，以至心爲天心。楊簡云王者大其廟道、定四海之民。所謂王假有廟、利涉大川者不昭然若揭乎！來知德尤明白指出：非眞假廟涉川也。折中云盡誠則幽明無不應。代表天下人皆入我轂矣。

至言卦自否來或云卦變與節相錯。無礙乎其爲風水渙本尊面目也。　假、丁壽昌謂音賈之非，于省吾格之借、訓大、訓至、訓登、金文作各、辭助、假借爲假，段通假。觀上文、假之爲借也。宗廟之爲聚散、鞏固人心、王借爲教民愼終追遠。借爲家齊而後國治。借其君臨之勢急遽改革以天下養以遂其大志。廟爲王之借用以遂吾大欲之場所矣。

利涉大川者如繫辭云刳木爲舟。發明者之功固當王矣。利貞者利正也。利卜也。渙散之所以亨，猶餓者易爲食，渴者易爲飲，亂之易爲治也。有爲者此其時矣！不只時勢造英雄、英雄亦造創時勢也哉！

初六、用拯馬壯，吉。

象曰：初六之吉，順也。

子夏傳：用抍馬壯吉。（抍，取也。釋文）

馬融：用拯馬壯吉。拯，擧也。（釋文）

王肅：拯，拔也。（釋文）

王弼：處散初，乖散未甚，故可遊行其志而違難，不在危劇而後乃逃竄，故曰用拯馬壯、吉。

孔疏：處散之初、乖散未甚，可用馬以自拯拔而得壯吉也。

李鼎祚引虞翻：坎爲馬，初失正，動體大壯，得位故拯馬壯吉，悔亡之矣。

張載：處險下故必用拯，无應上、順比九二之剛，拯而馬壯，其吉宜也。

程頤：渙始得馬壯、謂二有剛中之才、初柔兩无應而親比，託剛中以拯始渙甘得馬壯、致遠必有濟矣、故吉也。渙拯於始、爲力則易、時之順也。

蘇軾：九二險中得初而安，故曰用拯馬壯，吉。明夷之六二有馬不以自乘、而以拯上六之傷。渙初六以拯九二之險，故象皆以爲順，言其忠順之至也。

張浚：渙九二自乾來，蓋馬之壯者。初比二獲拯而應四、可以有爲於渙矣，吉孰大？夫子曰順謂得坤之常也。嗚呼！士君子渙時、擇其所親比焉可矣！

朱震：虞翻本作壯吉悔亡。拯古作抍、音承，舉也。初捨四用二乃所以抍四也。坎美脊馬，初二易震爲足，馬壯健者，四艮手承六四抍象。初不當位。初六之吉、順也。

鄭汝諧：渙時必剛柔上下相合則不散。初柔二剛、柔在下必有所賴以爲援、剛在上必有所託以爲安。故初得二爲壯馬、馬壯則可賴爲援。藉豪傑之士拯己也。從二順理。

李衡引子：二能濟而己附之，壯馬馳騁而得其吉。引胡：渙散之始、拯之固當用壯馬、使萃不散、吉道也。引介：二材馬象，二得拯、初得隨。引緯：初六无位、衆不羈縻，宜乘馬自往得壯吉。此小白入莒之類也。

誠齋易傳：六順、初蚤，九二乾馬。初逢險難之時、卑位挾拯難之志、擇所從而得九二、得九二而從之於初，吉何疑焉！九二者、大臣剛正、賢而有力者與！

朱熹：居卦初渙始，拯之爲力既易，又有馬壯，其吉可知。初非有濟渙之才，但能順九二，其象占如此。

項安世：下三爻皆處險而待渙者也。初六在否之初，急於自拔離而去之，則變爲无妄而无與於當世之渙、故獨不言渙。初六爻辭詳具明夷六二爻中。

楊簡：時方離散、不可出而仕也。拯壯馬而亟遯則吉。象以初六未得位、又渙散之始、難未成早遯爲順爲宜也。

吳澄：冰凍將釋，冰凍合則車行其上，將釋而不疾馳則陷矣！故用以拯渙必馬壯。占吉也。

梁寅：柔非渙才、然能順九二則動必有成，如人之行而得壯馬、宜其吉也。

來知德：初六渙初、未至披離之甚、猶易於拯者。但初柔才不足、幸九二剛中、初順託之以濟，猶拯急難而得馬壯也。占有如是則吉。陳平交歡太尉易呂拯急難爲得馬壯也。

王夫之：馬行地者、坤象。陰純在下、馬之壯也。馬壯則有奔馳蹶齧之傷，二來主陰制之，初承二奉爲主，制馬使馴免於咎，拯之者二，利用其拯者初，吉在初矣。

毛奇齡：初以震馬之剛升二爲坎馬之剛，是褁足之馬爲美脊之馬，馬綦壯矣。必散損之三坤，而拼乾後得之依然順也，坤順也。拯拼拯同即承。有承上之義。

折中引王宗傳：渙散之初亟救之，拯道得矣，故必馬壯後吉。引胡炳文：五爻皆渙、初獨不言，救之尚早不至渙也。

李光地：居卦初猶未渙也。未渙而亟拯之，吉之道也。

李塨：初六居渙散之始、猶可拯救。順勢轉移之。換渙之力不宜弱，故以壯不可躁而滋擾，以順坤順。

孫星衍引釋文：拯救之拯。子夏作抍，取也。（按）說文引亦作抍。集解馬融曰拯、舉也。伏曼容曰拯、濟也。王肅曰拯、拔也（抍同）

姚配中案馬注：馬謂二。初應四、艮手、二互震馬、初承二故拯馬、拯二居五也。拯二居五、初之四得位順五故吉。

吳汝綸、拯讀爲承，迎也。迎之以馬也。明夷以三爲馬。此九二爲馬，皆在前故曰迎。陰迎陽。故象皆云順也。吉下虞注當有悔亡字。

丁壽昌：拯當作抍、拯俗字也。說見明夷。案馬之壯在脊，故九二有馬壯象。王注謂時可以逝爲長。

曹爲霖：來氏曰坎爲亟心之馬。誠齋傳初六挾拯難之志、得九二剛正大臣、所謂賢而有力者、擇而從之、順乎其吉。六順初蚤、九二乾爲馬。

星野恆：拯、救也。初才柔志微而時當其任，所以得壯馬指二、以行、資賢以遂其志、初所以得吉也。

劉次源：拯之于未渙、其勢易。用二之壯馬，雖才弱亦濟也。

李郁：初六本柔，用謂用剛。拯、舉。初陽爲馬，在坎下不見、馬沒于水，是宜用力拯之。
變剛故壯，得位有應故吉。

徐世大：初爻言洗馬。以救馬腫，好的。拯子夏作抍。

胡樸安：說文無拯。作抍作撜。成王登車與各國宗子會。引車之馬壯大、順而吉也。故初之
吉順也。

高亨：按拯抍古通用。此疑借爲騬。說文犗馬也。謂去馬勢。拯馬即騬馬。古拯抍承通用。
犗馬去勢、無害於足、仍可行。筮遇此爻則馬強壯而言故曰用拯馬，壯吉。

李鏡池：因洪水突然來到，乘馬逃避，匆促跌傷。幸而逃脫，免于被淹之難，故吉。用：
因。拯通乘。戕：傷也。

屈萬里：釋文馬融曰拯、舉也。與明夷六二同辭。洪頤煊據虞注謂吉下當有「悔亡」。漢上
易引虞有悔亡二字。

傅隸樸：初陽位陰居，才不當任，又不得應援。卻得九二剛中乾馬之壯者、在亂世裡同難相
濟、有助逃生，故曰用拯馬壯吉。全靠初柔順德行。

金景芳：用拯，馬壯，吉。程傳馬謂二，二剛中，初柔順，兩皆无應，親比相求。初順托剛
才拯其渙，如得壯馬以致遠、有濟也，故吉。

徐志銳。人心渙散必有危難。初爻散始。拯難宜速不宜遲，故言用拯馬壯吉。程頤：「渙極

于始爲力則易，時之順也。」順指客觀形勢變化、能辨別早行動快、達到拯渙目的。

張立文：初六、撜（拯）馬，吉。悔亡。　譯：初六、去勢之馬吉祥，困厄失去。　注：撜假馬拯。當讀爲騬，去勢之馬。通行本作用拯馬壯，吉。　通行本無悔亡兩字。

林漢仕案：拯之言濟也，救助、救溺也、作抍陞也、取也、承也、舉也。抍拔也。　壯之爲言健也、三十曰壯、壯然不可犯貌。八月爲壯，草木刺人曰壯，猶疾也、堅定、大、少、傷、字作莊、將、狀。箴也。

用拯馬壯，易家解爲：

象云順也。　子夏拯作抍、釋文抍、取也。　馬融：拯、舉也。　王肅拯、拔也。　王弼：處乖散未甚、可違難、不在危後逃竄。　孔疏：處善初、用馬自拯拔得吉。　李引虞翻：坎爲馬、動體大壯、得位、悔亡矣。張載：險下必用拯、拯而馬壯、吉宜也。　程頤：始得馬壯謂親比二剛才、致遠必有濟矣。爲力易、時順也。　蘇軾：明夷六二有馬以拯上六之傷，渙初六拯九二之險，忠順之至。　張浚：二自乾來、初比二獲拯而應四。渙時擇所親比可矣。　朱震：初捨四用二所以抍四、坎美脊馬。初六吉、順也。　鄭汝諧：渙時剛柔合則不散。初得二爲壯馬可賴爲援。藉豪傑拯己也。　李衡引子：二能濟而附之。引胡：渙散始、拯用壯馬、使萃不散、吉道也。引緯：初无位，此小白入莒類也。　誠齋：初卑位挾拯志、擇二大臣剛正、賢有力者從之、吉何疑焉！　失熹：渙始拯易、又有馬壯、初但順二、其象占如此。　項安世：初六否之物、急有拔則變无妄，故不言渙。　楊簡：方離散不可仕、亟遯則吉。　吳澄：冰凍將釋、不疾馳則陷，故拯渙必馬壯、占吉。　梁寅：柔順九二、動必有成、如人行得壯馬。　來知德：初猶易拯、幸九二剛中、占如是則吉。陳平交歡太尉、拯急難得馬壯也。　王夫之：馬行地、坤象。馬壯則有奔馳蹶齧之傷、拯之者二、制馬使馴、吉在物矣。　毛奇齡：拯抍[扌承]同承、有承上義。　折中引胡炳文：五爻皆渙、初獨不言、救之早不至渙也。　李光地：初居未渙而亟拯之、吉道也。　李塨：換渙力不宜弱、壯不可滋擾、順坤順。　孫星衍：拯救、子夏抍取、說文作抍、馬融舉、伏曼容濟、王肅拔也。　姚配中：馬二、初應四、艮手、二互震馬、初承二、之四順五故吉。　吳汝綸：承、迎之以馬。明夷三馬、此二馬、皆在前、陰迎陽、順也。　丁壽昌：馬壯在脊。王注：時可逝爲長。　曹爲霖：六順初蚤、九二乾爲馬。星野恆：初才柔志微、時當其任。得馬壯資賢以遂志、初所以吉也。　劉次源：拯之于未渙、用二壯馬、雖才弱亦濟。　李郁：初柔用剛、初馬在坎下、馬沒于水、是宜拯之。　徐世大：初洗馬、救馬腫。胡樸安：說文無拯、作抍作撜。成王會宗子、引車馬壯大。　高亨：拯抍疑借爲騬、說文犗馬也。謂馬去勢。筮遇此爻則馬強壯而言。　李鏡池：洪水突來、乘馬逃、跌傷、免于淹難。拯通乘、戕、傷也。　屈萬里：與明夷六二同辭。　傅隸樸：在亂世、同難相濟，有助逃生。全靠初柔順德行。　金景芳：初得二親比拯其渙、如得壯馬以致遠、有濟也，故吉。徐志銳：難始拯不宜遲。順指客觀形勢變化、辨別早、行動快、達到拯渙目的。張立文：去勢之馬吉祥。

渙卦爲借立廟以一天下人心、以遂其個人之大欲。刳木爲舟、其人蓋亦先知先覺者之一、造時勢之英雄也。二三四五上爻皆冠以渙其机、其躬、其群、其大號、其血。獨初爻略「渙」字、逕言用拯馬壯、吉。折中引胡炳文云：「初獨不言、救之早不至渙也。」爻不言：渙其……用拯馬壯、吉。胡炳文之言甚是、蓋或救之早不至于渙也。然二三四五上皆渙其……分明渙是逐步形成不可挽救之事實、則知初之所謂拯渙行動必然失敗矣！或者天下尚未分崩離析、獨木強支大廈、中流仍在砥柱乎？抑英雄正在製造時勢、利用時勢，然後創造時勢、成乎一二人之領導風騷、兼領風騷、豈天下必焦爛渙散而後可根治之乎？

說文無拯字、其字作抍作撜。明夷六二爻辭云用拯馬壯，吉。其義爲檢視馬之操作中規。平時馬壯、緩急可用、蓋有備无患也乎？視馬亦臨其人、是能勤政撫民、盡力王事者也。今初無位、無時，六四同爲柔不能應、又在坎險之最下層，能有機會檢視馬匹中規中矩之操作、緩急待用乎？而其廟聚對初下民言，彼只能搖旗吶喊而已！彼所謂渙之時、一衰一興同時也。彼夏桀，商紂之民渙散、亦彼商湯、周文武之民廟聚開國承家之時。初六爻釋、前輩之闡述約有二十一說，從卦辭上猜測、渙卦似站於興邦一方立言也。

1. 王孔云：處初乖散未甚、用馬自拯拔可違難、得吉。
2. 虞翻：坎馬、體大壯、得位、悔亡矣。
3. 險下必用拯、拯而馬壯、吉宜也。——（張載。）
4. 始得馬壯、親比二、致遠必有濟矣。力易時順也。——（程頤。）

5. 六二馬拯上六之傷；初六拯九二之險。——（蘇軾）
6. 自乾來。初比二獲拯應四。——（張浚）
7. 初捨四用二所以升四。初六吉、順也。——（朱震）
8. 初得二爲壯馬、藉豪傑拯己。——（鄭汝諧）
9. 渙散始、拯用壯馬、使萃不散、吉道也。——（李衡引胡）
10. 初无位，此小白入莒類也。——（李衡引緯）
11. 初卑挾拯志、擇二、賢者從之、吉何疑焉。——（楊萬里）
12. 離散不可仕、亟遯則吉。——（楊簡）
13. 冰凍將釋、不疾馳則陷、故拯渙必馬壯、占吉。——（吳澄）
14. 馬壯則有蹶齧之傷、二拯之制馬使馴、吉在初。——（王夫之）
15. 初才柔志微、時當其任、得馬壯資賢遂志。——（星野恆）
16. 馬沒于水，是宜拯之。——（李郁）
17. 初洗馬，救馬腫。——（徐世大）
18. 成王會宗子，引車馬壯大。——（胡樸安）
19. 拯抍疑借爲騬、謂馬去勢、筮遇馬強壯言。——（高亨）
20. 洪水乘馬逃、免淹難。拯通乘、戕傷。——（李鏡池）
21. 在亂世同難相濟、有助逃生、靠初柔順德。——（傅隸樸）

初爲成王會宗子、小白入莒類、陳平交歡太尉。他卦多言初爻平民、無位無勢、今儼然類比爲聖君明王賢相、似稍過當矣！王弼言自拯拔可違難。蘇軾變爲用二馬拯上六傷、拯九二險。鄭汝諧云藉豪傑拯己。楊簡主張亟遯則吉。吳澄履薄冰、王夫之制馬使馴、至李郁則變成拯溺水之馬矣！高亨云去勢之馬、李鏡池乘馬逃水難。徐世大解渙爲瀞濯、祭祀時衛生條件言、初爻爲洗馬。又云救馬腫。豈其將本經有十一見如牝馬、乘馬、白馬、良馬、錫馬蕃庶、喪馬、拯馬、馬匹亡串連以釋爻辭乎？

渙散、是國事頹唐、上下乖離。王假有廟是借廟立天心、聚人力。前者喪邦、後者興邦。生死似同源也。此死彼生。初六權衡之、爻辭用拯馬壯吉。馬壯：馬，有良馬，駑馬。天子馬曰龍。周禮庾人謂八尺以上。公羊隱公元年傳「龍高七尺。」周禮七尺爲騋、六尺爲馬。公羊傳諸侯馬高六尺、卿大夫士曰駒、高五尺。驊騮綠驥、天下之駿馬。孔子問人不問馬。（論語鄉黨：廄焚。子退朝。曰傷人乎？不問馬。）可見馬賤人貴、馬是畜生名、不論其爲龍爲騋爲駒。馬爲人所乘所策。夫之謂「有馬者借人乘之。」牛羊馬匹生口、爲人之財物也。馬表武威、兵象，野馬爲天地問氣如遊氣。馬不受拘勒。俗又以馬爲不正常結合。馬、怒也。馬爲籌碼勝算。天行健故乾爲馬。今第云用拯馬壯。孰是馬耶？李郁云拯溺水馬。高亨云去勢之馬。李鏡池云乘馬逃水難。徐世太云洗馬。與本經所見十一馬：如牝、乘、白、良馬等結合看：馬爲人所用、馬爲財物。壯爲壯大。資取有用物資使壯大，備不時之需、是初六爻辭之義乎？

渙爲離散喪邦兆。在分崩離析中、卦辭示以王假有廟。以廟聚、則又另興起一股希望工程。此崩彼立、生死同源。用拯解作資取、拯、取也。見艮卦不拯其隨虞注。抍取、抍收。（見廣雅釋詁）馬爲物資生口、 壯爲大、整句釋義爲資取生口牛羊馬匹等物資使壯大。値天下離辭、表示當前政治無能現狀。其不可言也。不仁者可以言、則天下何亡國敗家之有？而治亂同門，初以柔弱待時畜勢，其有心哉！初克違離災難者其如是乎？吉也者、得之矣。李衡引石云：「初出民於塗炭。」則初不祗待時畜勢、不只有心哉！初已有所行動矣、故能出斯民於水火。（見六四爻辭李引石）

九二、渙奔其机，悔亡。

象曰：渙奔其机，得願也。

王弼：机、承物者也，謂初。二无應、與初相得，初得散道，離散而奔，得其所安故悔亡。

孔疏：机承物、初承二、初爲机。二與初相得、初得遠難之道、今二散奔歸初，初得散道、二往歸得其所安故悔亡。

李鼎祚引虞翻：震爲奔，坎爲棘爲矯輮，震足，輮棘有足，艮肱據之，憑机象。渙宗廟中設机，二失位，變得正，故渙奔其机，悔亡也。

張載：奮於險中，進之前則難解，悔亡，故曰奔其机。三四皆險，故曰得願。若退累於初則險不能出，其悔終存。

程頤：机謂俯就、俯憑以爲安。處險中若能急往奔就所安、則得悔亡也。二初兩皆无與，以陰陽親比相求相賴者、故二目初爲机、初謂二爲馬。先儒以五爲机，非也。二急就初以爲安則能亡其悔矣！

蘇軾：得初六而安、是謂得杌也。

張浚：互震動爲奔，居坤中爲机。人所恃以安曰机。二剛中而順、得臣道貞故悔亡。險始散、爲大臣者必有解紛息爭之功、以安其身、以安天下也。

失震：四巽木、坎揉、震足、艮手，上體爲肱據其上、机也。二剛中不當位宜有悔，能奮身出險奔四、四來憑之是以悔亡。二情不忘四、猶逃不忘故國，奔得中心所欲。

鄭汝諧：渙時必剛柔上下相合則不散、二剛就初柔爲奔得机、得机則可藉爲安、豪傑之士、奮於潰散四出之中，得其下託爲資、此二就初得所願也。

李衡引陸：二在險中不可以安，宜奔。三亦位不當、下與二比、同志相得。二奔必得所願。憑三悔亡。　引石：陽居陰本有悔。若能依憑六三同出險、可以悔亡。

楊萬里：九二剛中之才、當險難之世、逢九五剛明中正之君、居大臣之位，奔以濟大川之難。机者君所憑，不言君言机、不敢斥所尊也。尹奔湯濟難也。荀爽奔董卓，淫奔也，非奔机也。

朱熹：九居二宜有悔。然當渙時來而不窮，能亡其悔者也。蓋九奔而二机也。

項安世：本否四降居二、奔而否始渙、上降爲奔俯、即安爲机。四不中、降得中、俯而安也。

故渙奔其机。二志在逃、今乃在險中疑有悔，得安未失所願故悔亡。二以震木爲机。

趙彥肅：上二陽出險、難已散，陰陽之情更相得、故初拯馬壯、二奔其机。不須出險、只就之而安也。

楊簡：渙散時二稍得位，出非其時，奔其机棄位遯世則安。悔可亡。明者以退即安爲得願。

吳澄：體坎爲輿、二在坎輿中，如車中有机。是爲渙散之時，奔就其車中之机也。凡乘安車用机。占陽居陰位宜有悔，得所依倚而安故其悔亡。

梁寅：九剛才由四居二、得中足以有爲，宜其心之汲汲不容緩也。故言奔其机。机二也。初足、二橫其上乃机象。以陽居陰故有悔，得中則悔亡矣。

來知德：木無枝曰机。奔者疾走。机、木也指五。二居坎陷中、不可濟而有悔。然五中正、君臣同德、就五奔其机之象，得遂其濟渙之願矣！有何悔焉。故占者悔亡。

王夫之：出疆外適曰奔。程傳投之以机之机。所憑以安也。或作机、伐木留本。險中可止奔義尤合，陽來二若奔者之遇机而息，雖不當位疑有悔，居中主陰順散，悔亡矣。

毛奇齡：机音几或作杌音兀、非是。二從乾四來奔坤，橫一陽于缺陰之上、艮肱憑之如机然。離其類而他奔豈能無悔，顧動得憑倣、實所願。机几也。承物者是也。

折中引郭雍：二剛自外來得中、去危就安、奔机象。引朱子語類：來就安處。案：聚渙先固本。剛中居內固本象。机所以坐，有所憑依而安居、然後可以動而不窮矣。

李光地：机所以爲安者。時既渙矣、有悔也。剛來主於內，本固而安則大勢以聚，故可以亡其悔。

李塨：二則入于渙散之險矣。吾身先求苟全、中得如机者奔爲據、則得所願而悔亡。震足奔象。橫一陽于缺陰之上、艮肱憑之，有機象。（周禮五几通作机。左氏設机不倚）

姚配中案：机謂巽、二在下失位、當渙散時宜急升五、乘巽正位、散者使之聚、故渙奔其机、悔亡也。　案象：升五得位、乘木有功故得願。

丁宴：王弼机、承物者。得其所安故悔亡。虞仲翔渙宗廟中、故設机。釋文机音几。說文机爲木名，古字机几通用。

吳汝綸：机即几字、奔賁通借。机謂初也。物相雜曰文。文飾其几，足以據矣。故曰得願也。

丁壽昌：考山海經有机木。蓋假机爲几。惠定宇曰机古文簋、宗廟中故設簋。案簋乃祭器、不可言奔。惠說非也。左傳襄十年投之以几。昭元年几筵。古几机通用。蘇蒿坪曰：二有剛中之德故能如此。程傳先儒不知何人、俟考。

曹爲霖：思巷葉氏曰重耳奔齊，齊侯妻之，姜氏言縱欲懷安，將何及！晉無道久矣，時不可失。乃行，遂霸晉國。皆犯與姜氏力所爲。馮氏謂奔曰有急來先據之意。

星野恆：机者俯憑以爲安。此爻上不應、與初比。求上無其人、求下則有鄰。渙道貴合、求下相親所以奔机而悔亡也。

劉次源：奔机依以爲安、得遂濟渙之願。二自四奔來、居中憑机、陰黨羽散、其可悔亡。入險不陷也。

李郁：机者几也，人所憑依。憑木而濟，疾行無阻，故奔其机。由二而涉于五故悔亡。

徐世大：二爻言洗居處。譯作：澣濯得茶几蹦，心活動就完。

胡樸安：奔當爲賁。渙賁連語，猶文飾之。文飾其几以行禮，各得所願。故象曰得願。得願而悔亡也。

高亨：渙盛、渙散、渙灌、皆水流義。賁奔古通、讀爲僨猶敗，引申傾覆謂僨。机疑當作杌借爲廏、即渙僨其廏、水沖倒馬廏、糞穢滌去、人悔亡似之故曰悔亡。

李鏡池：奔通賁。讀爲僨。机即房基。惠士奇謂當作丌猶居也。說文丌，下基也。洪水來得猛，沖塌了房基，倒霉極了。

屈萬里：渙如讀爲奐、則奔當讀爲賁。（飾也）机如字。古几無作机者。疑應作杭，舟也，船也。渡，即航。杭机形近易訛。初六馬壯、三渙其躬韻證之可見。

傅隸樸：九二陰位陽居是失位、離散奔逃。五不應二、初比二以拯馬獲吉、奔初必可解難。机即几案、下倚具、初六勢同几、奔投可倚凭、則失位之悔便消亡了。

金景芳：程傳二目初爲机、初謂二爲馬。二馬初机。折中引郭雍說二剛自外來而得中，去危就安義。得中就安故彖言不窮也。這是說初不是机、机謂九二自身。

徐志銳：人心渙散形勢已成，九二反而奔赴其几、依几而坐、行安閑。與其急救无功、莫如去危就安。行其所愿、不受牽累。二五不相應、不能同力濟渙。二得中安行所愿。

張立文：九二、渙賁（奔）其階（机），悔亡。 譯：九二、水流奔騰衝擊臺階，猶人的困厄亦被沖洗掉了。注：賁假爲奔。猶言水流奔騰。賁猶敗也。階假爲机、當讀爲階。台階。

林漢仕案：机、木名。燒以糞田。與几通。承物者也。俎亦机類。史記：「爲高俎、置太公其上。」集解如淳曰「高俎、几之上。」李奇曰「人謂之俎。」索隱：俎亦机類，故夏侯湛新論爲机、机猶俎也。比太公於牲肉、故置之俎上。顏師古曰「俎者所以薦肉，示欲烹之，故置俎上。」俎、机、人、（比太公於）牲肉、薦肉置俎上。今易家謂机爲何？渙奔机義象云得願也、如何圓象注？輯說如下：

王弼：机承物者、謂初。離散而奔、得所安故悔亡。

孔疏：初机、二散奔歸初、得其所安故悔亡。

虞翻：震奔、艮肱、憑机象。宗廟設机、二變得正故悔亡。

張載：奮險中、進之則難解，故曰奔。若退初則險不能出。

程頤：机謂俯就。二目初爲机。先儒以五爲机、非也。

蘇軾：得初六而安、是謂得杌。

張浚：互震奔。居坤中爲机、人所恃以安曰机。

朱震：四巽木震足艮手、上體爲肱據其上、机也。二能奮奔四悔亡。二情不忘四，奔得中心所欲。

鄭汝諧：二剛就柔、奔得机藉爲安。豪傑之士奮於潰散四出中得下託就初、所願也。

李衡引陸：二險中宜奔、憑三悔亡。引石：若能依憑六三同出險、可以悔亡。

楊萬里：二剛中逢九五中正君。机者君所憑、不言君而言机、不敢斥所尊也。尹奔湯陽濟難也。

朱熹：九奔而二机也。九居二宜有悔、能亡其悔者也。

項安世：否四降二、奔俯得中而安。二以震木爲机。

趙彥肅：上三陽出險、二奔其机、不須出險，只就之而安也。

楊簡：二出非其時、奔其机棄位遯世則安。以退爲安得願。

吳澄：二在坎輿中、占得所依倚而安故其悔亡。

梁寅：剛才四居二得中、宜汲汲奔。初足、二橫其上机象。得中則悔亡。

來知德：木無枝曰机、奔疾走、木五、就五奔机象。占者悔亡。

王夫之：陽來二若奔者遇机而息。机或作机、伐木留本。

毛奇齡：机音几、机音兀，非是。二從乾四奔坤如机然。

析中引孰雍：二剛自外來得中，奔机象。案机所以坐，有憑依而安居，可以動不窮矣。

李光地：時既渙矣、剛來主內，本固而安則大勢以聚，故可亡其悔。

李塨：二入渙散之險矣，必得如机者奔求苟全。震足奔，橫一陽于缺陰之上，艮肱憑之、有機象。

姚配中：机得巽、宜急升五得位、乘木有功、散者使聚。

丁宴：王机承物。虞宗廟設机、說文机木名。古机几通用。

吳汝綸：机即几字，奔賁通借。机初、文飾其几、足以據矣。

丁壽昌：惠定宇：「机古文簋」。案祭器不可言奔。惠說非也。

曹爲霖：馮氏謂奔有急來先據之意。動耳霸、犯與姜氏力，姜言從欲懷安、將何及！

星野恆：上不應、與初比。求上無人、下有鄰。渙貴合。

劉次源：二自四奔來居中憑依、陰黨羽散、入險不陷也。

李郁：憑木而濟、疾行無阻。由二而涉于五故悔亡。

徐世大：澣濯得茶几蹦。

胡樸安：渙賁、文飾其几以行禮、各得所願。

高亨：渙散水流義。奔讀爲僨、敗傾覆。机疑作杌、借爲廄。即渙僨其廄。水沖倒馬廄、糞穢滌去。

李鏡池：奔通賁讀爲僨。机即房基。惠士奇謂當作丌猶居。說文丌、下基也。洪水猛沖塌房基。

屈萬里：渙讀奐則奔當讀爲賁。古几無作机者。疑杭、舟船也。渡即航。杭机形近易訛。

傅隸樸：二失位逃、五不應、奔初勢同几可倚凭。

金景芳：程傳二馬初机。折中机謂九二自身。

徐志銳：人心渙散、二反安閑奔几。與其急救无功、莫如去危就安。二五不能同力濟渙。

二安行所愿。

張立文：水流衝擊臺階、猶人困厄亦被沖洗掉了。

從輯說中可見今人膽可包天、勇於改易經文以適己足，如高亨奔讀爲僨猶敗、引申傾覆。机疑當作杌、借爲廏。屈萬里：机疑應作杭、舟船也。杭机形近而訛。前人如惠定宇：机古文簋。」丁壽昌謂惠說非也。李鏡池引惠士奇謂机當作丌猶居。机即房基。屈萬里云古几無作机者、疑應作杭、舟也、船也。杭机形近易訛。壯、杭、躬韻證可見。帛書渙賁其階。張立文云賁猶敗、階、台階。故譯作水流奔騰、衝擊臺階。猶人的困厄亦被沖洗掉了。

李塨之「艮肱憑之、有機象。」想係手民擅自更机爲機、蓋机爲機之簡字也。

王夫之机或作杌。机、木也。杌、樹無枝。杌隉、不安也。夫之先生採玉篇稱杌樹無枝。故云「伐木留本。」既用机字義木，又採來知德杌義木無枝。毛奇齡批曰「机音几、杌音兀，非是。」

回歸早期王注机、承物者。九二渙奔其机。王孔以初爲机、程、蘇從之、謂二散歸初得所安。惟程子另提出「先儒以五爲机、非也。」之疑、往後即有如來知德，就五奔其机之象。姚配中言机謂巽、宜急升五得位。李郁之由二涉于五故悔亡。丁壽昌稱程傳先儒不知何人、俟考。

虞翻云宗廟中設机。惠　即以机古文簋、宗廟中設簋。按簋又作毀、分明另一件或圓或方祭器、丁壽昌案已非之。挑剔出來以見前人用功留痕也。

朱震以四巽木、二奔四、二情不忘四。

李衡引謂二憑三同出險可以悔亡。

楊萬里以二逢九五中正君、如尹奔湯濟難。

朱熹以九奔而二机、九居二有悔、能亡其悔者也。　朱子殆謂二變得正故悔亡乎？虞氏前言之矣。

項安世以否四降二、奔俯二以震木爲机。二志在逃。

趙彥肅以上二陽出險、二不須出險、只就之而安也。

楊簡：以二棄位遯世則安。以退得願。徐志銳云去危就安。

折中引謂二自外來得中、奔机象。（案即否四來或乾四來），金景芳稱折中机即九二自身。

是机，可以從初至三、至四、至五上、又回歸九二自身即机。

机從承物之几、爲宗廟中設簋、坤爲机、巽木机也、車中之机、木無枝曰机、杌伐木留本。机所以坐，機象、茶几、字當作杌、借爲廄、當作兀、房基。疑作杭、航也。帛書作階、張立文注階假爲机。當讀爲階、台階。項安世云二志在逃、故渙奔其机。楊簡亦云奔其机、棄位遯世則安。易家用力造作九二、反成迷貿「渙奔其机」如何「得願也」？漢仕以爲初在天下離亂渙散時、以柔弱待時畜勢、資取物資以自全、九二雖不得位而剛中，奔之帛書賁也，吳汝綸謂奔賁通借。前人讀書功力可見一斑！九二因剛中，巫彼「志在逃。」巫彼只就之安！以退得願。似與前賢所立規範：中則正說有所牴牾。舉世滔滔因而離散失所，易雖非述史實、而其取材直敘流離災民、豈無孔子過陳不式脩城者衆、因其之不智、非忠、非勇！小人成群、何足禮哉之類乎？易六十四卦、以一卦渙、敘怯懦苟安者離散失居、無乃贅乎！得願如是象作者當痛哭流涕也。舉世昏昏當有獨醒之人。初待時畜勢。九二渙奔其机、則已嶄露頭角矣！發明舟楫之利、人民如獸奔鳥集於其四周、故大其机、賁飾其机。机俎也。俎上牲薦神亦藉銜杯酒獻殷勤、人神共助、結交豪傑。如此隱隱進行如鄭汝諧言：「奮於潰散四出之中。」象之稱得願者、得彼散我聚之願也。天下事，本一喪一興、喪者散者乃權力機構、賦生殺予奪大柄；興者處柔處下、任憑宰割天下而不及己。九二時身段如是。悔亡者，亦天意也。來知德云「得遂濟渙之願，故占者悔亡。」是強權者此時恐懼震懾於我何有哉！

程子云拯時之渙。朱子云因渙濟渙。張根云二爲難首。蘇軾云民无常主。鄭汝諧云二烏能合渙？星野恆云上挾勢蔑下、下挾私抗上。知九二渙奔其机者欲有爲於天下、非項安世之謂「二志在逃」。十分明顯矣！

李塨謂有機象。機者機械機事機心也、天機也。六二裝飾其機心乎？包藏禍心乎？　機關用盡乎？爲極渙不得已乎？机爲機簡體字、以今御古矣！想係乎民之誤、姑不論。

六三、渙其躬，无悔。

象曰：渙其躬，志在外也。

荀慈明：體中曰躬。三承上爲志，在外故无悔。

王弼：渙義內險外安，散躬志外、不固所守、與剛合志，故得无悔也。

孔疏：三內不比二而外應上九、是不固所守，能散其躬，故得无悔故曰渙其躬，无悔。

張載：援上而進，惟自求脫於險，无悔而已，非能及物者也。

程頤：在渙之時、躬无渙之悔也。三獨有應、然柔質不中正、上居无位之地，豈能拯時之渙而及人？止於其身可以无悔而已。

蘇軾：渙之世、民无常主，三應上、志在外也。近九二、二者必爭焉！故渙其躬、无所適從、惟有道者是予而後安。

張浚：身屈曰躬。三柔才不中處渙險上，其屈身也。應上以私、應不失貞可以无悔於己，局局然求功利則未著于渙，蓋有媿君子之剛中者矣！

張根：坎爲難者。險平即當見討。能自歸爲上，故初先順獲吉，二爲難首而奔則悔亡。三從難者能脫身自歸亦可以免。

朱震：三處不當位，近險宜有悔。動之上自脫於險。其正躬卑巽以遠悔者乎！坤身、三上易析坤成巽、離目視下、鞠躬象。故曰渙其躬，无悔。象曰志在外則无悔也。

鄭汝諧：二五无應、烏能合渙？故二必合初、五必合四、四初亦无應、其勢必合。三上情合位應、然非得位之地，且遠不比，故有志在外徒渙其躬不交合渙者，可免悔，非可相與有爲也。

李衡引胡：上九居卦之極，有剛才以己正應，從上可釋一身之患、无悔吝也。　引緯：如晉重耳、內有坎難、志在外。

楊萬里：三在坎外无險、體柔不競、无位无施，雖不能濟難，散難免身，何悔焉！六三之渙其躬、散一己之難也。世外君子、无與於濟難。

朱熹：柔不中有私於己象。然居陽志濟、能散其私得无咎。大率此上四爻皆因渙以濟渙者也。

項安世：三出險上有應於外、身與險離、然未能及人。自三至五坎散成艮故爲躬，故曰渙其躬。三居險極疑可悔，與上應連外卦以免其身。

趙彥肅：志在上應、二无復險、難之散己實爲之。

楊簡：躬有俯而就下象。三近比二相得。而六三不就下應上九、志在外、斯所以無悔歟！九二內有難、戀利祿者未必能渙其躬而退遠外，上九外象。應故知三志在外。

吳澄：四於人體爲躬，否之九自四降二而爲渙、則四躬與三股相離矣，故曰渙其躬。占躬自去四就三，非三之過也，故无悔。

梁寅：三上應、上不當位。五當位而非應，三不當濟渙之任也。若能渙去其身之惡則雖不任事亦可无悔矣！

來知德：將出險、有應援、故無悔矣。渙其躬者，奮不顧身求援于上也。六三與上九正應，志在濟故无悔，教占者必如此。

王夫之：陰陽類聚合而成體。三初同類、二來散之，陰之體不純矣！三進爻位剛，本欲上行應剛、是公爾忘私者，不恤陰之同體，雖不當位、遂其就陽之素心、固无悔矣！

毛奇齡：卦三易三散，散否之三乾與損益之三坤、三總不及、三何散乎？亦散其躬而已矣！躬內坎之末、外之互震、互艮皆分之則是惟無散、散則其志在外耳。

折中引王申子：自此以上皆拯渙者，不當渙者聚矣。　案：易三應上少有吉義。惟當渙時應上忘身。蹇之二王臣蹇蹇匪躬之故。此爻義同之。

李光地：三非濟渙者，惟應上則志在濟，不有其身象。志濟忘私、事之濟否、皆可无悔。

李塨：巽風能散坎險。三與外卦五同功，往以濟渙、東西南北若分散其躬者。然此奔奏禦侮之臣也，其志何悔！（或曰志在外者斯人吾與也）

姚配中案：渙其躬謂去三之上、佐二濟難，不自有其躬也。之上得位故无悔。　傳象：志在升上。

吳汝綸：渙其躬、渙者離也。脫身避難之義。

丁壽昌：程傳躬无渙之悔，當以渙爲一句、其躬无悔一句。本義不從。蘇蒿坪曰互艮有躬象。

曹爲霖：當國家多難之時慷慨赴義，視死如歸，此渙其躬之无悔者也。岳飛謝高宗營第曰金虜未滅，臣何以家爲。此象所云渙其躬志在外者也。

星野恆：渙其躬、不有己也。爻陰柔不中正宜有悔。上有應援感孚，能不舍己以事？蓋上下之交、上挾勢蔑下？下挾私抗上，互相猜疑。能不有其躬從上，豈有悔哉！

劉次源：三舍身從之、志在濟渙。不自有其躬，故能渙其私與。純乎公何悔之有也。

李郁：三爲君子之躬。失位往上，故渙其躬。之上得位故无悔。傳象：之上由內遷外故曰志在外也。

徐世大：三爻洗身。洗他的身子，不要心活動。

胡樸安：躬、宗子之躬。修整其躬，渙乎有文章。志不忘在外之族人、所以无咎也。諸侯故言外。

高亨：渙、水流盪滌其身，身垢皆去，人自新其德似之。古人滌身喻新其德。湯之盤銘苟日新、自新其德者當可無悔。

李鏡池。躬：身。洪水沖到身上來了，但終于脫險，所以无悔。或因會游泳，或因有人搶救。

傅隸樸：渙其躬即消切身之難、救人必先救己。三柔質在坎險上頭、消切身災難、不爲力所不能事、故得无悔。渙哲學在消難、減少犧牲。魏徵願作良臣、微子去國避難、孔子說殷有三仁焉。微子延續商的禋祀。

金景芳：三上正應。程傳三獨應无渙散之悔。然陰不中正、下无位、豈能拯時之渙！折中按三忘身循上之象。朱子柔不中正、私己象。能散其私得无悔。渙躬是渙其私心。

徐志鋭：躬作身解。人心渙散更嚴重。三才柔忘身濟渙故言渙其躬。不顧主客觀條件濟渙、本應有悔，但與上九志相合，自己終得合聚而不離散。

張立文：六三、渙其躳（躬），无咎。　譯：六三、以水衝洗身體上的污垢，沒有災患。

注：躳躬異體字。　无咎通行本作无悔。從帛書。

林漢仕案：六三渙其躬、无悔。

象云志在外。外爲上。荀慈明故云三承上爲志。程頤云三獨應、然柔不中、上无位、豈能拯時之渙而及人？丁壽昌云程傳渙句、其躬无悔句。本義不從。

躬字之義爲坤身、己、體、恭、身、親。字又作弓躳。　卦中四爻其字似皆可省略、由九五渙汗可證。蓋渙奔机、渙躬、渙群、渙汗、渙血。其義已著。著一其字、語氣緩也。渙之時奔机、躬親、群、汗、血也乎？

茲輯說三爻位者：

荀爽：三承上志。　孔穎達：三內不比二、外應上九、能散其躬。　張載：援上而進、惟自求脫險。　程頤：三獨有應、然柔不中、上无位，豈能拯時渙？　蘇軾：三應上、近二必爭、无所適從。　張浚：三柔才不中、處渙險上、其屈身也。　張根：初順吉、二難首奔、三從難者脫身自歸可免。　朱震：三不當位、近險有悔、動自脫險。三上易成巽、離目視下、鞠躬象。　鄭汝諧：三上情合位應、然非得位之地、且遠不比。故三志在外不交合渙者。　李衡引胡：上有剛才正應、從可釋患。引緯：如重耳、志在外。　楊萬里：三坎外、柔不競、无位无施、雖不能濟難、散難免身、三散一己之難也。　朱熹：柔不中、有私己象。能散其私得无咎。大率上四爻皆因渙濟渙者。　項安世：三出險、上應外，身與險離、未能及人。三至五坎散成艮爲躬。　趙彥肅：志上應、難之散已實爲之。　楊簡：三近比二相得。而六三不就下、應上九、志在外。上九卦外。　吳澄：否九自四降二爲渙。則四躬與三股離故曰渙其躬。占去四就三、非三過故无悔。　梁寅：三不當濟渙之任。三應上，上不當位。若能渙去其身之惡、可无悔矣。來知德：將出險、有應援故無悔。三上正應、志在濟、教占者必如此。　王夫之：三進爻位剛、是公爾忘私者、遂其就陽之素心、固无悔矣！　毛奇齡：三散其躬而已、內坎未、外互震艮、散則志在外耳。　折中引王申子：自此以上皆拯渙者。案易三應上少有吉義。渙時應上忘身。蹇二王臣蹇蹇、匪躬之故。　李光地：三非濟渙者、應上志在濟、不有其身象。　李塨：巽風散坎險。三五同功濟渙、此奏禦侮之臣也。（或曰志在外、斯人五與也）姚配中：去三之上、佐二濟難、不自有其躬。之上故无悔。　吳汝綸：渙離、脫身避難。　丁壽昌：程傳渙句、其躬无悔句。本義不從。蘇蒿坪艮躬象。　曹爲霖：當國家多難時慷慨赴義、此渙其躬无悔者也。　星野恆：不有己也。能不有其躬從上、豈有悔哉！　劉次源：三舍身志在濟渙、純乎公、何悔之有！　李郁：三爲君子之躬、失位往上故渙其躬。之上得位故无悔。　徐世大：三洗他的身子、不要心活動。　胡樸安：修整其宗子之躬、渙乎有文章。　高亨：水流滌身、自新其德。湯盤銘苟日新者、當可無悔。　李鏡池：洪水沖到他身上來了。躬、身。脫險故无悔。

傅隸樸：三柔在坎險上、渙哲學在消切身災難、不爲力所不能事、故无悔。　金景芳：程傳三獨應无渙散之悔。折中三忘身循上。朱子能散私得无悔。渙躬是渙其私心。　徐志銳：三柔忘身濟渙、不顧主客觀條件、但與上九志合、終得不離散。　張立文：六三以水衝洗身體污垢、沒災患。

渙卦大方向王假廟以聚權力以遂吾之大欲！雖歷險難、終能創造時勢。初之資散有用物資、使壯大備不時之需。有心哉。二之廣納豪傑、結交人神、文飾其俎机、示不僭。六三豁出去也。本尊渙散、意者非一也。躬爲身、爲體、爲親。分身愈多、疑愈重、促對方離散力量愈大。彼有形之實體渙散愈速。然時機未熟，程子所謂三獨應、柔不中、上无位、豈能拯時渙！可見渙卦非是敘瓦解王朝、如百足蟲、緩緩蠕動、走向僵硬、趨赴死神約會。王夫之云三是公爾忘私者。折中引王申子云「自此以上皆拯渙者。」李塨云「此奏御侮之臣。」曹爲霖云「當國家多難時慷慨赴義。」星野恆、劉次源皆謂「三不有己、舍身濟渙。」何爲前輩賢者有謂「三惟自求脫險。」（張載）「三散一己之難。」（楊萬里）「三若能渙去其身之惡、可无悔矣。」（梁寅）「三脫身避難。」（吳汝綸）三在消切身災難，不爲力所不能事。」（傅隸樸）是故君子之所爲、不必衆人皆知曉也。至徐世大謂「洗身子。」高亨以「滌身、提昇至湯之盤銘曰。」李鏡池變作「洪水沖到身上來了。」應是另類解經。如胡樸安者謂「渙乎有文章。」是引經自重。蓋亦取渙義之以湊合也。

折中案「三上應少有吉義。」謙九三吉。遯九三吉。家人九三悔厲、吉。鼎九三終吉。

云何少吉義？若謂六三應上少有吉義則確然六十四卦中未之見也。蒙六三无攸利、訟六三无成、師六三凶、履六三凶、臨六三无攸利、解六三貞吝、萃六三小吝、困六三凶、兌六三凶、未濟六三征凶。

下卦坎、故云坎難。（張根）云「內有坎難。」（李衡引緯）三爲內坎之末。互震、互艮、是指二三四爻與三四五爻言、毛奇齡云「皆分之則是惟無散、散則志在外耳。」其徒李塨更以四五六爻上卦巽風、散下卦坎險。朱震之動之上、卑巽、坤身、離目……豈謂二三四五合爲大卦離目乎？離目可以視下、朱震故云鞠躬象。離又爲散。尙有半象、前賢、未曾全力馳騁以釋彼風水渙卦之涵義！分析愈密、能無離題愈遠乎？外太空有金剛、有上帝、不能救小小地球同種或不同種族人類之紛爭也！

渙其躬、渙散、離散之時空環境下、象云志在外。分明是往上往前看。凡事躬親操持不假手於人、則其入事理也深、體驗也切。躬自厚而薄責於人、則人樂蟻附輸誠而遠怨、躬、恭敬也。家語：「舜命二十二臣、率堯舊職、躬己而已。」時空環境、天下熙攘皆渙散爛慢、渙卦六三時段能於「刳木爲舟」發明者之功、領袖群倫、「躬己而已。」「躬自厚而薄責於人。」所謂風俗厚薄係乎一二人者、其六三乎？來知德謂：「教占者必如此。」其教占者必恭己而已」也。

六四、渙其群，元吉。渙有丘，匪夷所思。

象曰：渙其群，元吉，光大也。

荀慈明：匹弟所思。（孫堂案、形近誤以夷爲弟）

姚信：渙有近，匪夷所思。（釋文）

王弼：得位體巽，與五合志，內掌機密、外宣化命者也，故能散險光道。然處卑不可專，猶有丘虛匪夷之思，雖得元吉、所思不可忘也。

孔穎達：四出坎上已踰險，得位體巽與五合志，能爲群物散險害。散險有大功故元吉。有丘墟未平之慮爲所思！

李鼎祚引虞翻：謂二已變成坤，坤三爻稱群。得位順五故元吉也。位半艮山故稱丘。匪非也。夷謂震四應在初，三變坎爲思。　引盧氏曰：有二居四離其群，渙其群也。得位承尊故元吉。互體艮爲山丘，有丘非平易故匪夷之思。

張載：已處險外，无私其應，常以拯衆爲心，則其志光大獲吉。若志在所歸之地，近累於五則非平均其慮者也。

程頤：四巽順、五剛中而正、君臣合力、剛柔相濟、能使群聚，可謂大善大吉。丘、聚之大也。夷、平常。匪平常之見所思及、非大賢智孰能如是。

蘇軾：上三應、五有四、二有初、近者以群收之漸、德大群大、德小群小、大者合于一是謂渙其群。近五得位群大、有民自封謂丘、夷平。民之蕩蕩、我則丘聚。民之所思、思夫有德而爭民者也。

張浚：四爲腹心之臣、自拔於群陰中。互艮上爲丘、二陰與四同類曰夷、坤土思。在渙、一志于上、朋類無覬幸之思、公忠之道行、難散治成，其光孰禦！艮爲光大。

張根：光武散赤眉之衆、使各反其家是也。

朱震：渙三陰、群也。四巽順而正、巽五巽二、與二陰比是以元吉。五艮山、半爲丘、丘聚也。四視二陰等夷也。四正、初三不正、所思匪若二陰所思不正。

鄭汝諧：四五合渙之功大。四正順、五中尊、情比交密、其德巽、君臣相與如此。四竭力渙其群、群聚斯民則元吉。丘聚之大者。四自任天下之重、所思未平故憂深，是以其道大光也。

李衡引陸：丘不平象。得位不能使初附己故心未平。志在奉上、雖不應初、固未傷也。引牧：四質柔弱任重、故申戒之。引石：初出民於塗炭、猶有丘墟不平事。不可夷平其思慮。引胡：丘䖼𧇊不平地。引介：丘山之次。非等夷所思。引薛：丘聚也。憂勞王室匪夷所思。

楊萬里：六四渙其群、散天下之難也。四逢險難之世，居大臣之位，當濟難之責。散大者如山岳，小如丘陵。不忽其小，必盡平夷後已。然後元吉而光大也。巽高故有丘。

朱熹：陰得正，上承五當濟渙之任者。下无應與，能散其朋黨象。占者如是則大善而吉。又能散小群以成大群，使所散者聚若丘，則非常人思慮之所及也。

項安世：下離三陰、上為渙主、巽以出險故渙其群元吉。渙其群、渙之始；渙有丘、渙之終。四在二為坤為衆，故曰群、四升而上同五為艮山故曰丘。方渙群時，二陰以醜夷之情相望、固不免怨、及陰聚而依然後知四有功。

趙彥肅：上附九五、不連初三、則二之難益解。

楊簡：六四居大位之位，取渙離其群党義。其事君當行天下之大公，故渙其群元吉。丘聚，有聚合人心之事業，深位其大公，不可干以私，以見其誠實篤志、是謂道心。

吳澄：群謂初六、六三也。蔡氏曰散同類私群上同五也。占同五所以元而吉。互艮山、四山半為丘、渙其群而有此丘也。匪遭傷者、乃吾所思、四為五所思也。

梁寅：蘇明允曰夫群者聖人之所欲、六四能渙小人之私群、成天下之公道、此所以元吉也。是言也、朱子深取之。四散私党而復聚成大群、如丘陵之高，豈常人思所能及哉！

來知德：渙時土崩瓦解、各植私黨，所謂群也。四居正无應無私、固大善而元吉。渙丘也實融獻隴西地、錢俶鏐獻錢塘。必才智出衆之人方能。非平常之人思慮所能及。

王夫之：散陰抑散陽，群散本然之吉也。渙至丘謂四高以安也。夷、等類。陰方聚內忽舍外適、非初與三思慮所及。惟豪傑之士能之。四渙群光明正大、何吉不臻乎！

毛奇齡：此正否乾之下奔者也。傳曰物以群分、此分群者。故分健為遜，乾元未散、風行自上、有命即吉。四當艮中…（注）艮為丘，此非等夷所念及也。引盧氏謂皆推易法。

折中引胡瑗：四承五當濟渙之任故得大吉。　引朱子：老蘇云群者聖人欲渙以混一天下者。四渙小人之私成公道所以元吉。　引陳琛：散小群以成大群也。　案丘訓聚渙。散中有聚，人臣體國者之所當知也。

李光地：上同五下無應，渙其群象。占元吉。丘、聚。渙之爲聚、非等夷思慮所及，申元吉之義。

李塨：此彖所謂柔得位乎外而上同者也。坤衆。渙時螘封蛙聚、實繁有徒。四爲五腹心、運籌闈幄、以渙其群，能渙之者獨峙如丘山、有土有民豈井底醜夷思擬所到者哉！

孫星衍引釋文有丘、姚作有近。匪夷、荀作匪弟。

姚配中案：陰與陰爲群。四乘三應初、群也。渙其群謂四升五攝君事。孔子曰君薨、百官總己以聽於冢宰、元、坤元升五故元吉。自注呂覽渙者賢也。群者衆也。丘謂四得位、陰不當升居五，今攝尊位故非夷所思。夷猶等也。

吳汝綸：史黯說渙者賢也，群者衆也。元吉之始。渙群者其佐多賢也。丘衆也。言既賢又衆非等夷所思及也。此爻渙爲賢、通之他爻則窒。知古人說易不以一義滯也。

丁壽昌：有丘、姚作有近。匪夷荀作匪弟。朱子引老蘇云：夫群者、聖人之所欲渙、以混一天下者也。此說程傳有所不及。蘇蒿坪曰四比應皆陰有群象、夷下二陰、坎上匪夷所思象。

曹爲霖：思菴葉氏曰人臣顧身則公爾忘私之念微。養交則背公。三忘身无悔，四不黨元吉。來氏曰渙時土崩瓦解，人各植黨，脛大于股則難步、指大於臂則難把。故當渙其群也。

星野恆：渙群渙其衆也。群而不黨之意。丘大、夷常。爻巽正承剛中正之君，當天下之任、功及天下、吉莫大焉！豈徒當位之故而已哉。

楊樹達：〔呂氏春秋〕趙簡子將襲衛、使默往睹之，默反曰蘧伯玉相、史鰌佐、孔子客、易曰渙其群、元吉。渙者賢、群者衆、其佐多賢也。趙簡子按兵而不動。

劉次源：四自二往、自散其群也。依陽爲功、吉之元也。散私群合天下之公、群渙得丘陵，化除小人之界而後大同可成。豪傑之思、自超出于等倫也。

李郁：四冢宰、周公當之。洛宅既成、成王命周公後以元輔率百僚士庶、四方攸賓故元吉。丘聚、遷洛群衆。夷傷、思敬念。四承五敬承祖烈故不傷所思。

于省吾：虞翻責五半山稱丘，渙位半艮山稱丘。王肅：失位无應、隱處丘園。釋文丘姚作近。按丘土之高。一曰中央下爲丘。四色爲丘。丘虛古訓，丘陵大小之別耳。

徐世大：洗他的羊群，大好；洗山頭，不是平常想得到的。有助辭。

胡樸安：群、各宗之族。宗子歸而文飾其群。禮教之效廣大、渙乎皆有文章。丘、山丘之衆亦有文章。言立祖廟以禮化民、感應神速，不可思議，匪夷所思者。

高亨：水流盪滌其衆，衆垢皆去，百姓自新其德。大學在親民、讀親爲新、新民自是大吉。有、於也。水渙及丘、其患大出平常想像之外矣：故匪夷所思。

李鏡池：洪水沖到衆人聚集的地方，大家跑得快，到了山丘山，人人平安无事。洪水如果漲到山丘高的話，平常難以想象的。　群：衆。　有：于。夷、常。

屈萬里：渙盛也。散離其群。被漂而得丘，出乎意外故曰匪夷所思。丘、姚作近。夷荀作弟。丘大也：渙有丘，謂奐美擴而又大也。渙其群之渙字亦應作奐美解。渙有丘，殆即賁于丘園之意。匪夷所思、非平常所想像也。

傅隸樸：前三爻指示離難之道。四陰居陰、當渙群的時候了。四不應初、上順九五、分擔主憂。功德圓滿。但要知道前有高山斷壟、匪不、夷平、所在、思想、心想前路坎坷、還不是休息的時候。

金景芳：朱子同意蘇洵：聖人欲渙以混一天下。如程子則群其渙，非渙其群。朱子說陰得正承五無應、能散其朋黨象。能散其小群以成大群。折中按丘、聚也。渙是散、中有聚的意思。蘇和折中按語、看來更爲明通。

徐志銳：四離坎入巽、出險用順、意味形勢好轉。居陰得位、近比九五剛中之君、君臣合力濟渙、六四不樹私党、行爲光明正大、上安君主之位、下得人心之歸、拯天下之渙散。

張立文：九（六）四、渙其群，元吉。渙（有丘，匪）娣（夷）所思。譯：六四、水流沖洗群衆的污垢（水流沖到衆人聚集的地方），始則吉祥。水沖到山丘，那是平常所不可想象的。　注：有猶於。娣假爲夷。

林漢仕案：群爲五服之親、群爲同門朋友、爲親之黨。群爲會合、群爲類、爲衆、爲友、輩。物三、獸三稱群。渙義爲離爲散，渙乎有文章，渙爲賢，爲盛，爲无壅滯，煥乎成功。漢仕兼採繫辭刳木爲舟、剡木爲楫：蓋取諸渙。故以渙爲先知先覺者發明舟楫、便利百姓之聖賢。一如發明衣裳、屋室、耒耜、舟車之聖賢、必能領導一方、主一時之風氣、聚天下之民使各遂所生。

渙其群、如序、雜卦之渙爲離。其可以省略、即渙群、依上段義：渙爲發明使用舟楫之聖人、自有其群衆、黨羽聚而成一股勢力、蓋信賴先覺者能帶領彼渡苦海登彼岸衽席之上也。 又渙爲離散義：今民受虐於政而人心土崩瓦解，甚至產生時日曷喪、予及女皆亡之恨念。彼群離心離德、此正收拾民心。渙散彼群衆唯恐不速、聚我丘民唯恐不固。散聚同時進行也。程子稱群其渙、聚集彼渙散人心。非渙其群、即離散其群、離間解散彼群衆使轉而向我。實一體兩面事也。楊樹達引呂氏春秋：趙簡將襲衛、使往睹之、反曰伯玉相、史鰌佐、孔子客、易曰渙其群、元吉。謂賢衆而佐也。趙按兵不動。此以渙義爲賢渙其群即渙群、群賢也。群賢在、自然大吉。此又與上第一義發明舟楫之聖賢爲領導義近、唯其所聚之衆未必個個賢耳。 蘇軾之謂：「德大群大、德小群小。」似在爲爭民者勾心鬥角、醜化政客野心耳！晉文公譎而不正、攻原市信可見、信可市乎？義旣可市、信亦可市也。所謂德大小也者亦市得來乎？行詐也、其可乎哉！梁寅引蘇明允曰「夫群者聖人之所欲。」折中引朱子云老蘇曰：「群者聖人欲渙以混一天下者。」是聖人有造作之心也。聖人以公天下爲志、豈謂有聖人之心之欲則可、無聖人之心之欲則不可乎？ 茲輯賢者之言、何爲渙其群元吉，渙有丘則匪夷所思：

象謂渙群元吉、光大也。

王弼以得位體巽、內掌機密、外宣化命、能散險光道、猶有丘虛匪夷之慮。

孔疏：與五合志、散險有功故元吉。丘墟未平爲所思。

李引虞翻：坤三爻稱群、得位順五故元吉。引盧氏互艮山丘。

張載：以拯衆　爲心則志光大獲吉。近慮五則非平均其慮者。　程頤：四五君臣合力群衆、大善大吉、丘、聚之大。夷、平常。匪平常之見所能思及。非常賢孰能！　蘇軾：大者合于一是渙其群。民之蕩蕩思夫有德而爭民者也。　張浚：四有拔群陰之中、同類曰夷、坤思。難散治成、其光孰禦！艮爲光大。　張根：光武散赤眉、使各返家是也。　朱震：三陰群。與二陰比是以元吉。五山、半爲丘、聚也。四所思匪若二陰所思不正。　鄭汝諧：四五合渙、群聚斯民則元吉。四任天下之重、思未平故憂深。　李衡引陸：丘、不平象。不能使初附己。志奉上、固未傷也。　楊萬里：六四散天下之難、不忽其小、必盡平夷後已。巽高故丘。　朱熹：陰正承五當濟渙之任。能散小群成大群、使散聚若丘、非常人思慮所及。　項安世：渙其群渙始、渙有丘渙終。方渙群時二陰醜夷相望、陰聚然後知四有功。　楊簡：四大　位取離其群党義、行天下之大公、故渙其群元吉。丘聚合人心以見其篤志、是謂道心。　吳澄：群謂初、三。蔡氏曰散同類上同五、占所以元吉。四山半爲丘、渙群有丘、匪遭傷者、四爲五所思。　梁寅：蘇明允曰群者聖人所欲、四渙小人私群、成天下公道。朱子取之。四散私復聚成大群、豈常人思所能及！　來知德：渙時土崩瓦爾、四无應无私。竇融獻隴西、錢俶繆獻錢塘、渙丘必才智出衆方能、非常人思所能及。

王夫之：四渙群光明正大、非初三思所及。群散本然之吉。夷、等類。　毛奇齡：傳曰物以群分，此分群者。艮爲丘、非等夷所念及也。　折中引朱子：聖人欲渙以混一天下。引陳琛：散小群成大群。案丘訓聚渙、散中有聚。　李光地：上同五下無應、渙其群象。丘聚、渙爲聚、非等夷思慮所及。申元吉義。　李塨：渙時螘封蛙聚、四運籌闈幄、有土有民、豈醜夷思所到者哉！　姚配中：陰與陰群。渙其群謂四升五攝君事。自注渙、賢。群、衆。攝尊位非夷等所思。　吳汝綸：渙群者其佐多賢也。丘衆、言賢又衆、非等夷所思及。

丁壽昌：蘇蒿坪曰四化應皆陰、有群象。夷下二陰、坎上匪夷所思象。　曹爲霖。葉氏曰人臣顧身則公廟忘私念微，養交則背公。三忘身、四不党、來氏曰人各植党、脛大于股則難步、指大于臂則難把、故當渙其群。　星野恆：渙群渙其衆也。群不党意。丘大、夷常。　楊樹達：蘧伯玉相衛、史鰌佐、孔子客。易曰渙其群元吉。渙賢、群衆、其佐多賢也。　劉次源：四自二往、自散其群也。得丘陵、化除小人之界而後大同可成。豪傑之思自超出等倫也。　李郁四冢宰、周公當之。丘聚夷傷、思敬。敬承祖烈故不傷所思。　于省吾引王肅曰失位无應、隱處丘園。按丘土之高，一曰中央下爲丘。丘虛古訓。　徐世大：洗羊群好；洗山頭，不是平常想得到的。　胡樸安：各宗族文飾其群、渙乎有文章。山丘之衆亦有文章。立廟化民、不可思議。　高亨：水流盪滌其衆、百姓自新其德。新民自是大吉。有於。水渙及丘、患出平常想像之外。　李鏡池：洪水沖到山丘上、平常難以想象。大家跑得快、平安无事。　屈脫里：渙、盛。散離其群。渙有丘謂奐美擴而大。渙其群應作奐美解。渙有丘殆即賁于丘園、非平常所想象也。博隸樸：前三爻離難之道，四分擔主憂、前路坎坷、還不是休息時。　金景芳：朱子同意蘇洵聖人欲渙一天下，程子則群其渙、非渙其群。折中按丘聚、渙散。中有聚的意思。　徐志銳：四出險用順、形勢好轉。四不樹党，上安君主下得人歸、拯天下之渙散。

繫辭：「方以類聚、物以群分。」按方、可以指上下四方：她日月星辰之在天、山川河谷之在地。可以指天圓地方、只指大塊上之水歸水爲河海，土石歸土石爲大山，人歸人聚居城市村落，獸歸獸歸曠野。物以群分、大原則人獸魚蟲、水草木石類聚后之各不同群而雜處也。人分男女、亦分忠奸。所謂君子小人也、肉食與食以草具之不同。毛奇齡引傳曰「物以群分。此分群者。」似與其徒李塨「螘封蛙聚、有土有民。」不同、亦與爻辭渙其群　義不明確。　渙群、此中有十義：其一：坤三爻稱群、（虞翻）同類稱夷、（張浚）不忽其小、（楊萬里）陰聚然後知四有功。（項安世）——指陰聚。　其二：群謂初、三，散同類上同五。（吳澄）四所思匪若二陰不正。（朱震）散小群成大群。（朱熹）——指陰散。　其三　：聖人欲渙以混一天下。（老蘇）陰與陰爲群。（姚）散陰亦散陽。（王夫之）故散私党復聚成大群、聖人之所欲。（梁寅）——指陰陽皆散而復聚成群。　其四：渙不釋作離散、謂渙爲賢爲盛、如衛有蘧伯玉、史鰌、孔子、其佐多賢也。渙群即群賢、元吉。其五人各植党、脛大于股、指大于臂，故當渙其群——純指散離其群。徐世大以渙爲澣。胡樸安渙乎成文章。李鏡池以渙爲洪水。屈萬里渙即奐煥義。奐大、粲爛也。傳隸樸謂渙然冰釋即化解。徐志銳：春冰成水，不通使通故渙亨。

渙卦爲發明舟楫交通便利之先覺者、一如上古茹毛飲血發明熟食取火、穴居及架木爲巢、發明穿衣裳、用舟車、弓矢……自然形成一方豪傑、自然蟻聚百姓成爲歌頌對象。故渙—發明水上交通便利、使用舟船者，自然而然徠萬民、勸百工也。程頤之群其渙、非渙其群兩者皆非矣！發明者、聖人之無心揷柳、柳成蔭矣！

因發明而蟻聚群衆、開國承家、爻之謂元吉者固必然耳。因發明而擁有丘民、孟子所謂得乎丘民而爲天子。富有四海。果眞匪夷所思。程子之謂匪平常之見所能思及。梁寅引蘇明允：夫群者聖人之所欲。折中引群者聖人欲渙以混一天下者。李堪之有土有民。朱熹謂非常人思慮之所及也。占者如是則大善而吉。

至荀慈明以夷爲弟、姚信丘作近。今帛書出、以娣代夷、張注娣假爲夷。孫堂案形近誤夷爲弟。不另述。

九五、渙汗，其大號，渙王居、无咎。

象曰：王居无咎，正位也。

荀爽：布其德教，王居其所故无咎矣。（集解）

鄭玄：號，令色。（文選注三）

王肅：王者出令不可復反，喻如身中汗出，出不可反也。

九家易：五建二爲諸侯，故宣布號令，百姓被澤，若汗之出身不還反也。此本否卦爲首下來處二成坎水，汗象，陽稱大故曰渙汗其大號也。（集解）

王弼：處尊履正、居巽中，散汗大號以盪險阨者也。爲渙主，唯王居之乃得无咎。

孔穎達：人遇險阨，驚怖汗出，故以汗喻險阨。九五能行號令以散險阨者也。故渙汗其大號。名位不可假人，惟王居之乃得无咎。

李鼎祚引虞翻傳象：五爲王，艮爲居，正位居五，四陰順命故王居无咎。正位也。

司馬光：渙利涉大川，坎下巽上，乘木有功也。王者號令之從出。庶人稟于士，士稟大夫，大夫稟君，君稟天子。天子至尊，出令非受令者，其餘稟不敢專，故王居无咎。

張載：渙主，使物遍被其澤，正位凝命，可免咎。不私應故能均布其大號，渙然廓大，以王道自居乃无咎。

程頤：五與四君臣令德，治渙得其道矣！當使號令治民心如人身汗浹四體則信服而從矣。大號、大政令、救渙之大政。王居正位謂處渙如是則无咎也。

蘇軾：汗取其周浹而不及。宗廟既立位定、大號令出焉。王假有廟、天下始知王之所在。言渙之中有王居矣！

張浚：王處難散、發號令一新天下耳目、是謂渙汗其大號。禹之冀、商亳周洛可考知也！王者正位令行不反，何可咎？巽號居水上爲汗、互艮闕、艮止居。五應二、君臣剛德同發號施令、宜無不當。

張根：與天下更始。

朱震：否乾降二、坤陰升四、降成坎，坎水浹於上下、汗出象。巽號陽大，五出號令者。渙時民思其主，故王居正位則渙散者知所歸。然非九四之賢安能發大號而治哉！

鄭汝諧：四五合於上、四正而順、五中而尊。四竭力、五享成。渙汗：疾平氣通則汗。大號：亂解而情通則號。王居正可免咎。爻大美合渙之功其在四五乎！

李衡引陸：五散險主。號令若汗出不及、宜有非常赦令。

引石：發大號令爲民除疾苦，如汗通腠理。非皇極之君不能居正位也。

楊萬里：五剛明中正，卦主。排大險難者、非大號難不散，秦民病政酷、約法三章萬民悅、大者舉矣！用賢大慰天下之望、不有大號令、大更革未見其可。居爲言執以金石堅，行以四時之信、固守不遷而永无災咎。

朱熹：陽剛中正居尊備立、當渙時能散號令。五巽體有號令象。汗出不反也。渙王居如陸贄所謂散小儲而成大儲之意。居積可濟渙而无咎矣。

項安世：五君不主渙，君道當逸，以无心於事爲渙。雖端居不爲亦无咎也。渙汗、渙之於下、使民无事也。渙王居渙上、君无事也。散汗去滯鬱、汗、心液。出不反說非爻義。

趙彥肅：陽出險外、汗散之象。陰已聽服，可發號也。

楊簡：聖人作易、不可執一謂號令而已。疑未必在是。汗者一出不可復反。渙離之時、惟王者何患民心渙散，一麾而定，王者之心即非民之心、雖驅使離散不可得矣。

吳澄：大號者風也。巽風作萬竅怒號、陽爲大，五心位、汗者心之液。風曰大號猶屯不言雨而曰膏。五王命如風散于四方。唯王居中不渙。占王居中不渙則无咎。

梁寅：人君當渙之時所宜教者莫大於號令與居積。散號令則萬姓知王心之一；散居積則財散於上、民聚於下，天下大勢其有不合於一乎？五巽體、號令象。陽中實居積象。

來知德：坎水汗象。兌口號象。陽大。五陽剛中正居尊，濟渙功成、誕告多方正位故渙汗其大號。至此恢復舊物、大一統矣。以義揆之則无咎。故占爲无咎。

王夫之：汗、陽出散陰者。號、命令。五剛中得天位、下同四，四爲巽主，申命誥下者。五資四以播教令，宜大公無畛之德，王者居之命令自行、固无咎也。

毛奇齡：五當巽之剛中，眞王之主命令者。大號無反、渙必汗、比人液之去體有出無入。上無悔言、下無違命非無反汗者與！艮爲門闕、雖宗廟實王居也。

折中引胡瑗：汗宣人壅滯，猶號令發天下堙鬱。　朱子語類：號令出君中心猶汗出浹四體。

案：王者誠懇發號施令足通上下壅塞，回周身之元氣。王者居之必得无咎。

李光地：人病得汗則散，生民疾盡誠呼號如渙汗。甚言王者開誠布德可濟渙也。

李塨：五正位以巽風分散于坎水上而渙汗其大號焉。（坎水汗象、巽風爲大號）天下環拱、王乃在中，三塗九術、千廬八衛是渙也歟哉！是王居也、尙有何咎。

孫星衍：（集解）鄭康成曰號令也。（文選注）王肅曰王者出令不可返、喻如身中汗出不可反也。（北堂書鈔）

姚配中案：天子崩、變故之大者故渙汗其大號。謂布誥天下也。五降四互坎汗、令出不還。
　劉向云號令如汗、出不反者。書所謂誓。言嗣王在服、服除則正王位。非渙也。
吳汝綸：渙汗連綿字。其大號，渙、謂大號之益也。渙句。王居无咎、與位稱也。
丁壽昌：漢書劉更生封事曰易渙汗其大號、言號令如汗出不反者也。蘇蒿坪曰巽下半坎水也，
　坎陽外達成巽故汗象。又汗出邪散亦巽象。大取比應皆陽象、號巽象。
曹爲霖：來氏曰大號如武王克商、武成諸篇及唐德宗罪己詔皆是，光武正位則人心無攜貳，
　昔之渙者今統于一，故渙王居，乃所以正位也。
星野恆：汗出不反，古云王言如汗是也。爻陽剛中正、渙之主。發大號令、振困理冤。下有
　不應奚足恤、不可每人而悅。大化之行、四方風動、普告天下、渙道之至也。
楊樹達：（漢書劉向傳）向上封事：易曰渙汗其大號。言號令如汗、汗出而不反者也。今出
　善令、未能踰時而反，是反汗也。
劉次源：王正位則人心有所歸嚮。令發如渙汗、鬱宣則難平。王居无外、合四海爲家人也。
李郁：汗謂雨。大號、風。上九化柔、巽變坎，風散爲雨。此謂政令風行、膏澤下降。成王
　遷洛營新邑故曰渙王居、位尊故无咎。
徐世大：洗汗得大風；號訓呼、義不可通。大號惟風能之，動詞變名詞。洗王宮不會出岔兒。
胡樸安：易順豫云渙汗連語，亦文飾之辭。宗子發號於族衆。號、即立宗廟之號，故曰大號。
　王居謂祖廟。文飾祖廟，正位而无咎也。故象曰正位也。

高亨：此文當作渙其汗猶云流其汗。遘禍變抱病痛之象。筮遇此爻當爲凶徵。水流盪滌王之居處，不函淹沒義、則水渙王居仍可無咎。

李鏡池：渙汗：水流盛大。汗、浩汗。 洪水浩大、人們奔走呼號。洪水漲到王住的地方了。幸好沒損失。或因及時搶救，或因水退得快。 其：而。王居王者居所。

屈萬里：渙爲流盛之義。渙汗、渙血皆此義。言汗出盛。大號大呼也。渙假爲奐、煥也。渙汗蓋因服勞役之故。大號、殆呼邪徐也。

傅隸樸：渙汗即發汗。人用藥發汗治病。大號、天子之令、王命關係重大，不可出爾反爾。渙王居應是「渙汗其大號王之所以居業也。」的省語。大號不反才可消難，故无咎。

金景芳：號指號令。俞琰說：「散人之疾而使之愈者汗也。散天下之難使之愈者號令也。本義渙王居，如陸贄所謂散小儲而成大儲之意。傳象王居不是如朱子所說、王居指人君。

徐志鋭：王者以天下爲一身。人心渙散如王患病。經過六四聚合人心、天下歸一、王者身出大汗疾病而去，號令通行，君王居正位得安、天下太平无事了。

張立文：九五、渙其肝大號。渙王居，无咎。 譯：九五、大水沖倒了樹木，人們大哭大號。大水漲到王宮（喩大水沖洗王宮的污垢，即王左右的姦佞和弊端）但無大災患。 注肝汗通。肝水也。五行屬木。

林漢仕案：發明者曾經勞心勞力，渙汗也。汗之爲言精氣、人心之液、汗血勞力之付出也。陽爲大，號召、號令、九五陽始爲號召號令、渙者發明者居王位也。王居、居王之倒裝句。

无有任何過咎也。象云正位、是九五正王位也。有德者始有人、有土、有財也。茲輯賢者傳注如后：

荀爽：布德教、王居其所故无咎、　鄭云：號令　　王肅：令出不反喻汗出不反。　九家易：五令二爲諸侯、百姓被澤、若汗出不反。二坎水汗象、陽稱大。　王弼：散汗大號以盪險阨。渙主、王居乃无咎。孔穎達：遇險驚怖汗出、五號令散險。　李引虞翻：五王艮居、四陰順命。　司馬光：天子出令非受令者、故王居无咎。　張載：渙主、物徧澤。不私故能均布大號、廓大王道自居乃无咎。　程頤：當號令治心、如汗浹四體。大號、大政令。救渙大政、王居正位則无咎。　蘇軾：汗取周浹、宗廟立、大號令出、天下知渙中有王居矣。　張浚：難散、號令一新天下耳目，是謂渙汗其大號。　張根：與天下更始。朱震：巽號陽大、五出號令者、散者知所歸、然非九四之賢、安能發大號而治！　鄭汝諧：四竭力、五享成。氣通則汗、情通則號。爻美合渙之功在四五乎！　李衡引陸：五散險主、宜有非常赦令。引石：發大號令爲民除疾苦、如汗通腠理。　楊萬里：五剛中正。非大號、難不散。秦酷、約法三章、大者舉矣！不有大號令、大更革未見其可！　朱熹：五巽體號令象。居積可濟渙而无咎。　項安世：散汗去滯鬱、汗、心液。出不反說非爻義。　趙彥肅：汗散、陰聽服、可發號也。　楊簡：聖人作易不可執一謂號令。惟王者一麾一定，雖驅散不可得矣！　吳澄：大號者風也。陽爲大。五心位、汗心液。占王居中不渙則无咎。梁寅：渙時宜財散於上、民聚於下；號令則萬姓知王心之一。　來知德：坎汗兌口、陽大、五專、濟渙功成、告多方恢復舊物、故占无咎。王夫之：汗、陽出散陰者。號、命令。申命誥下、王居令自行。毛奇齡：渙必汗，比人液有出無入。上無悔言，下無違命。非無反汗者與？折中引胡瑗：汗、宣壅滯，猶號令發堙鬱。案王者誠懇、居之必得无咎。李光地：病得汗、散。生民疾、王者開誠布德可濟渙。李塨：巽風散坎水上、天下環拱，何咎！姚配中：變故之大者（天子崩）故渙汗其大號。劉向云號令如汗、出不反者。書謂誓。吳汝綸：漢書劉更生封事曰渙汗其大號、言號令如汗出不反者也。蘇蒿坪曰汗出邪散、巽象。曹爲霖：來氏曰大號如武王克商、武成諸篇、唐德宗罪己詔皆是。光武正位、昔渙者統于一。星野恆：發大號令、振困理冤。不可每人而悅。大化之行、普告天下，渙道之至也。劉次源：王正位則人心有所歸嚮。鬱宣難平、四海爲家人也。李郁：汗雨、大號風。上化柔、風散爲雨。膏澤下降、成王遷洛成新邑。徐世大：大號惟風能之。洗王宮不會出岔。胡樸安：渙汗連語、文飾之辭。號即廟號故曰大號。文飾祖廟、正位无咎也。高亨：此文當作渙其汗、流其汗。遘禍抱病象。水盪王居、不函淹沒義。李鏡池：渙汗、水流盛大。浩汗，洪水浩大。呼號洪水、幸沒損失。屈萬里：渙爲流盛，言汗出盛。大號大呼。渙假奐、煥也。蓋服勞役、殆呼邪徐也。傅隸樸：即發汗。用藥發汗治病。大號、天子之令。不反才可消難。金景芳：俞琰說散人疾使愈者汗；散天下難使愈者號令。陸贄所謂散小儲成大儲。徐志銳：王者以天下爲一身。人心渙散如王患病。號令通行、君王得安。張立文：大水沖倒樹木、人們大哭大號。大水漲

到王宮、但無大災患。（注：肝、木也、五行屬木）

五渙主。程子救渙、張浚謂難散、號令一新天下耳目。從王弼以來稱散汗盪險阨，渙之須濟猶壅滯須宣、病、得汗散。是渙汗如王肅云喻身中汗出、不可反也。汗喻險阨。汗出周浹四體上下、汗通腠理。排汗即排險難。汗是心液。是渙汗即散汗汗出邪散。惟項安世稱汗出不可反說非爻義。胡樸安謂文飾辭。高亨、李鏡池謂水流、浩汗洪水。屈萬里謂渙假爲奐、煥也。

大號，鄭玄云令也。九家易謂宣布號令。程子以爲大政令，救渙之大政。　蘇軾云：宗廟立、大號令出焉。　張浚以王者正位、令行不反。　張根云與天下更始。　鄭汝諧：大號、辯解情通則號。　李衡引石：發大號令爲民除疾苦。　楊萬里：非大號難不散。大號令、大更革。　楊簡：不可執一謂號令而已！疑未必在是。　吳澄：大號者風也。巽風作、萬竅怒號。王命如風散四方。　梁寅：渙時人君莫大於號令與居積。財散則民聚。　來知德：告多方正位，故渙汗其大號，大一統矣。　毛奇齡：大號無反、上無悔言。　折中：王者發號施令足通上下壅塞。　李光地：甚言王者開誠布德濟渙也。　李塨：巽風爲大號。　姚配中：天子崩、變故大故渙汗其大號。布誥嗣王在服。　吳汝綸：渙汗連綿字、謂大號之益也。　曹爲霖：來氏曰大號如武王克商、武成諸篇、及唐德宗罪己詔皆是。　徐世大：號訓呼義不可通。大號惟風能之。　胡樸安：立宗廟之號故曰大號。　李鏡池謂洪水浩大，人們呼號。　屈萬里：大號、殆呼邪徐也。　張立文帛書、渙其肝大號。譯作大水沖倒樹木、人們大哭大號。自注肝、木也。肝汗通。

大號爲大政令、與天下更始、巽風、大統一矣！天子崩嗣王在服故渙汗其大號。如尚書武王克商、武成諸篇、唐德罪已詔。立宗廟號、呼號、大哭大號。 楊簡謂不可執一謂號令而已。而其「一麾而定。」非號令而孰是？ 漢仕以爲渙、採用繫辭之刳木爲舟，剡木爲楫：以濟不通、致遠以利天下，蓋取諸渙。韓注：渙者發暢而无所壅滯。 汗即汗血、勞力。人心之液也。謂刳木爲舟之發明者勞心勞力，其發明如風行草上、天下偃然風從。雖欲無王、不可得矣！ 下文渙王居、謂發明致遠以利天下之舟船、人民之追隨左右如蟻聚蛙集、四方聞風而歸。卦辭之謂「王假有廟」者、此其時也。卦辭之謂「利涉大川」者、此其用也。渙、本卦名、因發明舟楫之利、蓋取諸渙。胡、屈謂假奐爲煥、煥乎有文章之煥、謂王居之有文章、謂奐然一新、諒亦九五此其時也。得其所當得者、所謂實至名歸也乎！ 徐世大謂號訓呼義不可通。屈萬里自注大號即大呼也。殆呼邪徐也。 煥王居迨即漢高祖見蕭何營作宮闕壯甚、怒。蕭何之謂「非壯麗無以重威。」乎！而高祖乃說。其大號又如「漢五年并天下、群臣飲酒爭功、醉妄呼，拔劍擊柱」類。蓋大聲擁戴、大聲爭功、禮義之節文未備時耶？楊簡云未必執一謂號令。故後繼之者從風之怒號、至吳汝綸大號之益，李鏡池等之奔走呼號。屈萬里大呼。其大號者表擁戴之誠也。亦人民實際行動。

發明者至九五其流汗成果、獲得廣大回響與擁戴。 先知先覺者於是正位統領兆民、實至名歸、得所當得故无咎。

上九、渙其血，去逖出、无咎。

象曰：渙其血，遠害也。

王弼：逖，遠也。最遠於害，散去憂傷，散患於遠害之地，誰將咎之哉！

孔穎達：血，傷也。逖，遠也。上九處卦上最遠於險，散其憂傷，故渙其血、去逖出也。散患遠害，誰咎之矣！

李鼎祚引虞翻：應在三，坎爲血爲逖。逖憂也。二變爲觀，坎象不見故其血去逖出无咎。

張載：乘剛在上，若係於三，害不可免，能絕棄陰類，遠去其難則可免咎。

程頤：諸爻皆无係應、亦渙象。唯六三應、三險極有傷害象故云血惕。上剛處渙外、又居巽極、若能使血去惕出、謂能遠害則无咎也。九有係險險故能出渙遠害爲善。

蘇軾：上九求六三必與九二爭而傷焉。渙其血、不爭也。二剛來不窮，不可與爭者也。雖不爭而處爭地，猶未免也、故去而遠出然後无咎。

張浚：上九有剛德居巽順之極、才德足濟治、又能明哲遠害，周公其人矣！六三小人，坎血卦、上九應、三終不能爲我害、蓋巽德素著君心，是以血去逖出。大臣遠害、渙功成矣。

朱震：血者傷象。渙五爻不應、上九獨應三、三近險傷、三上相易復成坎三上俱傷。逖遠也，一本作惕出、懼象。上係三不去，其傷自取，故去而遠害无咎。

李衡引子：應獨者多爭，此易之常情。上遠害得行其志故血去害遠无咎。引（　）：渙散其血是弗相傷也。　引介：三內困於有難。上應則與之俱傷。逖出則遠害矣。

楊萬里：上九能爲九五渙其血，盡而出之遠、天下之害亡矣。非九五剛明中正之君、孰能聽上九之所爲哉！孫武之誅隊長、上也。

朱熹：陽居渙極、能出乎渙。血謂傷害，逖當作惕。與小畜六四同言渙其血則去、渙其惕則出也。

項安世：血與出韻叶、不以血連去字。惕與逖文義自殊，不容作惕。小象遠害也、逖義甚明。散血以遠傷害，汗血皆指坎言。二險中爲汗心液、三險極爲血、血外傷也。

趙彥肅：不下應三，去而遠之。

楊簡：上九應六三，三內卦、坎險難、又坎爲血卦、故告之以渙其血、離其難而逖出則無咎。逖、遠也。言其不當應乎內也。

吳澄：上應三、三坎陰血也。上去三遠爲渙其血象。謂血凝聚結令渙散也。逖遠。上去三遠猶人去害遠出、禍害不能及之，占无咎也。

梁寅：居渙極、出渙之時也。坎血卦、上九與三應故有血惕之象。渙其血惕者，言當離去陰險而不宜復入也。逖當作惕。血傷可去、憂惕可出。

來知德：渙其血句，血傷害也。逖遠也。上九渙極，其傷遠竄者不免。今五誕告正位、歸于一統、遠遯者得出離矣，危者已安，否者已泰。

王夫之：血者戰爭之事。逖遠。陰凝於下、陽亢於上必爭。上當之未免傷。既渙散其群，陰巽入陽而陽爲主，陰爭息，血去可以遠處事外矣！時平志靜故无咎。渙能遠爭之害。

毛奇齡：此亦無渙者、坎爲血、爲逖、逖憂也。亦散其血而已矣！血陰溢象。多德憂則害生。血去憂隨之出、何害？逖本悐字與惕同。

折中引王申子：渙其血句，渙所害免難。　俞琰：其象渙其血，其占无咎。　錢一本：去不復來，逖不復近。坎血遠而又遠，何咎之有。　案：渙離爲義，卦終遂遠害避咎者。

李光地：上居卦外不當事任，惟離其所傷，去而遠出則无咎矣。逖、遠也。渙其血爲句。

李塨：爻變爲坎、上下加憂。賊殺流血（坎爲寇爲血）尚可久居此乎！宜渙去遠出、害乃不及。古賢者避世、體此意也。濟渙欲得位，欲不窮，上九失位而窮、固宜去也。

姚配中案：五四易位、坎升離降成既濟則六爻正，故渙其血去逖出无咎。（自注）說文惕敬也，或從狄逖遠也。逷古文。象傳：此謂四升五攝君事與？周公攝政群叔流言、況其下者乎！

吳汝綸：虞渙一字句。其血去逖出句是也。逖當作悐、即惕字。血者恤也。

丁壽昌：王注渙其血句、去逖出句。傳義以渙其血去句。本義逖當作惕、又逖遠也。象曰遠害、當從逖矣。蘇蒿坪曰應坎變坎皆血象。坎多眚有害象。就巽體言故曰遠害。

曹爲霖：誠齋傳曰散大難者必絕其源，除大疾者必絕其根，能爲九五渙血、必去盡出遠、則天下難害日遠日亡矣。非九五剛明中正、孰能一聽上九之所爲哉！　張谷妾謂大丈夫勿顧一飯恩以骨肉腥健兒衣，亦渙血逖出遠害之一說也。

星野恆：血謂傷害、先儒解與惕通。謂畏懼。陽居上猶有傷害，能巽順以行可遠害，渙之功能於是乎終矣。

劉次源：坎爲血卦、超然逖出以遠害。上處外去坎遠故无咎。

李郁：坎爲血。上降三則內坎變爲外坎。血由內散聚于外，故渙其血去。逖遠也。凡可爲吾患者投諸外而遠之則无害矣！故逖出无咎。傳象此周遷殷民也。

徐世大：洗他的血去、傷口現出來，不妨事。與小畜六四血去惕出不殊。以逖爲惕。即狄。

胡樸安：渙其血者：古執牲刺血以祭。言刺血祭祖廟也。文飾刺血之禮、爭祭餘之害遠矣。故象遠害。祭罷與祭之衆遠出祖廟、渙功告成而无咎也。

高亨：血流亦曰渙。猶云流其血。逖遠古作逷、爾雅遠也。出猶走。渙其血者傷衄象。此可避免也、當去而遠走則無咎矣。

李鏡池：血借爲恤，逖通暢。洪水憂患過去了。但還要警惕災難重演。做好防洪工作，當然就无咎了。這是有關洪水專卦。記載洪水危害、引起警惕。

屈萬里：小畜六四血去惕出。雜卦傳渙、離也。王注逖、遠也。血人離去。

傅隸樸：血是傷害的表徵。渙其血即消解傷害。遠離傷害故去逖出。逖出即遠出。故无咎。上九有才無位，不在其位不謀其政。最終所得只是无咎而已、故不言吉。

金景芳：折中引朱震說逖、遠也。渙其血，去逖出。一本去惕出。引王申子說渙其血句。又引錢一本說去不復來，逖不復近，出不復入。項安世不以血連去字。散其血以遠傷害。講得很清楚。

徐志銳：下三爻處渙散危難中，上三爻濟渙出險，上九應三有重陷渙散的可能，故言渙其血。坎血卦。六三應上九得无悔。上九應三有害。因三險中、上險外時位不同。上九與六三保持距離不過分親密才不被其所害。

張立文：尙（上）九、渙其血去湯（逖）出。　譯：上九、洪水給人們很大傷害，憂患終於過去了。　注：帛書無无咎兩字。句讀以渙其血去湯（逖）出爲妥。湯易逖狄逷通。

林漢仕案：發明舟楫之利以利天下者、假廟建立新統治中心。初時值天下離亂、第資取生養同胞之牛羊馬匹生口使壯大、蓋本身柔弱背景祇能待時畜勢，吉也者、得之矣。二已露頭角、人民獸奔鳥集於其四周、故大其机俎上犧牲、薦神兼蓄人、得彼散我聚之願。六三時段、以刳木爲舟發明之功、領袖群倫、躬己而已、躬自厚而薄責於人、无悔无怨。六四因發明而蟻集蛙聚群衆而擁有丘民、孟子所謂得乎丘民而爲天子者也、得天下之易、匪夷所思！朱子所謂占者如是則大善而吉。九五汗下果實、獲廣大回響與擁戴、不得已正位佈告天下、其實至各歸、得所當得而无任何過咎。上九爻義倒應以刳木爲舟之利發明者、亦即新統治者、從九五之渙汗勞力至上九之渙血、勞心、尤見其用心於治、絞盡心血、一本初衷。爻以比應言、上九、六三成一體矣！與民衆言、擧國成一體矣！自毋須人人設心防、所謂「其心休休焉、其如有容焉。」人人以善爲寶、仁親爲寶。「去逖出。」與小畜六四爻辭：「有孚血去惕出无咎。」只差逖、惕字不同。而逖字注有云當作剔。剔字注剔與惕古字通。而悐惕字亦注剔與古惕通。朱震注本爻上九爻辭亦云逖、遠也。一本作惕出，懼久。吳汝綸亦云逖當作悐、即惕字。若逖可通惕、則與小畜六四爻辭同字同義矣！言統治者與人民間、四海之內皆兄弟矣！作之君、作之師、爲民父母、慈愛天下、如保赤子矣！逖之言當作惕者、最早程子，其後朱熹、梁寅、姚配中、李鏡池、徐世大、屈萬里等繼之。今帛書逖作湯。張立文云句讀以渙其血去湯（逖）出爲妥。湯易逖狄逷通。　然項安世謂：「血與出韻叶，不以血連去字。惕逖文義自殊。不容作惕。」　依項安世解、逖只能作遠義如王弼、孔疏。而逖義尙有欲利、聽者風聲、當作剔，坎爲憂、狄翟西土之人等。何況彼云：「散血以遠傷害。」旣見血矣，「血外傷」則已旣傷害矣，豈爲避二重傷害乎？項以血不連去讀、則是渙其血讀、去逖出讀、是有見地。然則「去逖出」義爲何？去爲離爲違。逖不作逷惕義、則仍沿王孔作遠義。出爲出入也。蓋謂其自附從之人民「去遠出入」之无咎乎？謂願者來順、不願者聽自去也乎？　茲輯前輩釋辭以見指撝也：

象云渙其血、遠害也。　王弼：逖遠也。散憂遠害、誰咎？　孔疏：血傷也。逖遠也。上九遠險散傷，誰咎之？　虞翻：坎血逖憂、二變坎不見故血去逖出无咎。　張戴：乘剛係三、害不可免、絕陰遠去、免咎。　程頤：三險極有傷害象故云血惕。上處渙外、出渙遠害爲善。　蘇軾：渙其血、二不可爭也。去遠出然後无咎。　張浚上九剛巽足治、周公其人。三小人不爲我害、是以血去逖出。　朱震：血傷。三上易、上三俱傷。逖一本作惕出，懼象。逖遠也。故去遠无咎。　李衡引子：上遠害得行其志、故血去害遠无咎。引（）

散血是弗相傷。　楊萬里：五剛明中正、聽上九所爲。孫武誅隊長、渙其血，天下害亡矣。

朱熹：逖當作惕。渙其惕則出也。　項安世：血出韻叶、逖不容作惕。小象遠害義甚明。二汙三血、外傷也。　趙彥肅：不下應三、去而遠之。　楊簡：不當應內、離其難遠出則無咎。　吳澄：三坎血。上去三遠、猶人去害遠出、占无咎。　梁寅：上九與三應故有血惕象。當離去憂惕可出。　來知德：五正位一統、遠遯者得出離矣！危安否泰。　王夫之：血戰爭事。陰凝陽亢必爭。渙散其群、渙能遠爭之害。　毛奇齡：坎血逖憂。血陰溢、憂害生。血去憂出何害！逖本愁字、與惕同。　折中引：其象渙血免難、占无咎。案渙離義、卦終遠害。　李光地：卦外不爭、離傷遠出則无咎矣！　李塨：濟渙欲得位不窮，上九失位而窮、固宜去也。坎寇流血、宜渙去遠出。古賢者體此意也。　姚配中：說文惕敬、從狄、逖遠。五四易、六爻正、故血去逖出无咎。　吳汝綸：虞渙、血去逖出句是也、逖當作愁、即惕字。血恤也。　丁壽昌：王血句　出句。蘇蒿坪曰應坎變坎皆血象、坎多眚、害象。巽故遠害。　曹爲霖：張谷妄謂大丈夫勿顧一飯恩、以骨肉腥健兒衣。亦渙血逖出遠害之一說也。　星野恆：先儒解惕通謂畏懼。血謂傷害。陽上巽順可遠害。　劉次源：上降三、內坎變外坎、血由內散聚于外。可爲吾患者投諸外。周遷殷民也。　徐世大：洗血去不妨事、與小畜六四不殊。逖惕即狄。　胡樸安：古執牲刺血祭廟、文飾其禮。功成无咎也。　高亨：流其血。血流亦曰渙。逖古作逷。爾雅遠也。出猶走。流血傷衄可避免、當去而遠走則無咎。　李鏡池：血借爲恤、逖通惕。洪水去還要警惕。做好防洪當然无咎。

屈萬里：雜卦渙離、王注逖遠、血人離去。小畜六四血去惕出。傳隸樸：血傷害。渙血即消解遠離傷害。逖出即遠出。上九有才無位、終无咎而已，故不言吉。金景芳：折中引錢一本說去不復來。逖不復近、出不復入。項安世說散其血以遠傷害。講得很清楚。徐志銳：上九應三、重陷渙散。坎血卦。三險中。保持距離才不被其所害。張立文：上九洪水給人們大傷害、終於過去了。逖帛書作湯。句讀以渙其血去湯出爲妥。

前賢緊抱序卦離卦、渙離也。易傳都都作者則取「蓋取諸渙」之繫辭：「刳木爲舟、剡木爲楫、舟楫之利以濟不通，致遠以利天下。蓋取諸渙。」渙爲發明家、因舟楫之利、民聚於下而常相左右，故而發明家得用心於治。渙其血者、盡心力爲下與利除害、仁民如子也。使治內父是父、子是子、勉善仁親、擴至四海皆兄弟。象云遠害。用心於治、正是遠害也。下文去逖出、解分15類：

1. 血憂傷、渙離散、逖遠也。散憂遠害。——王孔。楊簡、吳澄。
2. 坎血逖憂、二變坎不見故血去逖出。——虞翻、毛奇齡。
3. 乘剛係三、害不免、絕陰免咎。——張載。
4. 改易經文逖爲惕、與小畜六四血去惕出同。說者有程頤、朱震（一本作惕出）朱熹、梁寅、姚配中、吳汝綸，星野恆、徐世大、屈萬里等。有謂六三險極傷害象。上去三遠則憂惕可出。朱震云三上易、三上俱傷。趙彥肅云：不下應三、去而遠之。徐世大則淡化至云洗去他的血、傷口現出來、不妨事。

5.二不可爭、去遠然後无咎。——蘇軾。

6.上九剛巽足治、周公其人是。——張浚。楊萬里亦謂五剛明中正、聽上九所爲、孫武誅隊長、渙血害亡。

7.二汗心液、三血外傷也。皆指坎言。散血遠害。——項安世並言惕逖文義自殊、不容作惕。

8.血傷害、逖遠。五告正位一統、傷而遠遯竄者得出離爲安、否者泰。——來知德。

9.血——戰爭。逖、遠。陰凝下、陽亢上必爭。渙散其群、陰入陽、爭息血去故无咎。——王夫之。

10.爻變爲坎，上下加憂。（說與朱震同）濟渙欲得位、欲不窮、上九失位而窮、固宜去也。古賢者避世體此意。——李塨。

11.古執牲刺血祭廟禮、祭罷渙功告成而无咎。——胡樸安。

12.血流、流血亦曰渙、出猶走。當去而遠走則无咎。——高亨。

13.血借爲恤、洪水過去還要警惕防洪。——李鏡池。張立文則稱洪水給人們很大傷害。

14.渙其血即消解傷害、去逖出即遠出、遠離傷害、上九有才無位、最終只是无咎而已！——傅隸樸。

15.下三爻渙散危難、上三爻濟渙。上九應三有重陷渙散可能。上九與六三保持距離不過分親密才不被其所害。——徐志銳。

上十五說中、徐志銳上九六三間之關係、一如朱震、趙彥淵所言、可併入4.說中、惟4.說重點在改易經文逖爲惕著眼論事。毛奇齡一面坎血逖憂、血去憂出。一面又提逖本愁字與惕同。故列入2.說中。改字則兼可入4.說。劉次源言：超然逖出遠害、上處外去坎遠。李郁：上降三則內坎變外坎、血聚于外、凡可爲吾患者投諸外而遠之。似以上九本在險外、即血聚亦與己無關、著一外相而不知所謂外者即上九本爻自己也。

渙其血即渙血、與渙汗同。發明家因發明物而聚民、治物與治人、勞心勞力之程度不同也。去爲違離。逖沿王孔作遠義。出爲出入或出走。謂內聚之民聽其自由出入、去遠出走皆無妨、亦合乎原本渙散組織之義。渙卦之所以亨、在其因發明水域交通之利而內聚諸民。開國承家、或征伐、或航行大川、皆因而一帆風順、萬民皆稱便利、唯宜用於正途、領導者亦以身正爲利、如是則卜亦謂利也。蓋皆公利也乎？

䷻ 節（水澤）

節，亨。苦節，不可貞。

初九、不出戶庭，无咎。

九二、不出門庭，凶。

六三、不節若，則嗟若。无咎。

六四、安節，亨。

九五、甘節，吉。往有尚。

上六、苦節，貞凶。悔亡。

䷻ 節，亨。苦節，不可貞。

彖曰：節，亨。剛柔分而剛得中，苦節不可貞，其道窮也。說以行險，當位以節，中正以通。天地節而四時成，節以制度，不傷財，不害民。

象曰：澤上有水，節，君子以制數度，議德行。

鄭玄：節以制度，不傷財，不害民。

空府藏則傷財力，役緊則害民，二者奢泰之所致。

王弼傳彖：坎陽兌陰，陽上陰下，剛柔分而不亂，剛得中而爲制，主節之義。節之大者莫若剛柔分，男女別也。

孔穎達：節者制度之名，節止之義。制事有節，其道乃亨，故節亨。須得中，過苦傷刻薄，物所不堪故苦節不可貞也。

李鼎祚引虞翻：三之五天地交。五當位以節中正以通故節亨，三變離火炎上作苦，位在火上故苦節，雖得位，乘陽故不可貞。

司馬光曰：節貴適事之宜。知說不知險則民不肅、知險不知說則民不親。不肅則慢，不親則乖、亂亡之道也。說以行險、得節之宜也。

張載：以苦節爲貞，其道之窮必矣！

程頤：事有節則能致亨通，節貴適中，過則苦矣！苦豈能常也？不可固守以爲常、不可貞也。

傳彖：節至極而苦則不可堅固常守其道、已窮極也。

蘇東坡：傳彖剛得中，謂二五也，此所以爲節亨也。苦節不可貞謂六三也。

張浚：節者人情所難。太剛則暴，太柔則事不立。剛中履正，節之所以亨。夫用節於人，人必曰是虐我而自安利！何以能節？中正之節甘，無太過無不及故能亨國長久。

張根傳彖：所以爲節而亨。苦節、已甚之謂，惟中正然後可以通天下之志。天地節、皆以中和爲貴。

朱震：節、渙反泰變。剛柔有節而不過乎中故節亨。此以卦變二三五爻言之。上六守而不變，苦節也。苦節違情性之正，豈道也！立節太苦、過猶不及，不可貞也。太玄準之以變。

鄭汝諧：澤之於水、虛納盈洩，其容有節也。二五剛得中，節之義也。節則能亨。禮之本聖人寧儉寧戚，苦節不可正，非可傳可繼之道。五節主。六爻惟四五亨且吉，中正也。

李衡引石：制節謹度、莫大乎人倫。坎陽上兌陰下得節義。苦節人所不樂：夷齊餓死、陳相君臣並耕、正道不可也。　引陸：失情性之中正故不可爲貞。　引薛：以禮爲界，過苦傷陋，不可以爲正也。

楊萬里：節者約侈歸節，故節亨通。過節則不可久、故受之以中、非不節亦不過於節故曰苦節不可貞。二五皆陽居中、兌說坎險。二陽當正位。天地節而四時成。

朱熹：澤上有水、其容有限有節。其體陰陽各半，二五皆陽故占亨。太甚則苦矣。戒不可守以爲正也。

項安世：節者止也。艮止、特謂事理宜止。自泰來、五當位得中正爲節主。說以行險則人不以爲苦。苦節不可貞指上六。

趙彥肅：內卦陽盛陰節、外卦陰盛陽節。說以行險、无惡於物而心亨。喜怒哀樂發无不中節。節、止不中正而歸于中正也。澤上水滿而後流、節之象。

楊簡：節止也，止其過。內節己、外節物。節制爲剛柔不偏，人心和爲亨矣！苦節非道也、不可以爲貞。節之是拂人所欲，大難。故必和說行之，斯備節之道。

吳澄：節猶竹節之節，有分限；澤水容受有限故曰節。占九五剛中故亨。苦火之味。初至五肖離、上六火熏，節之太過。節貴得中乃可正主事、太過則不可貞矣！

梁寅：凡節皆有亨道。節人欲存天理。節財用、節言語、節飲食皆是。節而當可以亨。節而當者中正也，過中正者苦節也。貞常也。苦節爲常、雖欲亨安得而亨乎！

來知德：五行以甘爲正味。若火炎上則作苦不可貞。凡人修己、皆有中道，仕止久速、各有攸當。如屈原投河、陳仲子不食、許行盆耕、泄柳閉門、皆非經常而不可久者也。

王夫之：節竹節也。有度以限之而不踰。陽節陰，陽有餘而陰不足。以不足節有餘而相通而亨。陰節陽、不足物之所苦，陰節陽爲已過不足濟天下，不順天理不可爲貞。

毛奇齡：坎水兌金、秋冬斂藏卦。斂藏必有節。互震甘、大離苦。二五之中未嘗過、其節甘焉、甘則通。居上位受炎苦、雖貞其節苦焉、苦則窮。卦自泰來。

折中引薛溫其曰：節以禮其道乃亨。過苦傷陋，不可以爲正也。

李光地：節有亨道、能止能行。以其適中，剛柔相半，二五剛得中。此節所以亨也。（傳彖）
止行有自然之限制所爲節。

李塨：水澤秋冬斂藏之卦。水汎濫、瀦之澤是節也。坎分乾之一剛上居五、正得中所以亨。
若節過如上六苦節，雖正不可。故說以行險、得中且正、財不傷民不害，節道也。

孫星衍引集解鄭康成曰空府藏則傷財，力役繁則害民。二者奢泰之所致。（後漢書注）

姚配中案虞注：節合禮故亨。不以禮節之、亦不可行也。又案：地中衆者莫過水，不節无水
變困矣！故澤中有水特名節，道其源、清其流，不可以多而費也。

吳汝綸：節止也，又有撙節、節文、節操、節度諸義。苦節、節太過，勢不可久，故不可貞。
歐公云異衆以取名、貴難而自刻者皆苦節也。如鮑焦於陵仲子是矣。

丁壽昌：虞仲翔曰苦節不可貞謂上，中正五，坎通。案卦惟四五當位，二五中。孔疏得之。
鄭曰空府藏則傷財，力役繁則害民。蓋訓節以制度爲節儉。節中固有儉義。

曹爲霖：來氏曰凡人用財修己、皆有中道。若晏子豚肩不掩豆、梁武以麵爲犧牲則非經常而
不可久。金谿陳氏曰不剛不柔、二五剛得中、無過不及、所謂節而亨也。

星野恆：節分有度。取竹節義。卦體陰陽各三、二五剛中、無過不及之弊。上六柔正而極於
上，是過節而窮者，貞守則不免凶。然寧失於苦故終得亡其悔。

馬通伯：王符曰明王養民、憂之勞之教之誨之、愼微防萌以斷其邪，故易美節、不傷財，不
害民。歐陽修曰節者人之所利也，節而太過、貴難而自刻者皆苦節也。

楊樹達：〔後漢書荀爽傳〕尊卑奢儉所以爲禮：爲其節也。易曰天地節而四時成。〔潛夫論〕夫貧生於富，明王養民。憂之勞之：故易美節以制度、不傷財、不害民。

劉次源：陽節陰、陰節陽不使濫溢也。水瀦于澤、以時宣洩。亨由得中、苦節非通行之路、太過非人情所說、釋氏出家窮于法故、苦節貞則天下不可企及也。

李郁：節爲禁非之卦。節義能豐能儉。時當豐不嗇、當儉不奢。有節制則紀綱立。泰三之五成節。九五卦主。泰三來五陰陽交故亨。苦節、上六。過節則苦故不可貞。

徐世大：節有符節、節約兩義。節有所積、有時而窮，可見效於非常之時。譯文：節約：普遍。苦苦的節約不可持久。

胡樸安：竹約也。叚爲事之制。言無過不及、凡事皆有節制也。是渙立祖廟後教以禮文當有節制。禮和爲貴，勝文不如勝質，奢寧儉而不可太苦。說行險犯難不可太過。

高亨：節者儉也。本卦節皆儉義。古聖人貴儉。苦節者以儉爲苦也。苦節則必奢。君子奢則病國，小人奢則敗家。是苦節乃不可之事。故曰苦節不可貞。

李鏡池：節儉與禮節。屬行爲修養之卦。 講究禮節和節儉是很好的。如果把遵守禮節看成是苦事，那就不利的。

屈萬里：周書謚法篇：好廉自克曰節。高氏今注：苦節者，以儉爲苦也。廣雅釋詁：苦窮也。按窮，極也。傳彖：分、平分各得三爻。道窮釋苦。節有制度。傳象數度爲事物之節，德行爲身之節。

傅隸樸：節便是約束，是政府權力的表現。節制是政通民和的根本。順人欲立法、人民樂從。亨、就是天下聽從的結果。苦節違反人性，強人所難。拂性則法懸不用！

金景芳：孔穎達說：「制事有節，其道乃亨。節須得中，苦節不可貞。」程傳：「節貴得中、節至苦豈能常？」查愼行：「節適中有可亨道。聖人不取苦取甘。不于貞于亨。」貞作久解。查氏講得更好一些。

徐志銳：節制約束不超越中線、達到守中目的、就能保持亨通不窮困。節、連斗山謂不使其過。兪琰約也。王申子約其過歸于中。過中再去節制就困難了，那是苦苦節制，是窮途末路。故言苦節不可貞。其道窮也。

張立文：節亨：枯（苦）節，不可貞。 譯：節，便能亨通。厭惡節儉，則不可能恪守正道（或成大事）。枯假爲苦，厭也。漢書韓信傳：「亨長妻苦之。」顏師古注苦、厭也。本卦主旨講節儉及禮節。把節儉作道德規範。

林漢仕案：苦字之義爲辛、火味、大鹹、崔本苦作枯、苦古文枯、今作笇芐。又苦、勤、吐、勞、傷、厭、窮、快、急、息、惡、不精之至、苦者所以長養也。

節義爲制度、法度、禮、和、止、已、視、驗、量、省、儉。好廉自克、分段支解、節操、志操、符信、期、時、節氣、高竣、竹約、節奏、進退、死生此者也、忠義、仁義、所遇之時命也。艮爲堅多節。

序卦：物不可終離故受之以節、節而信之故受之中孚。韓注：事有節則物之所同守而不散越。有節則宜信以守之。

節卦之由來、蓋人生流程中之一環也。所謂不可終離、故受之以節。節而信之故受之中孚。雜卦節、止也。止而信、介乎離與中孚者是節也。故節謂禮之和。謂禮法制度。謂志氣節操。謂進退時命，謂好廉自克皆是也。節之所以亨者、由荀子君子篇云「節者死生此者也。」(謂尚賢、使能、等貴賤、分親疏、序長幼五者)又天論篇：「君子啜菽飲水、非愚也、是節然也。(註節謂所遇之時命也。)節之在上位者能行「尚賢、使能」五者、其有不亨者乎！又君子日進、小人日退：蓋君子「啜菽飲水。」敬其在己而不慕其在天者也、小人反是。此其所以相縣者。「啜菽飲水」則人能安其分者也、在上在下之位其安時守命、福佑介其中矣！節之所以亨者此也。

苦節不可貞。貞之爲言正、信、當也、問也、事之幹也。精誠也。定也。來知德云不可久也。苦有火味、羊、枯、惡義。厭惡彼常道禮和、制度，厭惡志操、彼所以長養經歷。是之謂違反人性倫常。卦辭叮嚀不可貞、不可我行我素視作正當、可不卜問而知斯行不合時宜、不能長久守離道生活視作貞信常道一成不變。視彼常道禮和制度爲枯爲辛、信守不變之不可也。　茲檢視古往賢者如何調配苦節？

彖曰苦節不可貞、其道窮也。　象云：節、君子以制數度、議德行。　鄭玄：節以制度、不傷則害民。　王弼：剛柔分、男女別爲節之大者。　孔疏：節止義。過苦傷刻薄、物所不堪。　李引虞翻：五節中正、三變離炎上故苦節。乘陽故不可貞。　司馬光：知說不知險則民不肅而慢，知險不知說則民不親而乖。說以行險、得節宜。　程頤：節過則苦，苦豈能常？　蘇軾：苦節謂六三也。　張浚：節太剛則暴，太柔則不立。中正無過無不及能亨國長久。　張根：苦節、已甚之謂。天地節以中和爲貴。　朱震：上六守而不變、苦節也。違反情理之正。立節太苦、過猶不及。　鄭汝諧：禮之本聖人寧儉、寧戚。苦節不可正、非可傳可繼之道。　李衡引石：制節謹度莫大乎人倫。苦節夷齊餓死、陳相君臣並耕。人所不樂。引薛：過苦傷陋，不可以爲正。　楊萬里：天地節而四時成。過節則不可久。　朱熹：（節）太甚則苦，戒不可以守以爲正。　項安世：節、止也。苦節不可貞指上六。　趙秀肅：節止不中而歸中正。澤上水滿後流、節象。　楊簡：內節己、外節物。苦節非道、節之拂人欲，太難。故必和說行之。　吳澄：猶竹節有分限。苦火之味，上六火熏、節之太過則不可貞。　梁寅：節人欲、存天理。節當則亨。過中正者苦節。貞、常也。苦節爲常、安得亨乎！　來知德：火炎上則作苦、不可貞。人之仕止久速、各有攸當。如屈原投河、陳仲子不食、皆非經常而不可久者！　王夫之：竹節有度而不踰。不順天理不可爲貞。　毛奇齡：互震甘，大離苦。居上位、受炎苦。苦則窮。卦自泰來。　折中引：節以禮乃亨。過苦傷陋。　李光地：節能止能行。止行有自然之限制。　李塨：如上六苦節、雖正不可。　姚配中：地中无水變困。故澤中有水名節。不可以多而費也。　吳汝綸：節止、撙節、節文、節操、節度。苦節勢不可久。貴難而自刻者皆苦節。如鮑焦於陵仲子是也。　丁壽昌：鄭曰傷財害民，蓋訓節制度爲節儉、節中固有儉義。　曹爲霖：晏子豚肩不掩豆、梁武以麵爲犧牲則非經常而不可久。　星野恆：節取竹節義。上六是過節而窮者。貞守則不免凶。然寧失於苦故終亡其悔。　馬通伯：歐陽修曰節者人之所利也、太過、貴難自刻者皆苦節。　楊樹達：尊卑暑儉所以爲禮……爲其節也；明王養民、憂之勞之、故易美節爲不傷財、不害民。　劉次源：陰陽節不使濫溢。苦節太過非人情所說。釋氏出家窮于法故。苦節貞則天下不可企及也。　李郁：節爲禁非之卦。節義能豐能儉。苦節上六，過節則苦故不可貞。　徐世大：符節、節約。節有積有時窮。苦苦節約不可持久。　胡樸安：竹約。渙立祖廟後教以禮文節制也。說行險犯難不可太過。　高亨：節者儉也。苦節者以儉爲苦也。則必奢、君子病國小人敗家。故苦節不可貞。　李鏡池：節儉與禮節屬修養。如果看成苦事、那就不利。　屈萬里：謚法：好廉自克曰節。高氏注苦節者以儉爲苦。廣雅：苦窮。按窮、極也。　傅隸樸：節是約束。苦節違反人性、強人所難。拂性則法懸不用。　金景芳：查慎行以聖人不取苦取甘。不于貞于亨。貞作久解。查氏講得好。　徐志銳：守中不超越中線就能亨通不窮。過中再去節制就困難了。是窮途末路。故苦節不可貞，其道窮也。張立文：厭惡節儉則不能恪守正道（或成大事）本卦把節儉作道德規範。

苦並不可怕：大禹惡旨酒惜才陰。曹植妻衣繡、太祖見而賜死。蓋曹操性節儉、後宮衣不錦繡。植妻違制命故也。梁高祖武皇帝形容壯、日一食惟豆羹糲食、身布衣皁帳、一冠三載、一被二年、不正容止、不與人相見。其恭儉莊敬如此。蔣介石退守台灣、物資缺乏、其勉全民有所謂克難運動。精神上給予希望、謂一年準備、二年反功、三年掃蕩、五年成功。爲復國令全民咬緊牙關、確也創造成以苦爲常、短期忍苦耐勞逢勃氣象。彼等所以能忍苦耐勞、有一璀璨遠景在誘導群衆以苦節爲貞之可行也。如劉次源者云「苦節太過非人情所說、釋氏出家窮于法故。苦節貞則天下不可企及也。」是劉次源不知釋氏之熱切追求者、彼外道富貴中人視爲苦者、正彼所樂以了脫業障、遠離苦海、欲登彼岸之大智慧。求生淨土、不再輪迴。所謂證得無上正覺、圓滿無上大菩提也。彼佛子所以能忍凡人所不能忍、苦行僧以修苦節爲貞、正是彼所沿以行走者乃菩提大道無上正等正覺。阿耨多羅三藐三菩提也。常人有目標、有遠景、一時之間實可以忍受違反生理常道非人性生活、但絕不可視作彼非人性生活爲必然、視作常道、永遠強制大多數人民過「水深火熱」日夜煎熬以爲砥礪士氣節操！以違反人性倫常爲樂者、蓋非人也、其爲神乎？故苦節不可爲貞。爲常。彖云道窮者、無目標、信守苦節以爲經者也。象之制度議德、蓋樹一遠景在矣。孔穎達云過苦則傷刻薄。程子之苦豈能常。正謂常理常道也，若夫有所背負或有理想欲建非常之業者、一時之間過苦日子、可以蔚爲風氣矣！司馬光、張浚之言、戒統治者也。蘇軾以六三爲苦節。而爻文明示以上六爲苦節。故常震、項安世、吳澄、李塨、星野恆、李郁、皆謂苦節上六。蘇軾以六三爲苦節成爲絕響。「夷齊餓死、陳相並耕。」各有嚴肅標的在。李衡引石謂人所不樂。然則文天祥死元、秋瑾死清、馬克思共產。不有一嚴肅前景、如何激厲貪生怕死？屈節負重？所謂過猶不及。太甚則苦。節之拂人欲、太難。王夫之云不順天理不可爲貞。有時人定勝天、克天、創造另一人造天境、何如？雖一時之間過猶不及、太甚之苦、拂人欲，而雨過天晴矣！劫後餘生、地獄去來、再回頭不順天理者順矣！君子之所以能創造環境、如日人星野恆云「寧失於苦故終亡其悔」者也。高亨云「以儉爲苦必奢、君子病國、小人敗家。」從反襯不節儉之所以窮。胡樸安云立廟後禮之節文、李鏡池云節儉禮節。是吳汝綸云節止、撙節、節文、節操、節度。及節之爲及節制、節乎性、節量、節氣、節奏、節義、節支、節符等之一環、皆所以爲節也。吳汝綸云「苦節勢不可久。」高亨云「以儉爲苦。」心境上一苦則無不苦矣！爲掙脫苦則無所不用其極矣！能甘之如飴乎？無同樣目標心志、子虛烏有、人樂我苦，是苦節不可爲貞常之道勵人勵己也。節之所以亨、苦節之所以亦爲亨者、繫乎一目標也苦盡甘來。常理則過此要人人看作平常、藐視禮法制度、其不可也乎？社會活動爲多元設計、節之所以亨、苦節則不能亨、故亦不可爲貞也。

初九、不出戶庭，无咎。

象曰：不出戶庭，知通塞也。

王弼：節初將整離散、立制度，故明通塞慮險、不出戶庭、愼密不失，然後事濟而无咎也。

孔穎達：節初將立制度、宜愼密不出戶庭，若不愼而泄，民情姦險應之以僞，故愼密不失然後事濟而无咎。

李鼎祚引虞翻：泰坤爲戶、艮庭震出，初得位應四，故不出戶庭无咎矣。

張載：見塞於九二，故不出。

程頤：戶庭、戶外之庭，門庭、門內之庭。初陽在下有應，戒謹守不出戶庭則无咎。戒甚嚴也。初非能節，不謹於初，安能有卒！

蘇軾：節者事之會，發而中其會謂節。詩東方未明刺无節也。詩曰不能晨夜不夙則莫，言无節也。澤節水者、節人者也、水始至澤當塞，故初不出戶庭爲无咎。

張浚：愼密不出、事乃克濟。節初尤當謹言。古之君臣必用密，況居節初，居下位。用說行險，可不愼乎？兌初爲戶爲言語，兌閉塞之時爲知通塞。

張根：外卦受節者也。內卦節物者也。節初最處下、故不出戶庭无咎，至二則失之矣。

朱震：初四正應故曰通、二近窒其行故曰塞。五艮爲門闕、四在門闕中爲庭不出自守以正，動有險故不出戶庭乃无咎。不出在言語則默、易傳通則行塞則止、君子貞而不諒。

鄭汝諧：應四通也。陽居前塞也。不出戶庭知通塞之宜，可以无咎也。

李衡引陸：初節制之始、心无私係、愼密不出然後无咎。引牧：以中道節止物通。防言語不出戶庭，愼之至也。初承渙未、未至節、弗行其節、故曰知通塞。

楊萬里：節天下始於節一家、節一身。顏子節性不遷怒、不貳過、一簞瓢。喜怒節、過愆節、奉養節矣！何咎之有！初九窮在下故不出戶庭。

朱熹：戶庭，戶外之庭。陽剛得正，居節初，未可以行，能節而止者也。

項安世：初在兌下爲戶主言，闔戶不可言，不可出。凡事當密而不密謂失節。初九卦下、其節在謹密、故曰不出戶庭、知通塞也。

趙彥肅：初當潛，爲陰所節，不得上行，外卦有陰以止之，故不出。

楊簡：不出戶庭知止節也。二奇爻阻其前，不當出則無咎。出處之道一也，當處斯處故曰知通塞也。

吳澄：初變爲耦象戶，二在戶前爲庭。二剛畫塞于前、不可出、占當節之初、守正不出故无咎。

梁寅：節之外卦爲坎險在前。初九陽剛得正、去險尚遠，能不出戶庭、時止則正、此節之當者也，无咎之道也。

來知德：初陽得正，居節初、知前爻蔽塞、所應險難不可以行，故有不出戶庭象。不失身、不失時，知節者也，故占者无咎。

王夫之：初、澤之底、非堅必漏。戶庭、外楹閒也。時方在室內未行道，宜縝密，陽剛不實，防陰之流，愼於內而不使出。涵其有餘以待不足，雖過愼、自无咎。

毛奇齡：澤能節全在初畫。一剛自守、不出戶庭者、知節之通在乎塞而後有此也。古室有戶、戶外堂、堂下階前相直曰庭。互艮爲庭。初二兩陽鍵若關牡故不出。

折中引王申子曰：居正、知時未可故謹言謹行至不出戶外之庭、知節能止故无咎。引徐在漢曰坎變下一畫爲兌、象止坎下流。戶節人出入、愼密不出所以无咎。

李光地：澤上有水爲節、水流通，澤止塞，故取通塞爲義。下卦澤止、三則溢流；上卦水行，行極而止。初澤下、二澤中故曰不出。初處下居初當止、知通塞故无咎。

李塨：初在澤底、爲二陽所蔽、故知通在于塞、不出戶庭、无咎之道也。古室外有戶、戶外爲堂、堂下爲庭、庭外乃門也。互艮爲門。初二、二陽在內故不出。

姚配中案李注：初之四則失位，故不出戶庭无咎。謂不之四。案虞注：艮止、水止故塞、故初不之四。旣濟則相應矣。

吳汝綸：初二兩爻明進退之節。易以陽前爲塞、陰前爲通。初不出以九二在前，故曰知通塞。

丁壽昌：崔憬曰初應四坎險、不通象、室庭愼密守節。李資州四互坎艮爲門闕、四艮中爲內戶。蘇蒿坪曰戶庭門庭連言，兌一陰在上、戶象。惠定宇坎通兌塞，老子塞其兌。

曹爲霖：初應四、本爻爲安節亨者退居之位。漢後帝之末，中常侍黃皓用事、合與皓比屋周旋三十餘年、澹然自守、不爲皓愛、不爲所憎。亦不罹其禍、深得此爻之旨。象知通塞者甯塞毋通以知時也。

星野恆：內戶外門。戶庭在中門內。戶外之庭。陽居下、上有正應。雖不及有爲而不妄進。時未可當韜晦自處，待時以動。如伊尹處畎畝中，此君子之道也。

馬通伯：馮椅曰說文戶、護也。半門爲戶。胡一桂曰本爻前陽爻爲戶、陰爻爲門。其昶案乾坤易之門。乾爻惟九三出乾入坤、初二皆不出者。初得位有應其不變无咎。蓋閉關自治之時也。

劉次源：初居澤下防滲漏也。不出戶庭、藏之密也。時未可行則勿行，咎何由得也。傳象知塞則知通。

李郁：節、愼于出入之際也。初爲戶庭，雖爲出入之地，可通可塞。謹之於始不輕出焉，故无咎。

徐世大：初不出戶庭，乃個人或小團體之節約故能無尤。故譯文：不出內院，無妨。

胡樸安：半門曰戶。戶庭，室內也。在室計畫，通塞知之甚審。故象曰知通塞。此時行事，節或不節，無所表現，故无咎。

高亨：筮遇此爻，不出戶庭乃無咎。今俗間卜書云「不利出門。」意與此同。

李鏡池：戶庭：家室之內。這是承上爻苦節說的。苦于禮節，如果在家庭內，隨便一點還不要緊。

屈萬里：室門曰戶，外門曰門。儀禮用法皆如此。

傅隸樸：節卦爲補救渙卦離散而設。初九正是新政與亂政交替之際，行事要特別機密。不出戶庭是閉口不言。機密不洩，不致害成。

金景芳：澤上有水，水有行有止。多要排出。王申子說：「陽不得正，知節而能止者，故无咎。」吳曰愼傳象說：「初九不出戶庭，知塞也。兼言知通。二失時極，知塞不知通故凶。」

徐志銳：以澤節水立義。下三爻專論通塞，上三爻論流止。初剛象澤底是封閉的。肯定只能塞蓄水，不能通。通就失去以澤節水的作用。

張立文：初九，不出戶牖，无咎。 譯：初九不出家門，沒有災患。 牖通行本作庭。戶牖即堂室。

林漢仕案：不出戶庭、所以无咎者、象云「知通塞也。」因初知通塞而善補過，故无咎。茲輯諸易傳大家言、看初如何在不出戶庭下補過：

序卦渙者離也。物不可以終離，故受之以節。節而信之，故受之以中孚。 雜卦渙離節止。 王弼於是云：節初整離散，立制度。不出戶庭、愼密不失，然後事濟无咎。 孔疏：若不愼民姦險應之以僞，故愼密然後事濟无咎。 虞翻：初得位應四，故不出戶庭无咎。王、孔言初經過一番折騰、立制度、愼密從事有功、然後補缺。初无位之民也、以无位之民治姦險之民、不出戶庭而有是功，所謂「事濟而无咎。」不无天方夜譚乎哉！初亦民也、無位如何「立制度、整離散」？虞翻於是補充說明：「初得位應四。」初既得位、又應得位之四、故有是能耐、不出戶无咎也。

象云初知通塞。張載於是云「見塞於九二、故不出。」 程頤：戶外之庭。嚴戒謹守不出、初非能節、不謹初安能有卒？ 程子謂「初非能節」，王弼、孔穎達之謂「初整離散、立制度。」是過乎厚愛初矣！

蘇軾云：「澤節水者、節人者也。故水始至澤當塞、故初不出戶庭爲无咎。」 張浚：「居初居下、用說行險、可不愼乎？」以上蘇、張皆以上水下澤組成卦象以說卦。用說行險、下兌說、上坎險也。水始至澤、上水下澤也。似仍不能明初如何補過？

張根：外卦受節、內卦節物。節初最下故不出戶庭无咎。 朱震：初四應故通。五門四庭、動險故不出、不出在言則默。易傳通行塞止、君子貞而不諒。 鄭汝諧：應四通、陽前、塞。不出知通塞、可以无咎也。 李衡引陸：初心无私係。引牧：言不出戶庭、愼之至也。初未至節、弗行其節故知通塞。 楊萬里：初窮在下故不出戶庭。節天下始於節家、節身、一簞瓢、不遷怒貳過、何咎之有！ 朱熹：戶外之庭。剛正居初，未可行、能節而止者也。以上言初不出戶庭原因：①初最下。②五門四庭、動險故不出。不出言則默、易傳塞止、君子正而不諒。③陽在前塞。不出、知通塞。④初未至節、弗行其節。⑤初窮在下、節家節身、不遷怒貳過何咎！⑥剛正居初、未可行、能節而止者也。

項安世：闔戶不可言、不可出、初九卦下，其節在謹密。 趙彥肅：初當潛、爲陰所節、外卦有陰止之故不出。 楊簡：二奇阻其前。不當出則无咎。出處之道一也。 吳澄：初變耦象戶、二庭塞前、占守正不出故无咎。 梁寅：外卦坎險、初剛正去險尙遠、時止則止。來知德：初陽正、知前蔽塞、應險不可行。不失身失時、知節者也。故占无咎。 王夫之：澤底非堅必漏，庭外楹閒。雖過愼、自无咎。 毛奇齡：澤能節全在初畫。一剛自守、不出戶庭者。初二兩陽鍵若關牡故不出。 以上以⑴言不可出因闔戶。 ⑵初當潛、爲陰所節、外卦陰止之故不出。 ⑶二奇阻前、不當出則无咎。 ⑷初變耦戶、二庭 塞前。 ⑸初剛正去險尙遠、時止則止。 ⑹初正、前塞應險、不失身失時，占无咎。 ⑺雖過愼、自无咎。 ⑻澤節全在初二兩陽、鍵若關牡故不出。 陰阻陽也阻、言因闔戶不出、初時止則止，不失時失身者也。又初陽若牡、鍵故不出。初九之困坐愁城者也。王夫之言雖過愼自无咎。初之過愼矣夫，動輒有咎！

折中引曰初居正、知時未可故。又引徐曰坎變下一畫爲兌、止坎下流。戶、節人出入。 李光地：水通澤止故取通塞爲義。初澤下故不出。居初當止。 李塨：庭外爲門、互艮門。初二兩陽在內故不出。 姚配中引：初之四則失位，故不之四、不出戶庭无咎。 吳汝綸：易以陽前爲塞、陰爲通。初不出以九二在前。 丁壽昌引：初應四坎險不通象。引蘇兌一陰在上戶象。惠定宇坎通兌塞。老子塞其兌。 曹爲霖：象知通塞者甯塞毋通以知時也。

⑴折中言坎變下一畫兌、止坎下流、戶、節人出入。能有是勢力、止下流節出入、初非阿蒙矣：故云知時未可故。李光地亦以居初當止、初澤下故不出。⑵李塨以互艮門、初二兩陽在內故不出。⑶初之四失位故不之四爲不出。⑷應四坎險不通。兌一陰在上戶象。兌塞、老子塞其兌。⑹寧塞毋通以知時。

星野恆：陽居下、上有正應、時未可、待時以動。當韜晦自處。 馬通伯引馮：說文戶、護也。胡一桂陽爻戶、陰爻門。其袒案乾坤易之門。惟九二出乾入坤、初二皆不出。蓋閉關自治之時也。 劉次源：不出戶庭、藏之密也。時未可行則勿行。知塞則知道。 李郁：節、愼于出入之際。初可通可塞，不輕出故无咎。 徐世大節約故無尤。不出內院、無妨。胡樸安：半門曰戶。戶庭、室內也。節或不節、無所表現故无咎。 高亨：今俗卜書云：

「不利出門。」意與此同。　李鏡池：苦于禮節、如果在家室內、隨便一點還不要緊。

屈萬里：儀禮用法皆如此。　傅隸樸：節補救渙而設、新政亂政定替之初、機密不洩、不致害成。　徐志銳：初剛、澤底封閉、肯定只能蓄水、不能通。　張立文：初九不出家門、沒有災患。

⑴初當韜晦自處。　⑵陽戶陰門。乾坤易之門：九三出乾入坤、初二閉關自治時也。⑶不輕出、無表現。筮遇此爻，不出戶庭乃無咎。　⑷苦于禮節、在家隨便點不要緊。⑸新政交替之初、機密不洩、不致害成。⑹初剛澤底封閉、塞不通。初无位而能立制度、整離散、蓋應乎四。果眞國家興亡、匹夫有責。楊萬里以爲顏子節性不遷怒。星野恆謂伊尹處畎畝中。初爲顏子、爲伊尹？而非舜在畎畝中？

「初見塞于二。」「初非能節。」依張載與程頤之見也。繫辭云剛柔相摩，八卦相盪。於是八卦以象告、爻彖以情言。變化云爲、占事知來矣！故往今來觀象、玩辭、玩占者、果然幽明之贊則思過半矣夫？水澤——節卦、於是乎有言用說行險。陽上陰下（中男長女）剛柔不亂。（王弼）動險故不出。（朱震）陽前塞。（鄭汝諧）項安世謂闔戶不可言、不可出者。又以下卦兌坤爲闔戶（六三）。而繫辭：「闔戶謂之坤，闢戶謂之乾。」節初爻乃乾、其當闢矣！下卦坤者六三也。胡一桂謂乾一畫爲戶、坤⚋爲門。吳澄則以：「初變耦象。」蘇蒿坪亦謂兌一陰在上戶象。惠定宇引老子「塞其兌」。案老子之塞其兌、指耳目口鼻也。（高誘注）此外又有：開其兌、濟其事、終自不救。塞與開在於不病不得也。

而老子尚有：「不出戶、知天下；不窺牖、見天道。」能知能見者、善使人盡力效己也。亦見其統御之精、善聽之聰。然則惠定宇云塞其兌者欲不病乎？陰陽孰是門是戶？吳澄、胡一桂、蘇蒿坪、孰爲君等仲裁？而言初爲戶庭者、初本身即是戶即是庭也。李郁云「初爲戶庭。」以上計躋說、另加象，王孔程蘇張、共得卅其不出戶庭爲无咎說、夥矣！說者之多也！

節之所以爲亨者、其爲在位之人耶！尚賢使能、亨；其爲在野之人耶、雖無位而啜菽飲水，按步當車、晚食當肉、亨未嘗離女一步也！蓋其心賢乎？與吾儒者窮獨善身、違兼善天下說相通也。上三十說中，對號入座：初窮在下故不出戶庭。（楊萬里）初陽正，應險不可行、不失身失時、占无咎。（來知德）寧塞毋通、以知時也。（曹爲霖）初韜晦自處。（星野恆）初二閉關自治之時也。（馬其昶）初九之所以不出戶庭，蓋善補過也。如何補？韜晦自治，俟通俟達可以出而飛龍在天、可以潛。（趙彥肅）潛龍勿用。詐癲吃馬糞，未出也。出則敵無遺類矣！其爲潛也、愚也、老子之「不出、知天下；不窺牖、見天道。」象云「知通塞」者、是節初九不出戶、知通塞而善韜光、善補過也。所以无咎者无咎矣夫！

九二、不出門庭，凶。

象曰：不出門庭，凶。失時極也。

王弼：初造二宣，而故匿之，失時之極，廢矣，故不出戶庭則凶也。

孔正義：初制法、二宜宣、匿之失時，可施之事廢矣，不出戶庭所以致凶。

李鼎祚引虞翻：變之坤，艮爲門庭，二失位不變，出門應五則凶。故言不出門庭凶矣！

司馬光：九二以陽居陰，失夫節者也。

張載：體柔位陰，故不出門庭，凶。

程頤：二剛中、然處陰居說承柔、不正失剛近邪也。不之外從五謂不出門庭、二五非陰陽正應，失德失時是以凶。　傳象：係於私暱之陰、失時、失其所宜也。

蘇軾：以澤節水，虛納滿流、權在澤。水至當通不當塞，九二以不出門庭爲凶，言當通而不通，節於未滿，失時至極。節之初太早，節之三太莫，故九二施節之時，當發之會也。

張浚：九二漠然不知應五有爲于節，是才健而不肯任事者。容說取媚，失時之凶！三兌體居險下，臣之不正者，艮門庭，艮止不出，互震當動而止，失動之機故曰失時。

張根：以躁而居內故，況于下乎！

朱震：極至中也。二動歷四應五成震門，四在門闕中爲庭，二以中應五中極故時中。若說三陰不知變，是自失也，故聖人戒之。

鄭汝諧：三四皆柔在前不我拒，可出而獨止，不應五、失時之中、凶道也。半門戶小可不出，二戶門大不出則凶。

李衡引陸：以剛居中、失位於內，不能行節制之令，失時之極。　引牧：初未履中猶可待。二履中當行失時則爲極，極甚也。

楊萬里：初處士、二大臣、逢九五中正君、宜佐以節天下之欲、節君欲、時不可失也。今私淑門庭而已，一何不廣故凶。九二說主，容說之臣故也。

朱熹：門庭、門內之庭。二當可行之時而失剛不正，上无應與，知節不知通，其象占如此。

項安世：二互震爲門而主動，震闢戶可動，不可不出。九二與五正對，五動二不動則失時之節。故曰不出門庭、凶。失時極也。義與節通。

趙彥肅：陽爲陰節，不相上行，外卦有陰止之，故皆不出。二當見也。得失異。

楊簡：二前無阻，三耦爻有門象。九二猶止節不出，則爲失時之凶。然則苦節固塞亦非道之所貴，孔子疾固其此類歟！

吳澄：二變柔成震，艮之倒有門象。三四在前爲庭，皆耦无窒礙，出三四合剛中正之九五矣。敵應不相與故不出門庭。占可出不出、不合時宜故凶。

梁寅：二大臣位，與五雖非正應、然同德、往助出險乃人臣之節也。今二效初不出戶庭是知節不知通！當蹇蹇之地而高不仕之心、能无凶乎！當是位得是占、亦蓋自省矣。

來知德：二前无蔽塞，可以出門庭矣。但陽德不正、又無應與，故有不出戶庭象。惟知有節而不知通其節，節之失時者也。

王夫之：門大門、庭其廡也。既審愼於內而出於外矣，則行焉可矣，又從而節之、愼而無禮者也。剛非其位，知塞而不知通，故凶。

毛奇齡：門庭者門內之庭。互震剛、向爲震柔、今剛、澤動必溢。雖二多譽亦凶。蓋恐失時中之節也。六爻皆取節、與奢寧儉。舊說不出門庭爲過節之戒、世無是理！戒其不節、非戒其節也。

折中引朱子語類：初爻戶庭，二門庭。引錢志立：初瀦水、二洩之。同道則失其節矣。

案：初澤底瀦不出宜也，澤中二不可閉塞不出、是絕物自廢！

李光地：二可行而止爲失時、義凶。二德非不善、以卦取澤水爲通塞、閉坎水之下流，二在中此所以失時之義。

李塨：初九知塞幷許其知通，以其知時即節也。九二居澤中、上无蔽塞、偶開門可出矣。乃以剛居柔、處門內之庭不出、豈不失時之至乎！欲辭凶而凶至矣！

姚配中象注案：當其可之謂時，二當化不化故失時極。呂覽曰不知事者時未至而逆之，時旣往而慕之，當時而薄之。

吳汝綸：二則可出而不出故有失時之凶也。

丁壽昌：正義以極爲中、蓋本古注。時極即時中。九二有中德而自失之。程謂失時之極。非也。蘇蒿坪曰三上互艮爲門庭。愚謂九二艮止在上故不出門庭也。

曹爲霖：東晉永和四年以蔡謨爲司徒，詔書屢下終不受。公卿奏謨傲，請送廷尉，謨懼素服詣闕稽顙待罪，詔免爲庶人。象所謂失時也。陳氏曰李業：王皓不去亂邦、爲公孫述所殺，亦不出門庭之凶者。

星野恆：門內之庭在中門外。爻以陽居陰、上無應、固執一節、知退不知進。士遇時不出與時不可而出、其爲失中也」、此所以不出門庭凶也。

馬通伯：二失位无應、不變則凶。前陽爻爲戶、有閉塞象。前値陰爻爲門、開通象。今六三重門洞開不與之應、所以凶。時當變未有能獨達者。二剛中致凶正坐不知時變耳。

劉次源：門外之庭、可行時也。處陰而失剛德、當出不出、失時之極，遲疑也。知塞不知通、凶其宜也。

李郁：二爲門庭。非如戶之可常閉。不由此出則非正。二失位無應故凶。　傳象：極中不當節而節，失時中之道。

徐世大：若節約擴大至門庭、則主張節約者爲衆矢之的，子弟頑劣、施報壞、求節得損。譯不出外院，禍事。

胡樸安：在室曰戶、在宅曰門。門庭、室外之庭，已出戶矣。行事有所表見。不節而嗟、或苦節而窮，皆不得節之時而凶。故象曰失時極也。極洪範六極，言凶極也。

高亨：筮遇此爻、不出門庭則凶。宜去家外遊也。今俗間卜書云「不利在家。」意與此同。

李鏡池：門庭：住宅區城內。這是承上二爻說的。苦于禮節、隨隨便便、在住宅區內很糟糕，很容易違反禮法，故凶。出門交際、更不用說了。

屈萬里：傳象引集解虞翻曰：「極，中也。」

傳隸樸：初九創制立法、應機密。九二執法、當廣爲宣傳才是正理，九二狃初不出戶庭无咎，也不出門庭，不知時宜、實近於不教而殺謂之虐！難怪爻辭斷之以凶了。

金景芳：折中按語：「澤止、水行。節以止爲義。澤水方瀦、不出宜也。澤中則當兼蓄洩之道、不可閉塞不出也。」蘇軾傳象：「澤當塞不當通、水至當通不當塞。」郭雍說：「初知塞、二不知通。不知通有失時之凶。這裡有辨證法。

徐志銳：初澤底、二澤中間、水已漲到澤中間、續阻就有横溢的危險。人不出門庭比喻水止澤中不能流通。蘇軾水始至當塞、既至不當塞。言當通也。九二失了時中的機會、節制太過、造成災難性的後果。所以凶。

張立文：九二，不出門廷，凶。　譯：九二，不離家外出，就有禍殃。　廷庭古通。門庭即宅內。

林漢仕案：初九不出戶庭、无咎者。善補過也。位本在下、能扮演「思不出位」、一無可畏之順民耳、孰有餘思追蹤殲滅厥類小人？九二則不然、其行行乎哉！非只是門庭戶庭之處差別待遇也！九二露才揚己、又妞妮作態、不爲時用。衆人皆謂九二當通不通、張浚謂二才健而不肯任事。九五陽剛中正、虞翻謂應五則凶。程子、張浚、鄭汝諧等云：不之外從五謂不出門庭。是九二不知應五、失時是凶。吳澄云：「五剛中正、敵應　不相與故不出門庭、不合時宜故凶。」姚配中云：「二當化不化，故失時極。」馬通伯云：「二失位无應、不變則凶。二剛中致凶、正坐不知時變耳。」星野恆謂九二「上無應、知退不知進、士遇時不出、與時不可出、其爲失時也一。」九二形象之塑造、進退皆凶、不動、坐不知時亦凶。凶也者有閃失也。九二何爲有閃失？茲彙前賢闡述以見其大概：

象云：「失時極也。」王弼：「二宣而匿、失時廢矣！」孔穎達：「二宜宣、匿失時。」李引虞翻：「二失位不變、出門應五則凶。」司馬光：「二陽居陰，失節者也。」張載：「體柔位陰、故不出門庭凶。」程頤：「二不正失剛近邪，不從五謂不出門庭。非正應失德失時是凶。」蘇軾：「九二當通不通、施節之時，當發之會，節於未滿、失時之極。」張浚：「二才健不肯任事者。漠然不知應五。容說取媚、失動之機、故曰失時之凶。」張根：「躁居內故、況于下乎！」朱震：「二動以中應五中極故時中。若說三陰不知變，是自失也。」鄭汝諧：「三四柔、我不拒、不應五、失時之中、凶道也。」李衡引陸：「剛居中、失位於內，不能行節制令、失時之極。」引牧：「二履中當行，失時則爲甚。」楊萬里：「二大臣、宜佐節天下欲，今私淑門庭、一何不廣？故凶。二說主、容說故也。」朱熹：「二當行失剛不正、上无應與、知節不知通。其象占如此。」項安世：「五動二不動時失時之節。」趙彥肅：「陽爲陰節、外卦有陰止之，故皆不出。二當見、得失異。」楊簡：「三耦門無阻象、二猶不出則失時之凶。孔子疾固、其此類歟！」吳澄：「二變震、艮倒門象、三四耦无窒礙、然敵應故不出。占可出不出故凶。」梁寅：「三大臣與五同德、高不仕之心，能无凶乎！亦蓋自省矣！」來知德：「二前无蔽塞、陽不正又無應與、不知通其節、失時者也。」王夫之：「剛非其位，知塞而不知通、愼而無禮者也。故凶。」毛奇齡：「二多譽亦多凶。蓋恐失時中之節。舊說不出門庭爲過節之戒。世無是理。戒不節也。」折中：「澤中二不可閉塞不出，是絕物自廢。」　李光地：「二德非不善，卦閉坎水下流，所以失時之義。」　李塨：「九二上无閉塞，處門內不出，豈不失時之至乎！欲辭凶而凶至矣！」　姚配中：「當其可之謂時，二當化不化故失時極。」　吳汝綸：「二可出不出故有失時之凶。」　丁壽昌：「正義時極即時中。九二中德自失。程謂失時之極，非也。九二艮止在上故不出門庭。」　曹爲霖：「陳氏曰李業、王皓不去亂邦，爲公孫述所殺，亦不出門庭之凶者。」　星野恆：「陽居陰無應，知退不知進。士遇時不出與時不可出而出，其失中也一。」　馬通伯：「二失位无應，不變則凶。二坐不知時變。今六三重門洞開不與之應，所以凶。」　劉次源：「處陰失剛德，當出不出，知塞不知通，凶其宜也。」　李郁：「二非如戶可常閉。不由此則非正，二失位無任故凶。」　徐世大：「不出外院，禍事。」　胡樸安：「門庭，已出戶矣。極，洪範六極言凶極也。」　高亨：「筮遇此爻，宜去家外遊也。俗間卜書云：『不利在家。』意與此同。」　李鏡池：「門廷，住宅區內，隨隨便便，很容易違反禮法，故凶。」　屈萬里引虞翻「極，中也。」　傅隸樸：「初創制，二執法。狃初不出，也不出門庭，不知時宜，近於不教而殺謂之虐，難怪爻斷以凶了。」　徐志銳：「人不出門庭，比喻水止澤中不流通。二失時中，節制太過，造成災難性的後果。所以凶。」　張立文：「不離家外出，就有禍殃。」

象云失時極，王弼云失時廢，虞翻云失位不變。司馬光云失節者。程頤云不正失剛非正應、失德。張浚云失動之機。鄭汝諧云失時之中。胡樸安：極言凶極。屈萬里：極，中也。然則九二是失時極、失時廢、失位、失節、失剛、失德、失動、失時中。繫辭：吉凶者、失得之象。一切失、一切凶、究其源、九二在失動。李鼎祚引虞翻云「二失位不變。」朱震云：「二動以中應五中極故時中。」失動、故二雖才健、不肯任事者。（張浚云）梁寅亦數二「高不仕之心。」毛奇齡疑曰「舊說不出門庭爲過節之戒。世無是理。」回應、並自行擬議：「蓋恐失時中之節。」二當化不化。（姚配中）可出不出。（吳汝綸）知退不知進。（星野恆）知塞不知通。（劉次源）世如管仲、樂毅、留侯、諸葛亮者、不爲王佐、不爲世用、於其個人言、錯失表現機會、空具天生我才！於國家社會言又是一大損失。齊桓無管仲、如何九霸諸候、一匡天下？劉邦失張良、天下未可知、恐鼎立局面提前四百年出現。生靈塗震、是天下人之凶也。彼才不爲我用、恐資敵。不爲我用爲敵所用、是有才者不出門庭之大忌也！「九二才健不任事，高不仕之心。」應是不出門庭、凶。之主要關鍵。九二正是彼關鍵人物。徐世大、高亨、張立文似乎抓住卜書云：「不利在家」，恐有雞犬禍也。故云不出外院、宜去家外遊、不離家外出、就有禍殃！離家則雞犬代之矣！九二是「愼而無禮者」乎？（王夫之）九二是「士遇時不出、與時不可、出，其失中也」者乎？（星野恆）九二「說三陰不知變、是自失」者乎？（朱震）論語子曰：「恭而無禮則勞。愼而無禮則葸。勇而無禮則亂。直而無禮則絞。」禮之用、和爲貴。九二不和矣！豈九二眞如程子云「失剛」而畏首畏尾者？楊簡云：「孔子疾固。其此類歟！」論語毋意毋必毋固毋我。九二眞如朱子言「知節不知通、其象占如此。」二固執己見矣！楊萬里云：

「二大臣、宜佐節天下欲。」梁寅云：「二大臣與五同德。」傅隸樸云：「初創制、二執法。」徐志銳云：「二節制太過、造成災難性的後果。」九二非愼而无禮則葸者，非固陋固執己見者矣？謂二說三陰不知變。（朱震）吳澄云「三四耦无窒礙。占可出不出故凶。」九二、象云失時極。欲加之罪者何患无辭乎！當宣而匿、躁居內故、私淑門庭、絕物自廢。設九二大才如管樂、時君大奸如曹阿瞞、必殺如我才者而後安、出處拿捏、愚慧之間、无常是之理、无常非之事。易既爲君子謀矣！此其應有所戒也。毛奇齡云「戒不節。」亦云戒斯時不只君擇臣、臣亦擇君矣。而爲九二之當宣、宜宣、蓋亦時至矣夫！朱震云二動、以中應五時中。則前所謂失時極、失時廢、失位、失節、失剛、失德者皆一掃而去矣。孰爲君子、其象占如是也。若夫外出而雞犬代之矣者、其謀不亦小乎！亦助長愚而好自專之坊間卜風！

六三、不節若，則嗟若。无咎。

象曰：不節之嗟，又誰咎？

王弼：若、辭也。陰處陽，柔乘剛、違節之道，哀嗟自致，无所怨咎。

孔穎達：節者制度卦，失位，驕逆違節之道，禍將及已。禍自己致，无所怨咎故曰无咎。

李鼎祚引虞翻：三節家君子也。失位故節若，嗟哀號聲。震音聲，爲出，三動正體離，坎涕流出目故嗟若，得位乘二故无咎。

司馬光：三極說而過乎中，故不節若則嗟若。三以陰居陽，失夫節者也。

張載：處非其位，失節也。然能居不自安則人將容之，故无咎。兌說也，故能嗟咨取容。若武帝下罪己詔，天下悅。大人過既改則復何咎之有！

程頤：三不中正、乘剛臨險，固宜有咎！然若能自節順義則可以无過。傳象：不能自節以致可嗟，將誰咎乎！

蘇軾：六三之節，節於既溢，以爲不可不節，知六三之不得已也。是禍福之交，成敗之決也。咨嗟而節之，嗟者不得已之見於外者也。初二三澤也，節人者也。

張浚：處兌說之極，樂極憂至。兌變爲嗟，三不中柔履，居說上，人臣在高位而不知修其身，己不節何以節人？咎祇自取耳！

張根：姑息之謂。

朱震：三柔不當位，不節乘剛，以說從人故憂發於口、咨嗟而已。三變而剛不失節，上自應、夫何憂哉！此爻與離九三不鼓缶而歌則大耋之嗟凶，象異而意同。不能自節以致嗟，誰咎乎！

鄭汝諧：進乘二陽，處澤溢、過中、不節者三也。知不節而嗟悔，其誰咎？下體之極當變，故發此義。

李衡引陸：比二不能自制，失節者也。乘剛失位、行過中致失節，嗟何所及。　引牧：二當節不節之凶，三過節而不節、有悲嗟之。　引白：不節制度，咨嗟思之則免於咎。

楊萬里：六三說極在人上，極侈不知節、鬼矙其室、然後嗟歎、亦何及矣！三居澤極故溢而不知節。

失熹：陰柔不正，當節時非能節者。

項安世：三能與五相易則成節。若剛躁自用不受節則成嗟。節嗟自爲、不出於人，故曰不節之嗟又誰咎！三不爲節遂至嗟者、三主說以行險則成節，不說則嗟。自謹耳。

楊簡：三非能節者。不節即有嗟苦之憂。曰无咎者，不可咎他人，乃自取也。使象非聖人作，學者謂無咎爲誰咎，讀古書安可不通其道而執其末！

吳澄：六三不中正，雖或有不節之事，然居澤上有所限止，兌口能嗟象。占以不節爲嗟、故无咎。

梁寅：六三不中不正、當節之時而不知止說以犯險，自取災危、故爲不節之嗟而无所歸咎也。

來知德：六三當節不容不節者。但柔不正、用財恣情則不節，縱欲則不節，自取窮困、何所歸咎！占者至此故无所歸咎。

王夫之：二陽已積、則有堅光太過之憂，三當其上欲節之、而柔力有未逮故不能節。憂之急其迫切，欲節之心雖若已甚、而實不容已也、故无咎。

毛奇齡：三在震中、直以不節若繼之。澤口受外水則易汎溢，況震動之間乎！不節之嗟、誰咎焉。三易自五、乾爲澤、坤爲水、皆三一爻變成之、其不節可知耳。

折中引李彥章曰六三失節道而嗟若无咎，補過爲善者也。引豐寅初：說驕侈致窮困，然其心悔形於悲歎、有改過之幾、猶可以无咎也。

李光地：三止極而流、又爲說主。不中不正、非能節者。以坎險在前、困心橫慮、正程子所謂說而遇險。故爲不節而能嗟悔，占可以无咎。傳象許補過之辭也。

李塨：六三兌口。平而鍾在此、盈溢亦在此。苟不節若、則震言嗟若。（若如也）善補過者也，誰其咎之。

姚配中案：二在兌口、震聲，失位當化不化，故不節若則嗟若。節而失正尚爲非禮，況不節而能免於嗟也！自取之也，尚誰咎！言无所歸咎。

吳汝綸：嗟讀爲差，不以節度制之、則有差貳之失也。

丁壽昌：王程本義皆誤會象傳又誰咎之義。致无咎訓兩岐。何元子曰諸卦爻言无咎者九十有九、多補過之辭。虞曰三失位故嗟哀號、三動離、坎涕流目，得位乘二故无咎。望文生義、實自輔嗣始。

曹壽昌：晉傳咸謂奢侈甚于天災。爲王愷石崇慨。无咎者无所歸咎之詞。何曾僭侈、子孫承流卒以亡族。象所謂不節之嗟、又誰咎也！楊雄稱莽大夫，不節之嗟，誰咎！

星野恒：柔不中居下之上、此柔悅不知自節者也。失於驕逸、必致傷嗟。蓋柔易流、不中易過、居上易溢。以此居節、其可不自戒乎！傳象自貽伊慼、無所歸咎。

馬通伯。胡一桂曰兌口有嗟若象。其昶案節之爲義不可過、今乾陽至三過矣，不節有亢龍之悔，節之乃爲兌澤說，今嗟其不節、變九爲六是能節者故无咎。此言成卦之象。

劉次源：柔不中正、當節不節。及蔽始嗟、已无及也。无咎者能嗟悔則過尙可補綴也。傳象：悔不節而自救、誰得而咎之也。

李郁：三內外相續之交、柔居嫌弱。變剛可免咎。否則兌口自嗟耳。若、語詞。傳象：欲節而不能，不可咎人也。

徐世大：有爻指不能節約、家業日衰而嗟歎、何怪之有？

胡樸安：行爲不節則嗟若、以不節致禍而嗟也。兩若語辭。不節之嗟、由已自致，无咎於人故象誰咎！

高亨：若猶焉。不節則多費，多費則窮困，窮困則愁歎。既言嗟若則不宜又言无咎。疑无咎二字衍文。雖無古本可據、由辭意推知之。矛盾。非一時一人之作、各據所占記之。

李鏡池：不知節儉、日後就不好過，會苦悶得長吁短嘆。相反、知節儉則无咎。省省節字。若助詞。嗟、嗟嘆。

屈萬里：傳象又誰咎也，又有誰咎之！

傅隸樸：陰居陽、失位不中、乘剛臨險，驕逸不能自節象。六三兌主、也就是節人之主，節人而不自節如此、必遇禍咎，咨嗟歎息，怪誰？只有自怨自艾了。若字語助辭。

金景芳：折中引李彥章說：「節六三失節道而嗟若。无咎。易以補過爲善者也。」引鄭汝諧說：「過乎中而不節者三也。能傷嗟以自悔、其誰咎之哉！」下體極當變故發此義。

徐志銳：三澤上。三柔居不能節。有開口傾瀉潰決象。故有不節之嗟。自己嘆嗟遺憾。象強調沒人苛責，象認爲過失在九二不在六三。九二當泄而阻塞造成水位上漲。

張立文：六三，不節若，則〔嗟若，无〕咎。　譯：不節儉則貧窮，貧窮而哀歎，哀歎而悔改，故無災患。　若爲語助詞。

林漢仕案：節不散越、節而有信。節之在上位者、尚賢使能、等貴賤，分親疏，序長幼。節之在下之君子、啜菽飲水、敬其在己而不慕其在天者。立制變、行禮樂，是節也。爻辭云「不節若，則嗟若。」若字、書堯典：「欽若昊天。」傳敬順也。魯實先師亦曰像跪順貌。然則爻意爲不節順則嗟順。不順禮以節之、不順所立制度、不順尙賢使能古訓。不節……順——敬酒也。則嗟若——罰酒也。強制必節如此。咨嗟哀號而順，不能自發而節，則他人強迫而節。目標一致、自發他發之差別耳。象云：「又誰咎！」咎在自己也。茲輯賢者言如后：

象云：「不節之嗟、又誰咎！」　王弼云：「若、辭也。陰處陽、柔順剛、違節、嗟自致，无所怨咎。」　孔疏：「節、制度卦。驕逆違節、禍自己致。」　李引虞翻：「三家君子、失位故哀號。動體離、坎涕故嗟若、得位乘二故无咎。」　司馬光：「三極悅過中、以陰居陽、失節者也。」　張載：「失節、然能不自安、人將容之故无咎。大人過則改、復何咎！」　程頤：「乘剛臨險、宜有咎！若能自節順義則可以无過。」　蘇軾：「六三節於旣溢，不得已也！咨嗟不得已見於外者。」　張浚：「兌極憂至、人臣在高位不知修身，咎祇自取耳。」　張根：「姑息之謂。」　朱震：「不節乘剛、以說從人、憂發於口。

此與離九三大耋之嗟凶、象異而意同。不能自節以致嗟。誰咎乎！」　鄭汝諧：「乘二陽、處澤溢、過中、不節者三。知不節而悔、其誰咎！」　李衡引陸：「比二失節、乘剛失位、行過中。致失節、嗟何及！」　引牧：「三過節不節。」甲白：「不節制度、咨嗟則免咎。」　楊萬里：「三說極、侈不知節、鬼瞰其室！嗟歎何及！」　朱熹：「柔不正、非能節者也。」　項安世：「三主說以行險則成節、剛躁自用、不說則嗟。」　楊簡：「三非能節、有嗟苦之憂。无咎者不可咎他人。謂誰咎、不通執其末！」　吳澄：三不中正、然居澤上有所限止。占不節爲差，故无咎。」　梁寅：「不知止說以犯險、自取災危、无所歸咎也。」　來知德：「用財恣情、縱欲、自取窮困。占者无所歸咎！」　王夫之：「二陽堅光太過、三欲節、力不逮。欲節實不容己、故无咎！」　毛奇齡：「三震中、澤口易汎溢。乾澤坤水皆三一爻變成之，不節可知！」　折中引李彥章：「三失節道、補過爲善者也。」引豐寅初：「說驕侈致窮困、心悔改過、猶可无咎。」　李光地：「三止極而流、又說主、非能節者。占无咎、許補過之辭。」　李塨：「平而鍾在此、盈溢亦在此。嗟若嗟如也。善補過者誰其咎之。」　姚配中：「節失正尚爲非禮、況不節而能免嗟也！言无所歸咎！」　吳汝綸：「嗟讀爲差。不以節度制之、則有差貳之失。」　丁壽昌：「何元子曰卦爻言无咎者九十有九、多補過辭。虞望文生義、實自輔嗣始。王程本義皆誤會象傳。」　曹壽昌：「晉傳奢侈甚于天災。不節之嗟、又誰咎也。」　星野恆：「柔易流、不中易過、居上易溢。傳象：自貽伊慼、無所歸咎！」　馬通伯：「乾陽至三過矣、有亢龍之悔！嗟不節變六是能節者、故无咎。」　劉次源：「當節不節、及蔽始嗟。嗟悔自救尚可補綴、誰得咎之！」　李郁：「三柔嫌弱、變剛免咎。若、語辭。」　徐世大：「三不節約、家業日衰而嗟歎！」　胡樸安：「以不節致禍而嗟也。兩若語辭。」　高亨：「若猶焉。不節多費則窮愁。言嗟若又言无咎。矛盾！疑无咎二字衍文。」　李鏡池：「不知節儉、日後就不好過。若助詞。嗟歎。」　屈萬里傳象：「又有誰咎之！」　傅隸樸：「失位不中、乘剛臨險。驕逸不節、兌主節人不自節、怪誰！只有自怨自艾了。」　金景芳：「下體極當變、故發此義。」　徐志銳：「澤上柔居不節、傾瀉潰決、自嘆遺憾。象認過在九二當泄而塞、造成水位上漲。」　張立文：「不節儉則貧窮、哀歎而悔改故無災患。」

甲文、金文若字、羅振玉以爲象人舉手跽足、諸巽順狀。葉玉森以爲「象人跽而理髮使順形。易『有孚永若。』荀注順也。卜辭之若均含順意。」　嗟、吳汝綸以爲讀差、差貳之失也。而差、從左示不順、從𠂹示乖誤。不順且乖誤。本義作貳、即失當之意。不順乖誤失當爲差。說文差、貳也，左不相值也。段注各本作差、今正貳者、忒之假借。忒、失當也、即所謂不相值。釋言爽差、爽忒。忒忒蓋本一字。京房作貣。不相值不相當則差矣。嗟讀爲差、不節順則乖誤失當然後巽順。其要點在若不在嗟。故吳讀、不知依原字嗟解傳神。蓋六三終須順而節也。所以无咎者豈不明乎！六三已順、又誰咎？王弼云若、辭也。高亨若、猶焉。似不如依羅振玉、葉玉森、魯實先師之解若爲跽順。嗟順者正所謂補過也。无咎者善補過也。（繫辭云）今王弼、孔穎達等謂无咎爲「无所怨咎。」孰无所怨咎、「禍由己致，」則无所怨咎者自己无所怨咎也。丁壽昌即發文批虞翻爲望文生義、自輔嗣始。王程本義皆誤會象傳。」其實張載謂「大人過則改。」程子「若能自節順義則可以无過。」正是嗟若之義也。而數六三失節、不知修身、不能自節致嗟、六三嗟何及！三說極侈不知節、鬼瞰其室、嗟歎何及……等等，皆无法自圓「无咎」二字之爻辭。高亨故云：「言嗟若又言无咎。矛盾！疑无咎二字衍文。」勇於刪字、幸謹此一例。李衡引白：「咨嗟則免咎。」吳澄謂：「占不節爲嗟。」來知德「占者无所歸咎。」王夫之：「欲節實不容己，故无咎。」似皆欲平撫「无咎」之原由而有所不得也。折中引謂「補過爲善者。」李光地亦取「占无咎、許補過之辭。」賡續前賢繫辭之文、省力而功著。此後李塨、丁壽昌、劉次源、皆沿繫辭之文四兩撥千斤也。而曹壽昌之謂「奢甚于天災、不節之嗟、又誰咎也。」不節甚于天災、奢侈至嗟嘆、又誰咎？曹意是否莫可奈何矣！死矣！窮矣夫？星野恆之「自貽伊蹙、無所歸咎。」皆王孔注釋爻意之延長。其謂六三死之徒也耶！馬通伯謂「變六是能節者。」李郁：「變剛免咎。」南轅北轍、而馬李二人亦著力釋放六三使之「无咎」而已！傅公隸樸數六三之罪爲*1.*失位。*2.*不中。*3.*乘剛。*4.*臨險。*5.*驕逸不節。*6.*兌主、節人不自節。其結果可知。故又云「怪誰！只有自怨自艾了。」无咎變作自怨自艾是有咎矣！徐志銳不只罪三柔居不節、傾瀉潰決。亦且罪及二之塞。自嘆遺憾之餘，六三如何无咎？張立文云「哀歎而悔改故無災患。」上承張載「大人過則改。」因嗟若而无咎也。若字仍然輕輕放過。

六三剛位柔居、勉不能自動自發尙賢任能以順天下、則將咨嗟嘆息以順人。蘇軾謂三節人者也。故三雖失節道而補過爲善者也。（折中引）蓋節矣、發尙賢使能、立制度、行禮樂之大節矣。

六四、安節、亨。

象曰：安節之亨，承上道也。

九象易：言四得正奉五上通于君，故曰承上道也。

王弼：得位而順，不改其節而能亨者也。承上以斯得道者也。

孔穎達：得位、上順五、是得節之道，但安行此節不改，何往不通。明六三失位乘剛失節招咎，四承陽安節致亨。

李鼎祚引虞翻：二已變艮止坤安，得正承五，有應于初，故安節亨。

司馬光：六四以下承上，以柔成剛而不失其正、守節者也。

程頤：四順承五、安於正、當位有節象。下應初、坎水就下有節、安於節者也，故能致亨。

蘇軾：四五六水也，節於人者也。九二施節於九五，在其上不在其身，故六四安焉。

張浚：四以陰居陰得正，靜體下應，是以居節能安，互艮止爲安，且四承上，不承非道，其爲亨也不亦宜乎！

張根：承上道者受節而无所迕之謂。

朱震：節、止也。六四當位履正、安於處險，以順承上而止物，安於節也。能安於節以承上，中正之道亨通矣！易傳曰節以安爲善，強守不安則不能常，豈能亨也！

鄭汝諧：陽實、其用常餘；陰虛、其用常乏。陽施諸人，陰取諸人。四陰承九五之陽、安於節承上故能亨。安必能常。

李衡引胡：柔順承君上以行節制、率天下之人、得以亨通。

楊萬里：節中而安其惟六四乎！方九五甘節先天下、得四安節承上、天下所以蒙福故亨。非六四亨、天下之亨也。代宗欲致太平、楊綰以清德相、子儀承之、承代宗道也。

朱熹：柔順得正、上承九五、自然有節者也。

項安世：六四安然不動、順受九五之節而得其亨。亨自上爲之、非己所制故曰安節之亨、承上道也。所謂制數度也。

楊簡：六與四純陰，有安象。居近君位，尤當明上下之分，正位居體安止無越則亨。斯乃承上之道也。

吳澄：上三爻皆能節者。四承中正之五、居得正、安節无所強勉者。占承上得正故亨。

梁寅：安者和順无所勉。四得位順承九五爲得其所從，故處之安裕而自然有節也。節能安其亨宜矣。

來知德：安者順、承君節、順而奉行。五節主、節之極美者，四最近君而奉行其節者也。其占爲亨。

王夫之：與三同道以節陽之過，柔當位、且上承九五而受其節、在節而安、無所嗟歎、剛柔均而通塞適其宜、故亨。

毛奇齡：卦初四不易，故初四俱能節者。坎水下自能受節、震末艮止中、其止中心安焉。

折中引俞琰曰：六四當位而順承九五故爲安節。　案：四柔正承五。制節謹度皆循成法安行、非勉強節者。柔正爲水流平地安瀾象。

李光地：柔得正、安於節者。如水順行安流、與卦義合故曰亨。

李塨：四居坎下承五剛中之波，順入澤，安而中節者也。故曰承上道。

姚配中案注承上道謂合禮。

吳汝綸：安節者、安於上之節度也。

丁壽昌：折中曰六四居坎之下、水之下流也。柔正爲水流平地安瀾之象。蘇蒿坪曰互艮安象。艮手承象。荀慈明曰四得正奉五，上通于君故曰承上道也。

曹爲霖：王莽篡漢、時守箕山節、用漢家臘、不受印、臥不出戶者皆所謂安節亨者也。蘇武仗節牧羝海上十九年、歸漢官典屬國、秩中二千石、安節者終不失爲亨也。

星野恆：此爻柔順得正、上承九五、不待勉強而自有守者也。故云安節、亨。

馬通伯：程傳云節以安爲善，強守而不安則不能常。趙汝楳曰六四當位承九五之道、四能安於五之節也。

劉次源：柔順居正、安而行也。已以柔節剛、五以剛節己。剛柔相濟承上之美可通于天下故亨也。

李郁：得正承五，有應于初故安而亨也。　傳象：承上謂承五。

徐世大：四爻能安於儉約者。安於節約，通。

胡樸安：承中正以通之道，行所無事，安於節是以亨也。制度後，在上有節之標準，承行自然亨通。

高亨：安於節儉也。此示人宜安於節儉。亨即享字。

李鏡池：能安于儉樸的生活，很好。

屈萬里：安於節。傳象承上、九五也。

傅隸樸：下三爻主節、上三爻被節。六四以陰處陰、得其正。初不出、是士不上求，四應初是謙躬下士。初能安於六四之節、層層相安。子帥以正孰敢不正、承上道也。

金景芳：兪琰曰：六三失位、溢而不節。六四當位、順承五君故安節。凡制節謹度皆循乎成法而安行，非勉強爲節也。

徐志銳：上三爻論流止。四柔居陰象澤底、安于接受節制故稱安節。似爲不動水、沒亨通之道。其實不然，澤底也是流動的。九五流動、四隨流通。五靜止、四也靜止。動止不由自己決定、故言「承上道」。

張立文：六四，〔安節，享〕。　譯：六四，心安於節儉，則事事亨通。　聞一多：案，節謂車行之節度。　然以馬行遲而車安釋安節、似與節卦主旨不相合。

林漢仕案：荀子王制云君人者之大節三：平政愛民，隆禮敬士，尚賢使能。三節當、其餘莫不當。序官：修隄梁、通溝澮、行水潦、安水臧、以時決塞……使民有所耘艾、司空之事也。注安水臧：使水歸其處、安謂不使漏溢。六四得正奉五、扶持人君三大節不遺其力。司空謀水利亦將不遺其力、安儲水於庫、不使漏溢。安之使君行三大節亦不漏溢。尚賢、使能、等貴賤、分親疏、序長幼，賅於平政俊民、隆禮敬士、尚賢使能三大節之中。所以六四之謂安節者、輔佐君王行政不使漏溢也。財用之不漏不溢在其中矣。六四乃有位有責者、非啜菽飲水之在野、安分敬己而不慕其在天者也。茲輯前修所期於六四者羅列於左、裨供比較：

象曰：安節之亨、承上道也。　九家：四得正奉五，上通君、故承上道也。　王弼：得位順、不改節、承上得道。　孔疏：順五得節之道。安行不改。承陽安節致亨。　李引虞翻：二變艮止坤安、得正承五應初、故安節亨。　司馬光：四承上不失正、安節者也。　程頤：順五應初、安於節者也，故能致亨。　蘇軾：四五六水、節於人者。　張浚：四正承上、不承非道、下應、互艮止爲安。其亨不亦宜乎！　張根：受節而无所迕之謂。　朱震：節、止也。四當位履正、安於處險、承上止物，中正之道亨通矣。　鄭汝諧：四陰承五陽、安於節，安必能常。　李衡引胡：柔承君上行節制，率天下之人，得以亨通。　楊萬里：節中而安，其惟六四乎？天下蒙福故亨、非六四亨、天下之亨也。　朱熹：自然有節者也。　項安世：順受九五之節而得其亨。亨自上、非己所制、故曰安節之亨、承上道也。　楊簡：四純陰有安象。近君、當明上下之分、安止無越則亨。　吳澄：上三爻皆能節者。四承中正之五、安節无強勉、占承上得正故亨。　梁寅：安者和順无所勉。四順承五得其所從、處之安裕有節、其亨宜矣。　來知德：安者順、承君節、五節主、四奉行其節者。其占爲亨。　王夫之：與三同道、以節陽之過。上承九五受其節。剛柔均而通塞故亨。　毛奇齡：初四不易故初四俱能節者。坎下自能受節、震末艮止中、止中必安焉。　折中：四承五、制節謹度皆循成法安行。柔正爲水流平地、安瀾象。　李光地：柔得正、安於節者。與卦義合故曰亨。　李塨：坎下承五剛中之波、順入澤、安而中節者也。　姚配中：承上道謂合禮。　吳汝綸：安於上之節度。　丁壽昌引蘇蒿坪曰艮安、艮手承象。曹爲霖：王莽篡漢、時不出戶者皆安節者也。蘇武安節終不失爲亨。　星野恆：柔順得正承五、不勉強自有守者。　馬通伯：程傳以節安爲善、趙汝楳曰六四當位承九五之道，四能安於五之節也。　劉次源：柔居正、安而行、以柔節剛、五剛節己、相濟之美、可通天下故亨。　李郁：承上謂承五。　徐世大：四能安於儉約者。通。　胡樸安：承中正以通之道、行所無事。有節之標準、承行自然亨通。　高亨：示人安於節儉、亨即享字。　李鏡池：能安于儉樸生活、很好。　屈萬里：安於節、承上、九五也。　傅隸樸：下三爻主節、上三爻被節。四得正下士、初安四節、子正孰敢不正、承上道也。　金景芳：俞琰曰三溢不節、四安節。凡制節謹變、皆循成法安行。　徐志銳：上三爻論流止。四澤底、不動水。隨五動靜、故言承上道。　張立文：六四心安於節儉則事事亨通。

孝經卿大夫之孝：非法不言、非道不行、口無擇言、身無擇行。言滿天下無口過、行滿天下無怨惡。做到夙夜匪懈、以事一人。六四安何種節？扶持人君行王政不使漏亦不使溢也。比安分敬已更積極承五建節受節也。荀子君人者之大節三、曰平政愛民；隆禮敬士；尚賢使能。正賴六四大臣之輔翼、勉吾君如堯舜也。所謂節：上勉君王、下誘導百僚萬姓、六四本身即建節行節之王佐。象云承上道、張浚特標明「正承上、不承非道。漢仕以爲亦承非道、有智慧化非道爲道者也。觀桓公之伐蔡、管仲責楚包茅之不貢。蔡姬之嫁隻字不提而蔡滅于齊、師出名正。是六四之承上者不僅受節亦須建節、使君臣共由之節不漏亦不溢也。象所立之安節亨爲承上道。四得正奉五。（九家）得位順、不改節、承陽安節致亨。（王、孔）坤安、得正承五應初。（虞翻）四正承上不承非道。互艮爲安。（張浚）无所汔。（張根）朱震云節止也。履正安險、中正之道亨通矣。安必能常。（鄭汝諧）亨非六四亨、天下之亨。（楊萬里）

朱熹謂自然有節者也。難得君臣同心而又有賢才。治國理念進行順利而已。謂其自然有節、毋寧曰其占爲亨（來知德）朱子慣用語。人爲努力斑斑痕跡不可忽也。

項安世云「順受五節、非己所制。」承上道應不止於是、若然、止一奴才耳。所謂致君如堯舜、豈唯唯諾諾輩之可奉？所謂爲天下得人難也、是不只得一聖主難、得一治世之能臣亦難、君臣之際拿揑得準亦難！六四如項言、一奉公守法、順受節制之守成大臣而已！蓋君非創業之君、臣蕭規曹隨者也。折中云「皆循成法安行。」六四眞太平宰相矣！

楊簡云「四純陰有安象、近君無越則亨」

吳澄：「上三爻皆能節者。」與蘇軾謂「四五六水、節於人者」說異、傅隸樸言：「下三爻主節、上三爻被節。」三說必有一是一非。傅公自謂「四得正下士、子正孰敢不正！」明明自言四爲主節、被爲被節、如之何反謂上三爻被節？六四爻安節、九五爻甘節、上六爻苦節。似吳澄之言爲是。

王夫之謂四與三同道、以節陽之過。孔穎達云四承陽安節致亨。鄭汝諧云陽實有餘、陰虛常乏。陽施陰取，四承五安於節故能亨。王夫之「以節陽之過。」自謂「承九五受其節。」六四何過之有？

折中謂「四柔正爲水流平地、安瀾象。」以喻安節之安、如水流無波。易家之謂六四安者、有云艮止坤安。（虞翻）得正、承五、應初故安節亨。（虞翻）受節无迕之謂。（張根）節中而安。（楊萬里）純陰有安象。（楊簡）安者和順无所勉。（吳澄、梁寅）艮止中心安焉。（毛奇齡）坎下承五剛中之波、順入澤、安而中節者也。（李塨） 四澤底，不動水。隨五動靜。（徐志銳）高亨、張立文等謂心安於節儉。將節卦三大五大縮至節儉儉樸生活層面。皆在覓六四之所以安而節也。上遇明主而又知遇賞識、盡心焉耳已。其安象謂坤、陰、水流平地無瀾、澤底不動水。象似象矣！吳澄之謂「占承上得正故亨」、又不知逕云：其占安節，亨。」朱子之言「故其象占如此。」之簡潔有力！節、只言節儉、節操、無乃過隘於圈範節之義乎？節之爲言禮法制度。國之爲符信。似又可大其義爲君行仁政、愛民敬士，尙賢任能爲君之大節。六四君之佐、佐君不漏不溢行君之節，著一亨字、表肯定其成就有可觀焉。亨通故是六四爻辭之占也。蓋謂必然也。

九五、甘節，吉。往有尙。

象曰：甘節之吉，屈位中也。

王弼：當位居中爲節主，不失中、不傷財、不害民、爲節不苦非甘而何？往有尙也。

孔穎達：甘者不苦之名。五居尊得正履中爲節主，爲節无傷害是不苦而甘所以得吉。行所往皆有嘉尙故往有尙也。

李鼎祚引虞翻：得正居中，坎爲美故甘節吉，往謂二，二失正，變往應五故往有尙也。

司馬光：九五正不違中，中不離正，達節者也。五居夫尊位以中節物，故曰居位中也。節物者無位則不能，故曰當位以節，子臧曰聖達節，次守節，不失節。

張載：以剛居中，得乎盛位，優爲其節者也。守之不懈、富貴常保，故曰往有尙。

程頤：九五剛中居尊爲節主。當位以節，正中以通，在己則安，行天下則說從，節之美者，吉可知。以此而行，其功大矣，故往有可嘉尙也。

蘇軾：畜至極然後節，其節必爭。九二施節於不爭之中，此九五之所樂，故曰甘節。樂則流，甘則壞，故以往適上六，陰陽相配，甘苦相濟爲吉也。

張浚：皇極已建，人心說歸。五剛中，天下說之曰甘節，坎五土數爲甘。

張根：躬行以率之之謂。

朱震：九五以中爲制節之主。安行於上而不動，甘節也。正則吉。二說從之。尙、配也。往有配乎中也。故二不出門庭，凶。易傳曰己則安行，天下說從，節之至善者也。

李衡引陸：苟能通情不違禮，守節不失其時、行聖人之所尙也。　引薛：在上用甘、民悅隨也。大禹勤於邦家，未聞有不樂者。　引逢：甘中和也，致中和則天地位焉，舜湯用中和，如斯而已也。

楊萬里：五以剛德爲節主、宜其過節也。然甘而不苦、位中則不過、无往而不可尙，天下皆受其吉康，禹是也。宮卑衣惡食菲、何其節也、然美黻冕又何華也。

朱熹：所謂當位以節、中正以通者也。

項安世：五當位得中得正爲節卦主，得中爲甘，中味。節亨指九五、自泰之五往得位、故往有尙。

楊簡：五得中道故甘節則吉，則可以往而有可嘉尙也。言往必利必嘉也。九五位上卦之中故得中象。

吳澄：五變柔成坤、土味甘爲甘節。樂无苦之謂。占雖无應、與六四往承上與己配合故往有尙。往　、內往外。四往五也。

梁寅：五陽剛中正、固能節者，況在險中、節必當故謂之甘節。甘、苦之反。動必有功可嘉尙矣。甘節即所謂當位以節也。中正以通、盡節之道其唯九五乎！

來知德：甘者樂易無艱苦之謂。九五以節人者、九五人悅乎我、六三則求悅乎人。五節主，
　節之盡善盡美也。故占者不惟吉，亦且可垂範于後也。
王夫之：九五剛健中正之主、節陰不足，以制爲中道、合乎理順乎情、物之所甘。居天位、
　創制立法、无下悅服。以此而往、宜爲天下所尊信矣。
毛奇齡：注謂三易上就五中、所謂中正以通者、以節爲甘斷可知也。二四互震稼牆爲甘節則
　五爲甘節。既節具有尚矣。關羽敗，虞翻筮得節五爻變臨、不出二日必當殞首、果如言。
折中引朱子語類：甘節與禮之用和爲貴相似。案：水止者苦、積澤爲鹵；流者甘，山下出泉
　是也。五坎主水源，在井爲冽不泥，在節爲甘不苦。
李光地：所謂當位以節、中正以通者也。甘者苦之反。傳象：水由中出者其味甘。（五）
　有居中由中之義。
李塨：九五正所謂當位以節、中正以通者也。坎卦本坤、稼穡作甘、其節也甘美不矯拂、以
　此往可嘉尚已。
姚配中案謂泰三也。泰坤爲土，稼穡作甘，三之五得位，居中故甘節吉，往有尚。甘節者得
　中和皆節者也。
吳汝綸：五上相對爲文。甘節者有美操者也。居貴位而有美操、與位相得故曰居位中也。
丁壽昌：虞曰得正居中、坎爲美，故甘節吉。艮爲居、五中故居位中也。折中曰五坎主、水
　之源也，在節爲甘，取其不苦也。

曹爲霖：金谿陳氏曰甘節猶子臧所謂聖達節也。往有尙如曹公子喜時辭諸侯之命奔宋、漢太子彊、謙恭好禮，願備藩國。象曰得中爲能權也。管夷吾不殉公子糾而相桓公亦其類也。

星野恆：陽剛中正、當位，此節之樂易無艱苦者也。旣節而甘，以此而行、有功可尙。

馬通伯：錢一本曰往謂通之以節天下。在光斗曰禮和爲貴而節在其中矣。凡人過心過形皆苦、去太甚則甘。惟此節以制度、上下有分、民自不識不知而由之，節何等甘邪！

楊樹達：〔吳志虞翻傳〕關羽旣敗、翻筮得兌下坎上節、五爻變之臨、翻曰不出二日必當斷頭。果如翻言。

劉次源：以中道節天下、人情所甘。創制立法、不儉不豐、故心悅服從、持此以往、可以養廉也。

李郁：九五中正、得調節之道，故稱甘、能甘故吉。若往而居上，亦有益于下，故往有尙矣。傳象：節之道要在得中，六爻唯九五最稱吉也。

徐世大：甘願節約，好，往前有出息。亨吉自不得言。

胡樸安：不僅承君子之數度安於節，並成己之德行而甘節，合中正之道而吉也。尙、庶幾也。甘節以往、庶幾近乎節之道也。

高亨：以儉爲甘也，與苦節正相反。人於儉、樂而安之、其上者也。往有尙、尙借爲賞。筮遇此爻，往則有賞。

李鏡池：甘！快樂。能做到以儉樸爲樂就更好。出門也會得到別人資助。

屈萬里：高氏今註：「甘節旨、以儉為甘也。」尚、助也。

傳隸樸：五君節民以正、無過不及之失，施政無不中節，人民和樂且耽，天威不違顏咫尺、全在以剛明之資、行中正之節，上下和樂。往有尚、勉來者值得仿行的意思。

金景芳：程傳：九五剛中正居尊為節主。當位以節、中正以通。在己安行、天下說從。往則有可嘉尚也。折中引趙汝楳說：甘、味之中也。行之以甘、人不吾病、節之吉也。

徐志銳：九五剛爻陽位得中，處于澤水將滿未滿。上有源，下能泄、无橫溢之災、乾涸之患。當節中界線、故稱甘節、吉。象居位中指水位。二五相敵造成九二失時之凶。

張立文：〔九五，甘節〕，吉，往得尚。　譯：九五，樂於節儉則吉祥，有所往能得到賞賜。尚借為賞、古通。

林漢仕案：爻至九五、飛龍在天、事業功名思想體力皆達頂點高峰成熟階段、甘為調和五味，甘美不苦。甘、土味、五行屬中央。茲輯易家說節九五如何甘？

象云：居位中也。　王弼：居中節主、為節不苦非甘而何？　孔穎達：甘者不苦之名。五居尊得正復中為節主、為節无害而甘所以得吉。　虞翻：坎為美故甘節吉。　司馬光：中正不離、達節者也。子臧曰聖達節。　張載：居中得盛位，優為其節、富貴常保。　程頤：當位以節、中正以通、天下說從、節之美者、吉可知。　蘇軾：九二施節不爭之中、此九五之所樂，故曰甘節。張浚：五剛中、天下說之曰甘節。坎五土數為甘。　朱震：五制節主、安行於上而不動、甘節也。正則吉、二說從之。　李衡薛：在上用甘、民悅隨之。引逢：甘、中和也。致中和則天地位焉。舜湯用中和、如斯而已！　楊萬里：五剛德節主、宮卑衣惡食菲、何其節也！然美黻冕又何華也。天下皆受其吉康。　朱熹：所謂當位以節、中正以通者也。　項安世：得中爲甘、中味。節亨指九五。　楊簡：五得中道故甘節則吉。　吳澄：五變坤土味甘爲甘節。樂无苦之謂。　梁寅：五剛中正固能節者，況險中。節當故謂甘節。即所謂當位以節，中正以通。　來知德：甘者樂易無艱苦之謂。九五節人者、人悅乎我、節之盡善盡美也。　王夫之：居天位，創制立法、天下悅服。合理順情、物之所甘。　毛奇齡：以節爲甘斷可知也。二四互震、稼穡爲甘節則五爲甘節。折中引朱子語類：甘節與禮之用、和爲貴相似。五坎主水源、在井爲冽、在節爲甘不苦。　李光地：水在田中出者其味甘。五居中由中之義。　李塨：坎卦本坤、稼穡咋甘。甘節也甘美、不矯拂。　姚配中：泰三之五得位。居中故甘節吉。得中和皆中節者也。　吳汝綸：甘節有美操者。居貴位有美操、位得居中也。　丁壽昌引：艮居五中故居位中也。曹爲霖：得中能權。管夷吾不殉子糾而相桓公、亦其類也。　星野恆：中正當位、此節之樂易無艱苦者。　馬通伯：凡人去太甚則甘。此節以制度、上下有分、節何等甘邪！　劉次源：以中道節天下，人情所甘。創制立法、可以養廉。李郁：五中正得調節之道故稱甘。能甘故吉。　徐世大：甘願節約、有出息。　胡樸安：不僅承君子安於節、亦成己德行而甘節，令中正之道而吉也。　高亨：以儉爲甘也。　李鏡池：甘、快樂。以儉樸爲樂更好。傅隸樸：君節民以正、無過不及、人民和樂且耽。　金景芳：程傳五節主中正以通、天下說從。折中甘味之中、節之吉也。 徐志銳：處澤水將滿未滿、无橫溢乾涸之災患、當節中界線故稱甘節。 張立文：九五樂節儉則吉祥。

五既爲中、又剛居得位爲卦主、以儉爲樂、吾恐其陷吝嗇、以儉於祀與戎也、吝與百僚也。蓋樂從儉中得、必流於不忍予而失賞罰之正、失所以駕馭之利器也。節於君者如禹之菲飲酒、卑宮室、當然不能謂之小，況有智不如禹之慮耶！倘能開源也、亦可鼓勵消費以增進貨暢其流而日新其物。又況節之大者之謂「禮之用、和爲貴。」（朱子）又如荀子之：「節者死生此者也。」其謂尚賢、使能、等貴賤、分親疏、序長幼。九五君也、爲天下得人難也。得一皐陶、伊尹、子產、子房爲之助、天下國家在握矣！司馬光引子臧曰「聖達節者。」達斯節也。折中所謂在節而甘者也。象云「居位中。」正說明九五居中達節者、有爲、可爲、能爲之時乎。不失時、不失人則爲節甘美可期。

九五所掌握之能源爲：象：居位中。王弼云：節主。孔云：居尊得正履中。虞翻：坎爲美。司馬光云：正不違中，中不離正、達節者也。子臧曰聖達節。李衡引薛云大禹勤於邦家。引逢：舜湯用中和、如斯而已。楊萬里云禹是也。王夫之云九五創制立法、天下悅服。

所謂甘節：王弼云不傷財、不害民，爲節不苦、非甘而何？虞翻云坎爲美故甘節吉。張載云得盛位，優爲其節者。程子：節之美者。蘇軾：九二施節於不爭之中、此九五之所樂故曰甘節。張浚曰天下說之曰甘節。坎五土數爲甘。朱震：五中制節主，安行於上不動、甘節也。李衡引薛：在上用甘、民悅隨之。引逢：甘中和也。楊萬里：節主過節、然甘而不苦。項安世：得中爲甘、中味。楊簡：五得中道故甘節則吉。吳澄：土味甘爲甘節。樂无苦之謂。梁寅：五固能節者、況在險中！節必當故謂甘節。所謂當位以節也。來知德：甘者樂易無艱苦之謂。九五節人者、節之盡善盡美也。王夫之：制爲中道、合理順情、物之所甘。毛奇齡：以節爲甘斷可知也。二四互震、稼穡爲甘節。折中：水止苦，流者甘。五坎主水源、在節爲甘不苦。引朱子語類甘節與禮之用、和爲貴相似。李光地：甘者苦之反。李塨：稼穡作甘、其節也甘美不矯拂。馬通伯：去太甚則甘、民不識不知而由之、節何等甘邪！劉次源：以中道節天下、人情所甘。李郁：五中正得調節之道故稱甘。徐世大：甘願節約。胡樸安：承君子之數度安於節、並成己之德行而甘節。高亨：以儉爲甘。李鏡池：甘、快樂。能以儉樸爲樂就好。屈萬里：以儉爲甘也。傅隸樸：五君節民無過不及之失。人民和樂且耽。金景芳引折中趙汝楳說：甘、味之中、行之人不吾病、節之吉也。徐志銳：九五中指水位、處將滿未滿、无橫溢之災、乾涸之患。故稱甘節。張立文：樂於節儉則吉祥。

風氣可賴一二人領導而成氣候。然人情絕非以儉爲甘可知也。猶水之流下、搏而躍之，可使過顙、激而行之可使在山。然絕非水之性也。墨家者磨頂放踵、利天下而爲之。彼有利他之念、故甘爲己苦。佛家利益衆生，故三更彌陀、衣百衲、食粗糲、青燈黃卷、樂無生法忍。豈是舜禹之可領導而天下風從不疲者！中外皆有苦行派，以苦爲樂、此之謂拂人性而行之不遠、彼實可柔化少數人永遠保持熱心、但絕不可能令多數人永久著迷上道！胡樸安之承君子之責成己德行而甘節。此較宮卑衣惡食菲之夏禹、是被動與自動之差別耳、及其成性一也。況又有矯枉前朝陋習耶！節之九五甘節，其來自親歷經驗之不節若則嗟若、又經安節之亨之鼓勵、成就九五德行、夫如是、然後能如楊萬里言「甘而不苦」也。觀前輩抒闡甘節之文：「爲節不苦。」（王）「此九五之所樂故曰甘節。」（蘇）「節之過然甘不苦。」（楊）「況在險中」（梁）「以節爲甘斷可知也。」（毛）「在節爲甘不苦。」（折）「去太甚則甘。」（馬）「以儉爲甘。」（高）「甘味之中，行之人不吾病。」徐世大的「甘願節約。」是必經過一番折騰而後改者也。其非人人之生就違反樂易甜逸可知矣！

甘之爲言美、爲言厭、熟、五味之本。「過之」必太香太甜太辣太爽口、「不及」則青菜豆腐最營養。有笑話云：一生素喜豆腐、自喻豆腐乃我命。人於是特備豆腐宴彼、另佐以魚肉海味。第見腥羶風捲殘雲而豆腐汶風未動。人奇而問之、曰有彼魚肉海味在、命可休矣！若日佐山珍海錯爲味者、得一粗淡茶飯，必甘口無疑。人希山海佳餚、樂奢侈榮華、是人之性也。若夫豪傑之士、肩有所負、受萬民託、責任在身、自然而然入達節之聖、又況本爲大上聖智者耶！五居中、中不離正、節主。舜、禹、湯是也。行尚賢使能、隆禮敬士、平政愛民、往豈止可嘉尚。（程子）亦且可垂範予後矣！（來知德）九五其節、吉、往有尚者其如是乎？

上六、苦節，貞凶。悔亡。

象曰：苦節貞凶，其道窮也。

荀爽：六乘陽于上，无應手下，故其道窮也。（集解）

干寶：稟險伏之教，懷貪狠之志，以苦節之性，遇甘節之主，必受誅，華士，少正卯之爻也。

甘節志得故恤亡。

王弼：亢極、苦節者也。以斯施正，物所不堪，正之凶也。以斯脩身，行在无妄故得悔亡。

孔正義：處節，極不能甘、以至於苦，不可復正，正之凶也。若以苦節脩身則儉約无妄，可

得亡悔故曰悔亡也。

李鼎祚引虞翻：二三變有兩離，火炎上作苦故苦節。乘陽故貞凶，得位故悔亡。

司馬光：上極險過乎中，故曰苦節不可貞。

張載：處險極故苦節。苦節而不正，悔也。必正而凶則道雖窮而悔亡。苦節反若獲吉，取悔必多。

程頤：居節極苦節者也。險極亦苦義。固守則凶，悔則凶亡，悔，損過從中之謂也。悔亡與他卦辭同義異。傳象：節既苦而貞固守之則凶，蓋節道至於窮極矣！

蘇軾：凶者六三，悔亡者上六，知節者在坎，見節者在兌也。六三施苦節於我，出於不得已則无咎，以是爲正則凶矣，而我悔亡。

張浚：險極爲苦。用節太過。其道窮，必不可施於天下。在己无悔，正物則凶！雖然！苦節猶愈夫不知節者，特不可用以正物耳。

張根：物雖不堪，于己寡過。傳象：不能通變之謂。

朱震：下无說而應之者苦節也。不可貞、其道窮也。上六固守正、不知俯就五中，能悔則亡凶矣！易傳曰悔亡，損過從中之謂。節悔亡與他卦辭同而意異。

李衡引荀：以苦節之、過甘節之主、必受誅。華士少正卯之爻也。苦節既凶，甘節得志故悔亡。

楊萬里：上六在卦外，伯夷隘、人苦其苦、而己不慼不偷又何悔？聖人憫而戒以凶、又嘉其節許以悔亡。君子固窮、求仁得仁、學者至此宜覃思焉！

朱熹：居節極故爲苦節。故雖得正而不免於凶。然禮奢寧儉，故雖有悔而終得亡之矣。

項安世：上六窮上爲苦、炎上味也。上六道窮。苦節之極，貞而不變，以此施於當世，其道則凶。其心信正而行、不以爲苦故亡。古之苦節之士不悔者多矣！

趙彥肅：節道至五、不可加矣！上又節之，節之不當、至於苦而難行，以是爲貞固常久之道則凶矣。

楊簡：卦之極、節之極、苦節不中，雖貞正亦凶，能悔則亡，言悔而改則此凶可亡也。猶六三之無咎。聖人破後學執固守信之蔽！言止六道之窮者也。

吳澄：上六變剛成複體之離火、味苦、節之太過者故曰苦節。占節太過、正主事則凶。能過節、禮與其奢寧儉故悔亡。

梁寅：居節極、險極，節之過至於苦。苦者不度時勢、過乎中正者也。貞固守此能无凶乎？然以義言之：節之過者終賢於不及、故亦可以亡其悔也。

來知德：坎錯離上、正居炎上之地。苦象。雖无越理犯分之失，終非天理人情之安也。上六節之苦者，雖正不免于凶。

王夫之：五中道甘之，上猶以爲過而裁抑之，人情之所不堪，雖無淫泆之過、可謂貞矣！而違物以行儉固之志，凶道也。悔無者悔生於侈汰、自處約則雖凶而無恥辱！

毛奇齡：上居重窞過節，大離炎上薰炙作苦，貞則凶，道窮也。上爲水口以過節爲戒，天下豈有過儉膺大戾者？施易不足受有餘、瀦水易渫陷易竭。節苦貞凶悔亡者寧儉固也。

折中引呂太臨曰：上六節甚故貞凶。禮寧儉故悔亡。引陸振奇：下卦通塞、上卦甘苦。通甘塞苦。案：上則水流竭也。通塞甘苦皆從澤取義。陸氏說得之矣。

李光地：上流極而止、又險極、苦節象。水注海或停瀦爲鹵則苦。苦者水窮、苦節道窮。不利行故凶。無疚於身故悔亡。上在事外、雖道窮、獨善其身、何所悔乎！

李塨：上六節水下流而上竭，如陳仲子三日不食，其道窮，雖貞、凶矣！然而苦節之士、蹈阨无怨悔、不可效也，亦可欽也。

姚配中案：上居坎極則反，雖王善政、極必弊，弊則當革。通其變使民不倦。弊法不可復行，故貞凶。案象注：窮則變，變則化成中孚。

吳汝綸：上苦與卦辭異，蓋夷齊龍比之行也。貞凶者謂所當者凶戚之時也。以苦節當凶戚、可以无悔矣。儒者說之皆非也。

丁壽昌：程傳此爻悔亡最得其義。本義禮奢甯儉、雖有悔通而終得亡之。與貞凶不連屬。蘇蒿坪曰柔當節終、處險極故曰苦節、以此爲貞則凶、能悔則凶可亡矣。上坎水所止故有苦象。

曹爲霖：聖人不以苦節繩天下也。上六之詞，君子以苦節繩一身也。歐陽永叔曰異衆以取名、責難以自刻者、包焦、申屠狄之流。是故談志節者履其凶而無垢、雖苦不以爲苦也。

星野恆：柔居上、處險極、此過節艱苦難行者也。貞而守之則不免凶。然與其嗟不節、寧失於苦，故雖有悔而終得亡之也。勝於不節而嗟遠矣。

馬通伯：焦循曰兌爲剛鹵。爾雅滷、苦也。沈該曰居外无位、守一介之節以修身可以无悔。趙汝楳曰節至於苦非可繼之道。高攀龍曰雖苦而實節。華學泉曰時値窮不得不苦其節者、聖人著於象所以明固窮之操。

劉次源：苦則情所難堪、故不可爲訓。處節極、過斯苦，雖正亦凶。不汙流俗故亡悔也。

李郁：節極則過嚴刻故苦。不變則凶。變得應乃悔亡。

徐世大：苦熬苦省，出限度之外，久必招致更大損害。貞訓久。悔亡，心活動就完。

胡樸安：過節之中苦節者也。苦節之事則凶矣。以苦節施於人、人不能堪。行於己可无悔，故曰悔亡。

高亨：以儉爲苦也。言苦節之不可者。蓋苦節則奢。貧則爲盜賊而蹈刑戮，富則蕩家蠹國。

故又申之曰苦節貞凶。不宜又言悔亡。疑悔亡二字衍文。蓋今文經所無也。

李鏡池：把節儉看成苦事，貪圖享樂，這是很壞的，肯定會倒霉。　禮節和節約、自然形成的社會生活規範。遵守禮節是道德行爲。

屈萬里：苦、窮、極節。

傅隸樸：苦節施之於人民是凶，節制太過便成壓迫的行爲、成了苦節，貞、固執己見、苦節而固執一定凶！施之於自己、便不會有過悔了、像禹治水股無胈脛不生毛！悔亡是勉帝王自節。

金景芳：程傳說：「悔，損過從中之謂。悔亡與他卦悔亡、辭同義異。」胡炳文傳象說：「五位中故甘，上極故苦。象曰節亨、五以之。曰苦節不可貞、上以之。」

徐志銳：相應有相節的關係。上六澤上之水、因九二苦苦節制才漲至澤上。李光地水始出甘、注海或停瀦爲鹵溼則苦。苦水之窮。苦節道之窮。苦節開始、水苦告終。六三潰決全部流出、至海或存洼地成鹽鹵苦水。澄明節制適中則亨。

張立文：尙（上）六，枯（苦）節，貞凶。悔亡　譯：上六厭惡節儉，占問則凶。若能悔改，便無困厄。

林漢仕案：苦之爲言火味、太鹹。古文爲枯、崔本作枯。今帛書亦作枯。苦者所以長養也。勤勞傷病、窮急不精皆謂之苦。

節者所遇去時命也。（荀子天論）又「死生此者也。」謂任賢使能、等貴賤、分親疏、序長幼。隆禮敬士等聖達節、聖賢家務事。枯則苦。過火矣、太鹹矣、傷病窮急矣！聖賢隆禮敬士、任賢使能之際、過則病、病則「雖有粟吾得而食諸」？是之謂用心太過。干寶稱：「懷貪狠之志。」張浚曰：「用節太過。」王夫之云：「人情之所不堪。」上六苦節、貞凶。悔亡。何謂也？ 象曰其道窮也。指貞凶言。 荀爽：六乘陽无應故道窮。 干寶：懷貪狠之志、華士、少正卯之爻也。王弼：亢極施正、物所不堪。 孔疏：處節以至苦、不可復正。 虞翻：二三變、兩離炎上故苦節、乘陽故貞凶。 司馬光：險過乎中。 張載：處險極故苦節、不正悔也。 程頤：苦節極苦節者也。險極亦苦義。 蘇軾：凶者六三、悔亡者上六。 張浚：用節太過。苦節愈夫不知節、時不可正物耳。 張根：不能通變之謂。 朱震：下无說而應之者苦節也。 楊萬里：伯夷隘、人苦其苦而已不慼不偷。 朱熹：居節極故爲苦節。 項安世：上六窮上爲苦。其心信正而行、不以爲苦故悔亡。 趙彥肅：節至五不可加矣！上又節之、苦難行。 楊簡：卦極節極、苦極不中、聖人破執固守信之蔽！雖正亦凶。 吳澄：上變、成複體之離火。節之太過。占節太過正主事則凶。 梁寅：苦者不度時勢，貞固守此、能无凶乎！ 來知德：坎錯離上、正居炎上地、苦象。終非人情之安！王夫之：人情之所不堪，違以行儉固之志、凶道也。 毛奇齡：居重窞過節、大離薰炙作苦。天下豈有過儉膺大戾者？寧儉固也。 折中引呂：禮寧儉故悔亡。引陸：下通塞、上甘苦。通甘塞苦。案皆從澤取義、得之矣。 李光地：水注海或停瀦爲鹵則苦。苦者水窮。苦節道窮。 李塨：

陳仲子三日不食，其道窮。　姚配中：坎極則反、極弊當革。窮則變、變則化成中孚。吳汝綸：蓋夷齊龍比之行。儒者說之皆非。　丁壽昌：程傳悔亡最得其義。本義甯儉與貞凶不連屬。　曹爲霖：聖人不以苦節繩天下也。君子以苦節繩一身。談志節者履其凶而無垢。　星野恆：此過節艱苦難行者。　馬通伯：焦循兌爲剛鹵、爾雅滷、苦也。華學泉曰聖人著象、所以明固窮之操。　劉次源：苦則情所難堪、故雖正亦凶。　李郁：節極過嚴刻則苦、不變則凶。　徐世大：苦熬苦省，出限度外必招更大損害。　胡樸安：以苦節施於人、人不能堪。　高亨：以儉爲苦也。蓋苦節則奢、貪則爲盜賊、富則蕩家蠹國。悔亡二字衍文。今文經所無也。　李鏡池：把節儉看成苦事、貪圖享樂、這是很壞的。　傅隸樸：節制太過便成壓迫行爲、固執一定凶。　金景芳引胡炳文：上極故苦。苦節不可貞、上以之。　徐志銳：相應有相節的關係。六三潰決至海或注地成鹽鹵苦水。　張立文：經文尚六、枯節、貞凶。悔亡。譯：上六厭惡節儉、占問凶、悔改便無困厄。

節可是萬花筒？節是白雲蒼狗？分明看得實在、轉眼即變樣。希臘哲人云：「唯有身習於勞苦、其心始能富有。」被訓練領導者：初時聽神話、道德、體操訓練、青少年期則藝文數學軍事甄選，然後攻讀辯證法，倫理學，理解至善之道、如此學經歷齊備、方可授予國政。與中國大學一書爲帝王學有相似之處。明明德是知識訓練、親民爲實務操作、止於至善爲學與實務操作交互努力下無始無終之追求目標。而大學八目、齊家、治國、平天下，正是君人者責任之放大。能力之考驗。陳之藩言歐洲帝王必經之訓練爲「挫斷足脛再站起來，摘下汗珠賺取自己衣食。」陳氏贊美今日美國全民無形中接受帝王訓練。與中國全民必讀之所謂大人之學：四子書同。能知期其必能行也。西方有犬儒派，主張人類自律、不受金錢。名位、慾望束縛。亦主張好國民當有最低限度之節德。然後再培養人民之勇德、智德、義德。諸德調和便叫公道。而彼所謂節德、乃期盼全民節制、唯恐無窮之欲望泛濫也。今上六之所謂苦節、象云道窮。干寶云稟險伏之教、懷貪狠之心。王弼云亢極、物所不堪。孔正義以儉約修身、可得亡悔。張載處險極故苦節。楊萬里以伯夷隘、人苦其苦。項安世：古之苦節之士不悔者多矣。吳澄：節之太過故曰苦節。折中以通塞甘苦從澤取義。李光地以水停瀦爲鹵則苦。吳汝綸：夷齊龍比之行也。曹爲霖：聖人不以苦節繩天下也。上六君子以苦節繩一身。雖苦不以爲苦也。徐世大之苦省。高亨之以儉爲苦。亢極是道窮、險極亦是道窮。然以水鹵、夷齊、苦熬苦省、以儉爲苦之謂上六苦節、似不能掌握上六繼甘節以後所謂苦節也。苦者所以長養也。上六過則變矣、途窮矣。日暮途窮仍以長養爲正念正施爲、懼其繼之者不及而盡壞前法。節謂隆禮敬士、任賢使能。枯則不堅固、濫惡矣！所謂枯則苦、過火矣、傷病窮急矣！象之道窮即途窮，途窮又亢極猶孜孜於聖賢家業、所謂「聖達節」。趙彥肅之謂：「以是爲貞固常久之道則凶矣！」來知德云：「雖正不免于凶。」不免于有所失也。易爲君子謀、豈謂陳仲子、夷齊龍比輩之遭遇者命也！能謀則在人；神無所不見、無所不思、無所不包、無所不聞者在天。盡人事聽天命。盡人事即所謂「聖達節」也。知其不可爲而爲之。朱熹云：「苦節雖得正，不免凶，然禮奢寧儉也。」

毛奇齡謂：「天下豈有過儉膺大戾者。」馬通伯引華學泉云：「聖人著象所以明固窮之操。」老子之不貴難得之貨。難得之貨令人行妨。無名無欲天下自定。所謂我無欲而民自樸。是以聖人欲不欲，不貴難得之貨。皆指貨財而非招賢納士。丁壽昌言朱子本義與貞大不連屬、吳汝綸云儒者說皆非。上六以不堅固之爲節、不堅固謂上六即將過去。以茲長養任賢使能、隆禮敬士之節、五甘則往可嘉尚、六枯則行之不遠不長。況干寶謂「懷貪狠之志。」故爻曰雖正亦凶。亦有所失。所以又著一悔亡者、日暮途窮、我上六則曾努力過。我問心無憾也。丁壽昌數朱子禮寧儉與貞凶不連屬。奢是禮、儉亦是禮、依禮乃爲正道、常道。依儉禮正道、常道而有所失、凶也。依寧儉之禮、卜凶也。何爲不連屬上下文？

節卦言其大者治國平天下與焉，其小啜菽飲水、敬其在己而不慕其在天者、各安其分也。節初之不出門庭者韜光自治、雖不出戶、知天下、不窺牖、見大道。善補過也。乃無可畏之一順民耳。九二或當露才揚己、又妞妮作態。才健不任事、高不仕之志。當宣而匿、私淑門庭、絕物自廢。是士遇時不出、與時不可出、其失一也。凶者失也。及三不節若、則嗟若。无咎。三剛位柔居、勉不能自發而立禮樂制度、尚賢使能以順天下，則將咨嗟嘆息以順人。三節人者也故善補過而无咎。六四佐君不漏不溢行君之節，肯定成就可觀。九五節主、行尚賢使能、平政愛民、豈止政迹可嘉尚、亦且可垂範于後世。上六苦節、枯節、日暮途窮矣、懼其行之不能長遠。以茲長養任賢使能、雖依正道而行、難免仍有所失。然曾努力過、問心問跡皆無所愧疚遺憾也。

䷼

中孚（風澤）

中孚，豚魚，吉。利涉大川，利貞。

初九、虞吉，有它不燕。

九二、鶴鳴在陰，其子和之。我有好爵，吾與爾靡之。

六三、得敵，或鼓或罷，或泣或歌。

六四、月幾望，馬匹亡，无咎。

九五、有孚攣如，无咎。

上九、翰音登于天，貞凶。

䷼ 中孚，豚魚吉。秀涉大川，利貞。

彖曰：中孚柔在內，而剛得中，說而巽，孚，乃化邦也。豚魚吉，信及豚魚也。利涉大川，乘木舟虛也。中孚以利貞，乃應乎天也。

象曰：澤上有風，中孚，君子以議嶽緩死。

孟喜：自冬至初中孚用事……十有二變而歲，復初坎離震兌……坎以陰包陽至二月坎運終焉……離以陽包陰，至八月終焉……。

荀爽：兩巽對合，外實中虛。豚魚謂四三也。艮山陸豚所處，三兌澤，魚所在，豚卑賤，魚幽隱，中信之道皆及之矣。（集解）

鄭云：三辰在亥為豕，爻失正故變從小名豚。四辰在丑為鼈蟹、魚之微者。爻得正故變從大名魚。互兌澤，二五皆坎水，二澤豚利，五水魚利。豚魚喻小民為明君賢臣所供養故吉。

傳彖：舟謂集板如今自空大木為之曰虛。（古名虛總名舟）又孚、信也。君上民下行中正教信於民故謂中孚。

王肅傳彖：三四在內，二五得中，兌說巽順故孚也。中孚象外實內虛，似可乘虛木之舟也。

陸績：中孚，信也。豚魚幽微之物，信尚及之，何況於人乎！（京氏易傳注）（集解）

王弼傳彖：魚者蟲之隱者也。豚者獸之微賤者也。爭競之道不興，中信之德淳著，則雖微隱之物，信皆及之。又乘木无溺，中孚涉若乘木舟虛也。應天盛之至也。

孔疏：信發於中謂中孚。人主誠信則雖微隱物信皆及矣！莫不得所而獲吉。微隱獲吉，顯者可知，光被萬物，以斯涉險，何往不通！信不正，凶邪之道，故利在貞也。

李鼎祚引虞翻：訟四之初坎孚象，中謂二。三至上體遯。（以豚魚爲遯。）坎大川，二化三利涉，體渙舟楫象。利二應五。　案坎爲豕、四降折坎稱豚，體巽爲魚，二變應五化坤成邦故信及豚魚吉矣！

司馬光：發于中而孚于人也。豚魚、幽賤無知之物，飼以時則應聲而集，況于人乎。至以涉險，如乘虛舟，物莫之害故曰利涉大川，乘木舟虛也。

張橫渠：上巽施之、下悅承之，其中必有感化而出焉者，蓋孚者覆乳象，有必生之理；信且正，天之道也。

程頤：豚躁、魚、冥物之難感者。孚信能感則无不至矣！所以吉也。忠信可以蹈水火，況涉川乎！守信之道在堅正，故利貞。

蘇軾：中孚、信也。必柔內剛外、且剛得中。信及民不容有僞，巽行兌乘天下之至順、說无心、舟虛无心之謂也。

張浚：聖人誠信格物，信及豚魚，取用有時，不忍少傷是爲信。始於化邦、終及豚魚小物、無暴殄竭取之禍，則天下樂遂其生以成大治。一陰大川、巽木舟、利涉利貞應天也。

張根傳彖：疑于物焉，其化宜矣。豚魚吉、其他可知。乘木舟、中孚似之。應天、變化大興、是謂天德。

朱震：自遯來、訟變。三孚上、四孚下、在中而孚。猶鳥孚卵。豚魚六四、信及无所不及、可贊天地化育，正則吉。利涉大川、乘木舟虛也。中孚利貞乃應乎天。

鄭汝諧：張橫渠曰上巽下悅、中必有感化而出者。孚覆乳象。覆乳必剛外柔內，非陽不生，故剛得中而爲孚也。

李衡引陸：三四合體爲中孚主，中有誠信、若鳥卵之孵、柔內剛外。豚之微魚之隱、皆不欲傷之、況人乎？中孚則水火可蹈，何不利之有！ 引胡：虛中誠內出於性也。

楊誠齋：三四柔內中虛，二五剛中中實。心洞然而虛、誠充然而實。發於中孚於外此所以中孚也。所動至微、信豚魚、至顯、化邦應天！中孚利貞應乎天、涉危化邦有不足爲者。

朱熹：孚、信也。二五陽皆得中，下說應上、上巽順下、至信可感无知物、涉大川險又必利於正。故占者能致豚魚之應則吉。

項安世：四陽涵二陰謂中孚。貴陽賤陰。柔內剛得中、說而巽、外實中虛，利貞應天。豚魚至陰屬坎、陰中之陽也。二物至微而中氣在、利於事貞於理，順天應人。

趙彥肅：中孚信也，二五剛中有可信之實。致陰信者陽也。陰從陽、陰利故吉。中孚巽在兌上、全體又有舟象。中孚陰在內孚、不爲險故利涉。陰麗於陽故曰利貞。

楊簡：中內孚誠，無我謂中孚。二五剛中，至剛生於至柔，誠而已矣！豚魚猶信，可以濟大險矣！既信既止，應乎天即豚魚之吉也。

吳澄：中謂二五、此感彼應曰孚。二五剛中、三四柔孚應，其信不渝。豚魚似豬、俗謂江豚、舟人稱風信，其信如豚魚。占吉。有舟象。四卦主得位而承五之中。

梁寅：全體言則中虛、二體言中實。下說應上、上巽順下皆孚信意。豚魚中二陰象。豚躁魚冥至難感者。能感何幽不通！二五剛中同德、无往不濟矣！必利於正。事皆天理天道也。

來知德：豚魚生大澤中、將光風則先出拜。信如豚魚則吉。鶴知秋、雞知旦、皆信物。利于正也。若盜賤男女之私、豈不彼此有孚、然非理之正故利貞。

王夫之：中內孚信也，感也。豚魚陰物謂三四。二五以中正之德施信三四，相感受吉矣。利貞者，施信以感物，物蒙其利，剛中不自失，有利貞之德。涉險能利而孚皆受其吉也。

毛奇齡：風水冥合信生。巽魚坎豚。其中則名中孚。指曰豚或魚無不可。非水不生、非風不見。冥冥不可解！但曰豚魚則已吉矣。澤風相向涉而利焉。信貞固應天況涉矣！

折中引朱子語類中孚與信恐有別，伊川云存於中爲孚，見於事爲信。因舉孚字所抱實有物所以人信之。　引吳氏曰人中心能孚信於豚魚則無所不感矣，故吉也。

李光地：二陰內、四陽外。凡中虛之物有感於外則化生其中。中孚以虛爲本，虛則無所不感。信及無知之物，無所不感可知矣。蹈水之道無私、貞固守理之正、無私無不感矣。

李塨：巽兌兩形相向有若合符、信生其中。二五中實、內說外巽皆孚象。信如豚魚（江豬）乘風拜浪、風靜即滅。斯吉耳。巽木大離中虛，利涉矣。信貴正。五二合天人位。

孫星衍引集解荀爽曰兩巽對合、外實中虛。（漢上叢說）　鄭康成曰中孚爲陽貞於十一月子，

小過為陰貞於六月未、法於乾坤。(漢上傳)

姚配中案:小過反,三四交天地中、土性信故中孚。中坎豕故為豚。取象豚魚者喻君以中信及物。坎化中孚故利涉大川。坎發雷動艮止澤通氣風宣,既濟成故利貞。

崔述:以尤無理者謂中孚。象傳之信及豚魚也作信及也,而無豚魚二字,則非惟與下木虛虛字不叶,而信及兩字豈復成語。其為後人之所妄改不待言者,必非古本果如是也。

吳汝綸:中孚豚魚四字的。荀云艮山。豚所處兌澤、魚所在。豚卑賤、魚幽隱、當矣。孚驗。言化邦之道可驗之豚魚也。

丁壽昌:鄭曰豚魚以喻小民是也。三應上、四應初、皆乾爻、乾天故曰中孚以利貞乃應乎天也。當以中孚豚魚讀吳敬齋曰蓋信及豚魚者吉、非豚魚吉也。讀豚為遯失之穿鑿、又魚似豚者江豚也、說之愈鑿、失之愈遠。

曹為霖:豚魚蓋江豚也。唐許渾詩:江豚吹浪夜還風是也。吳氏易說以韓文公驅鱷魚為信及豚魚。皇甫規曰君者舟也,民水也,群臣乘舟者、安元元所謂福也。可不愼乎!

星野恆:孚信、江豚生于大澤、唐詩江豚吹浪夜還風。卦內兌澤、外巽風、大澤有風。二陰在四陽中、二五剛中,又木在澤上、虛中有楫象、虛以受物無所繫吝必可貞固守之。

馬通伯:李綱以卦爻有胎卵孚保象。胎生多者莫如豚,卵生莫如魚。聖人仁心不麛卵殺胎、取鳥獸中避孕乳之時是也。案中心惻怛之誠、下及於物,皆議獄緩死之心所推也。

楊樹達:〔新序雜事篇四〕鍾子期曰悲於心而木石應之。易曰中孚、豚魚吉。此之謂也。〔後漢紀質帝紀）朱穆曰易稱利涉大川，舟船所以濟渡萬民，不可務遊戲而已。

劉次源：中相孚信也。有符節人乃信。下說上巽、兩情應也。陰陽孚感以誠故无不應。江豚知風、性也。利涉大川、進无梗也。不私合、利于正。孚可化天下爲一家。

李郁：好生之卦。中孚者中虛、益之實生意無窮矣。二爲卦主。魚遯入深淵、能免鉤罟之災故吉。三之上乘巽故利涉。五不宜化柔故利貞。

徐世大：中被俘，孚爲俘，即奴或臣。中爲作者姓名。豚爲小豕，引伸幼小故小魚好，小魚優游大川，爲俘奴歆羡。最以堅定而非爲宜久有者。

胡樸安：孚信、本鳥菢卵。中孚田獵示信。以見庶類蕃殖而吉也。卦言利涉大川者七，除記實外皆有利之意義。說而巽、巽即巽與之言、民信及豚魚也，乘舟相往來也。

高亨：中孚卦名，當重中孚、卦辭，全書通例。中借爲忠，孚信。猶云忠信。豚魚乃禮之薄。謂事神有忠信心，雖豚魚之薄、祭亦吉。萃六二孚乃利用禴大恉相同。

李鏡池：這是講禮儀的專卦。中孚中心孚信。豚魚小豬。豚魚通用物品、主要士以上貴族所用，行禮時心中誠信、又有豚魚則吉。利涉大川。利貞屬另占。

屈萬里：豚魚吉謂祭祀。傳彖言因相信之深故雖以豚魚之薄禮獻薦、而信亦及之。豚魚，王引之云士庶人之禮也。王制：「庶人夏薦麥、秋薦黍；麥以魚，黍以豚。」豚魚乃禮之薄者。然苟有中信之德則人感其誠，神降之。

傅隸樸：商鞅之信是術，晉文公之信是詐。中孚以誠見信。豚豬最笨、魚最冥頑，故中外无馴豬魚戲。豚魚能化，無物不化。大川、大難。誠能化豚魚大難自消失。必須堅正。

金景芳：中孚一中虛一中實。魚愚豚蠢。蠢豬嘛，都是難感之物。中孚感動了豚如魚。朱子說孚、信也。以一卦言之爲中虛、二體言之爲中實。又下說應上、上巽下應孚義。

徐志銳：雜卦中孚、信也。中孚卦義爲信守中。豚魚就是江豚魚。唐許渾「江豚吹浪夜還風」詩句。及、至也。至豚魚都守信、況人呢！信守中道、雖有艱險而能通。

張立文：中復（孚），豚魚吉，和（利）涉大川，利貞。　譯：中孚，用豚魚薄禮作祭品、是吉祥的。宜涉渡大河，且利於占問。　復假爲孚。　豚爲小豬。豚魚謂河豚、江豚、海豚也。江豚舟人乎爲風信。　和假爲利。

林漢仕案：比卦有孚義，學者謂孚爲采之借字，采、果贏也。音變而爲穗。又孚借爲稃、稽也。又孚、罰也。孚、俘奴、俘虜。孚、信也。中孚、見序卦：「節而信之、故受之以中孚。有其信者必行之。」　雜卦：中孚、信也。中孚爲六十四卦卦名之一。彖稱中孚應乎天。象謂中孚議獄緩死。卦辭：中孚豚魚吉。中孚字之義爲信。爲生，卵化，猶務躁，浮、扶、覆、孵。（見經藉纂詁）試讀易傳大家如何詮釋中孚：

彖：柔內剛得中、說而巽、信及豚魚，應乎天。

象：澤上有風、中孚、君子議嶽緩死。

孟喜：自冬至初中孚用事，十有二變成歲……

荀爽：兩巽對合、外實中虛。豚卑魚隱、中信之道及之。

鄭玄：三辰在亥爲豕。四丑爲鼈。二五坎水、豚魚喻小民，中信教信於民故謂中孚。

王肅：兌說巽順故孚。外實內虛、似可乘虛木之舟。

陸績：中孚、信也。豚魚微物、信尙及之、何況人乎！

王弼：魚蟲之隱、豚獸之賤、中信德著、信及微物。

孔疏：信發於中謂中孚。微隱吉、顯可知。

李引虞翻：訟四之初坎孚象。中謂二。坎豕巽魚。二變化坤成邦故信及豚魚吉矣。

司馬光：豚魚、飼以時應聲而集。乘虛舟，物莫之害。

張橫渠：巽施悅承。孚者覆乳象、必生之理。信正天之道。

程頤：豚躁魚冥，能感到无不至矣！守信之道在堅正。

蘇軾：中孚信必柔內剛外且得中，信民不容僞。舟虛无心之謂也。

張浚：聖人誠信格物、信及豚魚。二陰大川、利貞應天。

張根：豚魚吉、其他可知。乘木舟、中孚似之。

朱震：三孚上四孚下、猶鳥孚卵。在中而孚，可贊化育。

鄭汝諧：覆乳必剛外柔內。非陽不生。故剛得中爲孚也。

李衡引陸：三四中孚主、若鳥之孵。豚魚之隱皆不欲傷之。

楊誠齋：三四中虛、二五中實。動微、信豚魚。至顯化邦。

朱熹：孚、信。下說應上、上巽順下。占致豚魚應則吉。

項安世：四陽函二陰謂中孚。貴陽賤陰。利於事貞於理，順天應人。
趙彥肅：剛中致陰信者、陰麗於陽故曰利貞。
楊簡：無我謂中孚。豚魚猶信可濟大險。信正應乎天。
吳澄：中謂二五、此感彼應曰孚。豚魚江豚、舟人稱風信。四卦主承五之中。
梁寅：中虛中實、說上巽下。能感躁冥、何幽不通！
來知德：鶴知秋、雞知旦、生風豚先出拜，皆信物。
王夫之：孚感陰物謂三四、相感受吉矣！
毛奇齡：豚或魚、冥冥不可解、非風不見。曰豚魚則已吉矣。
折中引朱子：中孚與信恐有別：伊川存中為孚、見事為信。
李光地：二陰內、中孚以虛為本、虛則無所不感。
李塨：信如江豬、乘風拜浪、風靜即滅。巽木大離中虛。
姚配中：小過反、土性信故中孚、坎豕。化中孚故利涉。
崔述：尤無理者謂中孚。象傳信及、為後人妄改。
吳汝綸：言化邦之道可驗之豚魚也。孚、驗。
丁壽昌：初上乾爻故曰中孚利貞應乎天也。非豚魚吉。豚讀為遯失之穿鑿，魚似江豚愈鑿！
曹為霖：唐許渾詩：江豚吹浪夜還風是也。吳氏以韓驅鱷魚為信及豚魚。
星野恆：唐詩：江豚吹浪夜還風。虛中舟楫象。

馬得伯：胎生多莫如豚、卵生莫如魚，取鳥獸必避孕乳時。惻怛及物，皆識獄緩死之心所推也。

楊樹達：悲於心木石應，易中孚豚魚吉。此之謂也。

劉次源：中相孚信，江豚知風，性也。孚可化天下一家。

李郁：好生之卦，魚遯免網罟之災，三上利涉，五不化故利貞。

徐世大：中被俘。中作者。小魚優游爲俘奴羨。

胡樸安：鳥菢卵。中孚田獵示信。民信及豚魚，乘舟往來。

高亨：中借爲忠信，豚魚禮之薄。有忠信心，祭亦吉。

李鏡池：豚魚小豬，士以上貴族所用。行禮中心誠信則吉。

屈萬里：豚魚吉謂祭祀。薄禮獻薦，有中信，神降之。

傅隸樸：商鞅之信是術，晉文公詐。豚笨魚頑，今无馴豬魚戲，能化無物不化。

金景芳：魚愚豚蠢，難感物。中孚感動了豚和魚。

徐志銳：卦義爲信守中。至豚魚都守信，況人呢！

張立文：用豚魚薄禮作祭品是吉祥的。豚魚謂河豚，江豚，海豚也。

王弼、孔穎達以前諸賢詮釋中享、至矣，盡矣，過此以下無大波浪也。故彖曰「柔內剛中、說巽，信及豚魚，應乎天。」即勾劃出卦之三四爻爲柔、二五剛中、上巽下說。象澤上有風，即下兌澤、上巽風。另一種卦象說辭而已！然「君子議獄緩死。」爲神來之筆。

來者必須屈說婉就以圓象夢。孟喜之說，閱六日七分圖可知矣。（見乾卦所附卦氣總圖。）荀爽謂兩巽對合、外實中虛。亦就卦象上言。當然謂兩巽者上巽下兌、兌爲例巽。若曰兩兌相合、又何不可！荀發明豚卑賤、魚幽隱。卦辭豚魚，必須象出亥豬豚，爻辰圖鄭康成獨創，以十二律呂配十二地支、再配坤十二爻。固定爻位乾初九、子、黃鐘、坤初六、未，林鐘……於是鄭玄得云：三辰在亥爲豕、四丑鼈。十二辰生肖子鼠丑牛……亥豕。「做戲無法、出個菩薩。」打個哈哈、豚魚象現矣：康成以豚魚喻小民。中孚、中和孚信教民故謂中和。王肅云兌說巽順故孚。「外實內產」者言其卦結構初二五六陽、三四陰也。

陸續言豚魚微物、信尚及之、何況人乎！此與司馬光云「飼以時應聲而集。」程頤：「能感則无不至矣！」相應。然有不可類比而通者：馴獸師能馴獸溜狗、溜豬、溜虎、豚魚蛇虫鯊魚表演、未聞彼輩信足及物即可治國。梁寅云「何幽不通！信及豚魚，況人乎？」若謂以感獸魚之功夫感我同袍、功夫深、鐵石心亦可百鍊鋼成繞指柔、「化邦家之道可驗豚魚。」（吳汝綸）則太小視「人心惟危、道心惟微。」十六字心傳之奧妙！人心危、道心微、又幾同於蟲隱獸賤、而能精一執中者蓋寡矣！大學有所謂「止於至善。」小止即欲登泰山封禪祭天、示大功告成矣！馴獸師專一於魚蟲鳥獸之馴、統治者能專一於萬民之訓乎？

折中引朱子：中孚與信恐有別。江豚知風、雞知旦、鶴知秋、蓋性也。中孚亦性也，伊川所謂存中爲孚。莫謂豚胎生、魚卵生、豚魚禮薄、士以上貴族所用、魚豚隱賤，第言彼江豚吹浪、風信、知風、知秋、知旦之性、則知航江河大川之得時矣！蓋吹浪示凶，避開則吉乎？利涉者卦有七見、境況不同而殊途同歸乎利涉？貞固守理之正，貞卜占問、知有利於行也。

至李郁之「魚遯兔鉤罟之災。」說、易不爲隱陰物占。象言化邦、應天。蓋讀易者有心經緯國家、柔內剛外、悅而順之交替運用得宜耳、王佐應天順人之徵可信也。象謂議獄緩死。其待秋決乎？緩死非免死、待秋以執行、亦應天時之肅殺氣候。馬通伯謂聖人仁心惻怛、下及於物、不麛卵殺胎、皆議獄緩死之心所推也。馬言得之矣！

初九、虞吉，有它不燕。

象曰：初九虞吉，志未變也。

荀爽：虞、安也。初應四宜自安虞、无意四則吉。四乘五有它意于四則不安，故曰有它不燕也。（集解）傳象：初潛藏未得變而應四也。

王弼：虞、專也。爲信始、應四得專吉。志未變、繫心一、故有它不燕。

孔穎達：虞猶專也。燕、安也。初爲信始、應四得專吉，故虞吉。既係心一、故更有他求、不能與共相燕安也，故曰有它不燕。

張載：爲信之始。未孚而志應四，二三柔間，非人禮自防，使爲衆信，取悔之道也。故必防其萌，使志不亂，孚交如則威如乃吉。

程頤：初戒審其所信。虞、度也，度其可信而後從則吉。燕、安裕也。有它，志不定也，不定則惑而不安。爻以謀始之義大，故不取相應之義。若用應則非虞也。

蘇軾：虞、戒、燕、安。四初應、近五爲五所攣、所謂有它也。四不專應、有心於五、此必變者也。初九戒不輕往應則遠於爭矣，故吉。

張浚：聖人設此爻、特以導天下學者誠也。念念不替爲虞。誠一貴初，初應四而有剛德、是獲虞吉之美。異念起所以害誠，難乎居之安矣！

朱震：初四正應、相易失位爲憂，故虞變之，乃不失其正應。宜誠一不貳，有它則動心，燕謂三、初三同體，說往應爲有它。初戒在審愼所信。變於三，何燕息之有！

鄭汝諧：信、自信也。初始信未孚，當自反而求諸己，故貴自虞度。能慮度在我者而後交乎人故吉。遺內務外，捨己求人，有它則靡定向，何休裕之有哉！燕！休裕也。

李衡引荀：虞宴安，有它意於四則不安。　引陸：虞守也。自守中則吉。燕安也。引朱：虞度，它謂三。　引佚：初應四、初若能虞度則吉。　引金：燕當爲變字誤。應不變志。

楊萬里：虞之爲言防也。中孚之誠、不可不防其有它。妄與僞皆所謂有它者也。察吾心一毫有它、則惕然不安，則防之周矣。當如曾子省三、顏子所克者四庶乎、不燕不安也。

朱熹：中孚初應四，度其可信則吉。復有它焉、則失其所以度之之正、不得其所安矣。戒占者之辭。

項安世：中孚六爻以比相孚。初九安處下、不假他求。苟變志求孚、動則失其安虞度。燕、安也。

趙彥肅：六四孚于五矣，初能度之，不爭應故吉。有它不燕、當安靜也。

楊簡：民之顚倒訴妄，其發有端。生於因物遷化意動也。虞吉者恐懼之異稱。曾子臨深履薄、終身謂虞也。有他則不燕安矣！漸入於詐。老子獨怕其未兆、未有他之時也。

吳澄：如澤之虞人、近孚九二之中、守職不變其志所以吉也。占有他謂外應四、不專孚九二、有他志則不安矣！

梁寅：初四應、四近君而柔順、不盈乃可信。初虞度其可信而信之則吉。若舍正應又有他志則失所從而不得安矣。蓋四柔疑非賢。初剛或難自屈，故勉從四則吉。

來知德：虞、樂也。燕、喜，安也。有他、志不定。初九柔、剛得正。應六四，柔順得正者。占者如是則吉。若不信于六四而別信于他、則是不能安樂其中孚矣。

王夫之：虞度也，安也。初濳處下、惟守剛正與二相孚而安故吉。他謂四，燕不安。言雖應四，非其所安。獨與二合德。初靜無欲則吉。初承二故初孚二。

毛奇齡：初四、三上天然匹配。三四在中、二五兩陽夾迫、去就難決、向背未定反齟齬者。虞安、燕亦安。二介于中有他則不安。若曰安吉、四當初時其志應未變耳。

折中案：不取應、應反爲累。初之虞吉者謂有以自守自安也。禮有虞祭、亦安義。虞則吉。有它不燕正與大過九四有它吝同。九四應初爲有它，初九應四亦爲有它也。

李光地：中孚不以應爲善，應有所繫矣。虞、安。占能安自守則吉，動上應四則慮遷有他則志變不安。易例初九應六四、九四應初六皆無吉義，此爻與大過之四辭正同也。

李塨：初九卦始，其中孚赤子志未變者也。故安之則吉，若有他擾則失其孚矣！（虞、燕皆安也）何以安焉。

孫星衍引集解陸希聲曰燕安也。有應於四、宜從之。誠信未通未能及物故自守則吉而有他不燕。（會通）

姚配中案：初應在四，四承五不應初，初宜自安。不生怨望故安吉。它謂非應。初雖不往應四，亦不宜有意於它。它意猶二心、失正應故不燕謂不孚也。或說虞度也。

吳汝綸：此卦兩爻相比爲義。初之虞吉、與二相應和爲驩虞也。初二同德故云未變，若上應四陰則有他而不安矣！

丁壽昌：荀曰虞、安。應四、初自安虞。四承五、有他意于四則不安。惠定宇曰初正應四，非應曰它。若妄求它應則失所安矣。惠說是也。古虞娛通。變坎加憂故有它不燕。

曹爲霖：陳氏曰志以未變而孚、有他則變矣。如春秋莊公二十七年公會齊侯……于幽、志同欲也。又僖公五年諸侯盟于首止……譏逃義。具此變矣。

星野恆：虞度、燕、安裕。陽居初應四。當度其可信而信之則爲吉。若志有他則趨向不定不得安裕、故戒不可貳其心。仕而得其君、交而得其友、學而得其師、其事一也。

馬通伯：中孚之德成於二五。初卦始志未變、虞度後吉。凡孚先必度義之當否。有他謂上九位不當、高亢不孚，上不終、初豈能獨燕乎！

劉次源：虞爲澤虞、燕、信禽也。虞以專吉、有他意、燕不臨也。傳象初念最純、雜感未乘也。

李郁：陽以陰爲它。有它謂初九化陰。卦成渙。喪葬畢奉主于廟，在禮爲虞。燕、安也。不燕者言人子之心高尚未安也。　傳象：未變孝親之志也。

于省吾：荀爽有它意於四則不安。虞翻動入陷於井故有它吝。按說文它虫也。它他古今字。易言有它皆不吉象。故有它吝、有它不燕。不燕即不安。孟氏逸象巽爲蛇。象有它吉也。失之。

徐世大：初虞、看守山林之官兼看守俘奴，引伸爲善。有蛇不安。設想二人對語：「有蛇沒有」？「安」。

胡樸安：虞即詩召南騶虞之虞。亦即虞人之虞。田獵召虞人而吉。他即它，燕即宴。大澤中有它不能宴處也。

高亨：虞訓安，借爲娛。古虞娛通用。虞吉者、安而吉也。有它、有意外之患也。它重文作蛇，古人稱意外之患曰它。有意外之患則不安。筮安而吉、但有意外則不安。

李鏡池：此爻敘虞、燕二禮。虞凶禮、燕吉禮。虞喪禮、安葬爲虞。安神于宗廟轉爲祭禮、似有吉禮之意。燕禮屬快樂事、作用在聯歡、結盟、慰勞、慶功。有事故則不便舉行。

屈萬里：虞燕蓋皆祭名，言虞祭吉，如有他故則不必燕也。虞、虜也，備也。韋注國語。呂氏春秋注虞、樂也。同娛樂、有他故則不宴安也。亡它無事故通稱。燕同宴。

傅隸樸：虞、王訓專。程謂度其可信。程義較長。左昭二十年平王使奮揚殺太子建、太子奔宗、奮揚執事建如事余命、不忍後令。王曰歸、從政如他日。燕義爲安，有它是不專。

金景芳：虞程朱作度、荀爽作安解。我的意見作安好些。荀爽說初應四宜自安虞、无意四則吉。有意于四則不燕。項安世說孚中无待于外、初安處下、變志求孚四則失其安。折中按六爻无應者吉、應凶。禮有虞祭亦安義。燕亦安也。

徐志銳：中孚爲信守中。四爻與二五親比爲信服于中道。連斗山云：「近中爲孚、不以應爲字。」初九經過臆度權衡後舍正應六四、親比九二所以得吉。結交六四則另有它志。

張立文：初九，杅（虞）吉，有它不寧。　譯：初九，遇喪祭則吉祥。如有意外則心不得安寧。杅虞同韻，音近相通。虞爲喪祭。謂士葬父母、迎神而反、日中祭之於殯宮以安之、故吉祥。　不燕不寧義同。

林漢仕案：初九虞吉、有它不燕。虞字、經傳解其義有：度、億度、望、驚、憂、備、專、擇、回、樂、安、喪祭辛哭、同娛、國名、掌山澤之官、主田及山林、主園囿官吏、主材官等。易家釋「虞吉。」於是有：

象志未變。　荀爽：虞、安。　王弼：專。　程子：度。　蘇軾：戒。初九戒不輕往應則遠於爭。　張浚：念念不替。（異念起所以害誠）　李衡引陸：虞、守也。　楊萬里：虞之爲言防也。　楊簡：虞吉者恐懼之異稱。臨深履薄、終身虞也。如澤之虞人不專乎九二則不安。　來知德虞、樂也。　折中：禮虞祭、亦安義。　吳汝綸：與二相應和爲驩虞。

丁壽昌：古虞娛通。　劉次源：虞爲澤虞、虞以專吉。　李郁：喪葬畢、奉主于廟，在禮為虞。徐世大：初虞、看守山林之官，兼看俘奴，引伸為善。胡樸安：即詩召南騶虞之虞。田獵召虞人。李鏡池：爻敍虞、燕二禮。虞凶燕吉。屈萬里：虞燕皆祭名。虞慮、備也。樂也、同娛樂。張立文：初九遇喪祭則吉祥。帛書杅虞音近相通。虞祭謂士葬父母，迎神而反，日中祭殯宮以安之，故吉祥。

總上虞字義為：

安。專。度。戒。念念不替。守。防。虞吉恐懼異稱。樂，虞祭為喪葬畢，奉主于廟，在禮為虞。恐懼如臨深履薄，終身虞也。同娛。山林川澤之官。虞慮、備也。

依張三文帛書易：虞作杅，杅，盛湯漿浴器，盌，飲水器。張謂杅虞同韻。故字異仍歸入今本易經虞字集釋。雖有舊物與易何有哉！初為潛龍，多不任事。荀爽傳象云初潛藏未得變。王夫之亦謂初潛處下。過此或間高估初之情操，謂：謀始慮終，臆度權衡。有是哉？又斷斷於比應。他卦皆以位正而應為吉為常。中孚初九，自荀爽、王弼即南轅北轍，分道揚。荀謂无意四則吉；王、孔云應四得專吉。於是易家即兵分二路，展用無限期之長征：張載志應四。蘇軾四初應。張浚初應四有剛德，是獲虞吉。朱震初四正應，相易失位為憂。……程頤云不取相應之義。趙彥肅：四孚五，初不爭應故吉。王夫之：應四非其所安，獨與二合德。折中：中孚不以應為善，反為累。李光地云易例初九應六四，初六應九四皆無吉義。徐志銳：初九權衡後舍六四，親比九二得吉。

誠繙閱一過初九（或初六）應六四（或九四）而吉者計有訟、比、升、渙。單言初吉或四吉者如小畜、泰、否、謙、隨、蠱、臨、噬嗑、復、无妄、大畜、頤、遯、大壯、晉、家人、益、萃、革、震、歸妹、豐、兌、中孚。李光地謂易例初四應无吉義者似不確切。佛有八萬四千法門、門門直通如來腳下。易爻辭闡釋亦有八萬四千法門、門門直達易繫爻辭始祖、姑稱伏犧、文王、周、孔座前。間亦有走火入魔、自成一家、所謂入鬼道邪門者、亦一世之雄也。並存以俟後之來者方便取抉、繼續斷斷其聲傳揚萬古……林漢仕以爲中孚初九，虞吉者、湯沐之吉乎？初九時段、上有阿護、訓虞爲安似較恰切。蓋潛龍乎哉！

有它不燕、燕同晏。查易經他卦言有它者計有：比卦初六：有孚比之，无咎。有孚盈缶、終來有它、吉。象曰比之初六、有它吉也。大過九四、棟隆吉、有它吝。繫辭下：六者非它也、三材之道也。他見於南嶽出版禮之十三經引得中孚初九爻辭：「有他不燕。」而今本十三經易經作「有它不燕」。孔疏：「更有他求」。「不更親於他也」。明清本如來知德、王夫之等作「他」。宋本程朱作「它」，而司馬光、張載作「他」。他它之別在：詩經豈無他士？他人有心。不皇他矣！而它：它山之石。之死矢靡它。今作文字上之它爲蛇、謂孟氏逸象巽爲蛇。（于有吾）徐世大：「有蛇沒有」？高亨「它、重文作蛇。」詩經之「它山之石」、「之死矢靡它」則不能云蛇山之石、之死矢靡蛇矣！他它似因人物各有其用途。大過九四有它吝者、子夏特謂非應比稱它。上爲它，四它，大坎也。蛇、意外之患。屈萬里謂它，古他字。比初六終來有它，吉。丁壽昌謂易有它者三、皆非應。于省吾：易言有它皆不吉之象。象曰「有它吉」失之。于以它爲蟲爲蛇。它義有他、駝、馳、佗、蛇。此外李郁：「陰以陽爲它。」李鏡池以有它爲有變故。今初九時段屬潛龍、上有阿護、湯沐盥飲不缺、虞吉者安吉也。「有它不燕」：荀爽云初自安虞、无意四則吉。四乘五有它意則不安。

孔穎達：既係心一，更有他求，不能與之共相燕安。

程頤：燕安裕。有它、志不定則惑而不安。

蘇軾：四應初、爲五所攣、所謂有它。初戒不輕往應。

朱震：宜誠一不貳、有它則動心。燕謂三、變三何燕息之有！

鄭汝諧：有它則靡定向。燕休裕。何休裕之有哉！

李衡引金：燕當爲變字誤、應、不變志。

楊萬里：妄與僞皆有它者。當如曾子省三。不燕不安也。

朱熹：應四、復有它焉則失所度，不得安矣，戒占者。

項安世：中孚以比孚、初變志求孚則失其安。燕安也。

趙彥肅：四孚五、初不爭應、當安靜也，有它不燕。

楊簡：有他則不燕安、漸入於詐。老子獨怕其未兆。

吳澄：近孚九二、有他志謂外應四則不安矣。

梁寅：若舍正應有他志則失所從而不得安、勉從四則吉。

來知德：若初九不信于六四而別信于他、則不能安樂矣！
王夫之：惟守正與二相孚而安吉。他謂四、應四非所安。
毛奇齡：初四三上天然匹配、二介中有他則不安。
折中：取應爲累、與大過九四應初爲有它吝同。
李光地：應則有他、志變不安。易例初四應皆無吉義。
李塨：中孚赤子未變、有他擾則失其孚、何以安焉！
孫星衍：誠信未通未能及物故自守則吉而有他不燕。
姚配中：它謂應。雖不應四，亦不宜有它意、有二心也。
吳汝綸：初二同德驩虞、若上應四陰則失有他而不安矣！
丁壽昌引惠定宇：非應曰它、妄求則所安。變坎如憂爲不燕。
星野恆：戒不可貳心、仕君交友得師、志有他則不得安裕。
馬通伯：有他謂上九位不當。上不終、初豈能獨燕乎！
劉次源：燕信禽。有他意、燕不臨。
李郁：陽以陰爲它。有它謂初九化陰。不燕者人子之心尚未安也。
于省吾：它虫也、它他古今字。巽爲蛇。象有它吉、失之。
徐世大：有蛇不安。
胡樸安：大澤中有它不能宴處也。

高亨：有它、意外之患也。重文它作蛇。有事則不便舉行。

李鏡池：燕禮作用在聯歡、結盟、慰勞、慶功。

屈萬里：虞燕祭名、有他故則不必燕也。燕同宴。

傅隸樸：燕義爲安。有它是不專。

金景芳：荀說有意四不燕、項說孚四失安、折中應凶。燕亦安也。

徐志銳：初九經過臆度權衡後舍正應親九二、交四則易有它志。

張立文：初九遇喪祭則吉祥。如有意外則心不得安寧！

倫理者、人倫上之條理次序也。既謂初四二五三上天然匹配矣、又搞婚外情而又爲之說辭，智識之爲歪用、信義無價。咱非道學先生、亦無意衛道、然千百年來道統、似不容以比代應、視爲正統孚信倫理。禮防毀則洪水猛獸出柙、雖有仁人志士亦無以爲何矣！雙人枕頭合理化、康有爲之大同世界應爲最理想之男女分配、一年一易、新鮮合理、蓋由政府強制執行也。李光地云初四應易例皆無吉義、上頁已言之矣！李郁在比卦初六言陰以陽爲它、本卦則謂陽以陰爲它、有它謂初九化陰。在此卦陽終來初、故曰終來有它。李郁之它與陰陽、前言不對後語也。豈謂它爲陽物、它爲陰物？

燕義有：安。安裕。燕謂三。燕休裕。燕當爲變字誤。安靜。變坎加憂爲不燕。燕、信禽、燕不來。燕吉禮。燕：祭名。燕同宴。不燕不寧。

它義有：有意四、戒初不輕往應。有它則動心、宜誠一不貳。有它則靡定向。應四、復有它焉則失所度。初變志求孚則失所安。有他志謂外應四。舍正應有他志。不信六四、別信于他。「他謂四」。（王夫之）它謂應、亦不宜有它、有二心也。非應曰它。有他謂上九位不當。陽以陰爲它，謂初九化陰。它、虫、蛇。它、意外之患。有它是不專。

有二心即有它。蓋或如荀子言「事兩君則不容。」乎？是即不專也。它爲蛇乎？它爲它事乎？

準象曰初九有湯沐之吉、蓋潛龍上有阿護。若有第三者介入則不寧不安也。另依部份不應四比二中孚者之意、則有它直如燕燕上飛翔於天祭不下來矣！比翼雙飛、偷情者倆人沒有明天乎？象之志未變者蓋或本能之飲食男女乎？

它指事物，他指人事。它他似混用矣。

今本帛書易爲「有它不寧。」宜乎王弼、孔穎達之傳疏繫心一、應四專之爲訓爲得也。

九二、鶴鳴在陰，其子和之，我有好爵，吾與爾靡之。

象曰：其子和之，中心願也。

子夏傳：我與爾縻之。

孟喜：…我有好爵，吾與爾靡之。好，小也。靡共也。（釋文）

京房：九二處和體震則震爲鶴。（漢上易傳）吾與爾劘之。

干寶：我有好爵，吾與爾縻之。縻，亡池反，散也。（釋文）

陸績：吾與爾縻之。（釋文）

王弼：居重陰下履不失中，任眞立誠，雖闇昧亦應，不私權利，唯德是與。

孔正義：二體剛在重陰下、履不失中。處幽昧而行不失信則聲聞于外爲同類所應，如鶴鳴子和。縻、散也。我有好爵願與賢者分散而共之。

李鼎祚引虞翻：縻共也。震鳴離鶴坎陰，鶴知夜半故鳴鶴在陰，二動成坤爲身稱我，艮子，震巽同聲相應，吾謂五，離爵位。五利二變之正應，故吾與爾縻之矣。

司馬光傳象：言至誠以待物，無遠不應。

張載：居中體巽，无所私係，德必有鄰，物願所歸。位以德致，爲五所任，故曰與爾縻之。縻，偃也，順從之也。

程頤：二剛實於中，孚之至者。鶴鳴幽隱不聞、而子相應，中心願相通也。好爵彼亦係慕同也，故通而相應。繫辭云善則千里之外應之。言誠通也。

蘇軾：九二以剛履柔、伏二陰下、端慤无求物自應，鶴鳴子和者天也。有爵者求我之辭，彼求我而我不求之之謂也。

張浚：誠其言行，類焉者應。二居兌中爲鳴，鶴西方物，處二陰下爲陰，子謂初。夫士修山林，誠孚氣感，一旦處要位，將可以其德化天下矣！

張根：身不行道，不行于妻子，其子和之則其信可知矣！雖欲勿用，其可得乎。

朱震：九二中孚之至者，二陽大、四陰小，一鳴四和。我，四自謂、我五君親二、四自和之，若曰我君有好爵、吾與爾共靡之。縻繫象。靡當作縻。易傳曰至誠无遠近唯知者識之。

鄭汝諧：二獨无應、若未信於人。自耀者喪，自晦德章。二以剛履柔得中，伏二陰下、靜晦无求而物自應，故鶴鳴感以天，好爵人求我。无幽顯遠近皆感之中矣！

李衡引介：君子言行、至誠而善、雖隱亦聞。上欲與之靡好爵而不疑。中孚之至也。

楊誠齋：鶴、祥禽喻九二之賢。在陰、與陽處陰也。其子、同類。九二剛不訣、正不忌、誠不欺、以此號召同類。五不私爵祿、樂與賢共、九二中心至願也、何疑畏同類不孚不應？

朱熹：二五以中孚之實應、故有鶴鳴子和、我爵爾靡之象。鶴在陰謂九居二、好爵謂得中、靡縻同。好爵雖我獨有、彼亦繫戀之也。

項安世：鳴澤中不求人知、三以同體自來相和。二得中，靡之猶共之。有好爵樂與三同，此所謂以善養人，故中心說而誠服。六爻之最美者。

趙彥肅：陽物兌體、處二陰之下故為鳴鶴在陰、初九子也，同類相孚故和之。三四中虛、九二鳴聞于九五，故有好爵以靡初九。（初先孚、後孚五、自邇及遠。）

楊簡：二在下卦有陰象，兌口舌鳴鶴象，居中而發象。子和者誠之所感，有好爵者君臣一心一德也，此足明中孚之道。孔子曰居其室、善則千里之外應之、況邇著乎？

吳澄：互震為鳴，子謂六三，陽大陰小故九二鶴、六三子。我六四，中孚主，好爵猶言嘉賓，尊爵謂九五。靡縻通。謂係戀之。四對二言我有九五好爵、四三共孚于五也。

梁寅：以二為鶴、五為子。物相愛无如母子，人所慕无如爵貴。二感不能必其應。好爵、豈二求五哉！蓋二積誠感君，五隆爵待賢。君臣之合、中虛无所隔、誠之相通尤可見也。

來知德：鶴、信也。霜降則鳴。好爵懿德也。子與爾指五。二剛中居下、有中孚之實、五剛中居上亦以中孚之實應之。占者有是德方有是感應。子母同心、好爵可貴。

王夫之：鶴高潔之鳥。陽之象。二居中在下故陰，子初九。初承二故爲子。好爵相好之爵。謂三與二比、奉二爲主。五二，爾初，靡繫屬之。鶴鳴故能下合初上感三。

毛奇齡：靡作縻、散也；作䌕；作劘、猶分也。二大離爲鶴，互震善鳴，二五剛中相孚，兌震相向、鳴和者父子也，二互震父五互艮子。靡、共也。張杉曰兌陰地故曰在陰。

折中案：易例子、童皆初象。好爵、旨酒。靡謂醉。二剛中無應、初與之同德，故有鶴鳴子和、好爵爾靡之象。鶴鳴於陰則不求遠可知。吾與爾，惟二人同心而已！君子實德實行不務遠而脩邇。故繫辭言況其邇者乎！

李光地：好爵謂酒。靡、醉也。其子爲九五、易無此例。蓋初有子象。有實德者雖潛隱無應、誠必動、同聲相應，同氣相求故其象鶴鳴子和。

李塨：上巽爲號、互艮黔喙之屬。大離爲鶴。陰卦是鳴鶴在陰。二五陽尊卑相孚、有父子象。巽口向下鳴、兌口向上子和之。大離爲爵，五若曰我有好爵與爾共靡。攣也。

孫星衍引釋文靡本又作縻同亡池反，散也。徐又武寄反、又亡彼反，陸作䌕、京作劘。引集解孟喜曰好、小也。靡、共也。干寶曰靡、散也。（幷釋文）

姚配中案：鶴善鳴之鳥，在山之北也。其子謂伏陰，二動則伏故其子和之。陰陽俱在二故好爵與爾靡之。中孚聲應氣求也。傳象：二陰由中發故中心願。

吳汝綸：二之子和、初和之也。好、小也，爵、飲器。靡、共。鶴鳴子和、同聲相應、飲食之、中心好之、皆謂與初合德。

丁壽昌：靡本作縻縻同。韓詩共也，埤蒼散也。陸作縻、京劘。惠靡古音磨、言相磨礪。蘇林曰爵祿者所以厲世磨鈍之具。九五不當稱子；卦象似離故有好爵。本義好德失之。

曹爲霖：東坡詩寒雞知將晨、獨鶴知夜半。信也。故上取翰音、二取鳴鶴。鶴、祥禽以喻九二之賢也。

星野恆：好爵、美官也。靡縻同、羈絆也。陽剛居下、上與中正君應。二以陽居陰不務表見、猶鶴在陰、託跡草莽、忽荷寵命、君臣遇合、有中實之孚、此伊傅之事也。

馬通伯：姚永樸曰說文陰闇也。水南、山北也。二居澤中、前互艮山有是象。案鶴鳴子和言象、好爵共行象、君子所以感同氣通遐邇動天地、胥恃此也。

楊樹達：〔新書春秋篇〕鄒穆公親民如子，路不拾遺，死、百姓行哭三月。故愛出者愛反、福往者福來。易曰鳴鶴在陰其子和之。其此之謂乎？〔淮南子〕風至木動，以類相從也。

劉次源：鶴信禽、秋鳴澤。二三比、同體一德。陽唱陰和、靡以好爵、兩情洽也。三和二鳴、天性爛也、二中心之願也。

李郁：二陰位故曰在陰。子指四。二四相交故和。爵美飲。靡、共也。好爵與靡、母甫子也。母愛出自眞情。鳥高飛離群則危。在陰所以避矰繳也。魚深潛猶此義矣。

徐世大：鶴在陰地上鳴叫，他的雛兒聲聲相應。「我有個好爵杯，我可以爲你牽羈他。」

俘因鳴鶴而有所思、虞人以爲此人有愛於鶴。

胡樸安：有鶴在山陰鳴、鶴子相和。爵、雀也。言我好雀與子共也。此同獵者相謂之語。象中心願也。

高亨：陰疑借爲蔭。蓋樹影所蔽處、子、鶴之雛也。吾字疑衍。言我有美爵共爾共之，即共飲此酒。鶴鳴猶人酬酢。此嘉惠它人之象。詩伐木鹿鳴是其類。

李鏡池：鶴在樹蔭鳴叫，對偶和鳴。我有美酒和你乾杯。這是男唱的婚歌。作者用來代說婚禮。陰樹上蔭蔽處。子、指雌鶴。爵代指酒。靡、共。與關雎相似。

屈萬里：此仍以從舊解、爵爲爵祿、靡爲共、爲得。靡本又作縻、陸作䌕、京作劘。按作縻是、羈也。爵即雀。詩烈文傳靡、累也。據此蓋謂修相見禮。冬用雉、下大夫相見以雁……維之以索。　陰、蔭也。

傅隸樸：九二陽實、處下卦之中、誠實象。爲三四兩陰所乘、不爲闇蔽放棄誠信。像子母鶴在澤中鳴聲深切。不因闇蔽放棄誠信、天爵人爵會自至。

金景芳：其子和之指誰？朱子說九五。孔指三四兩爻。折中引張浚謂初九是其子。折中按易例凡言子言童皆初象。好爵我同意注疏釋爵祿。靡散。與賢者分散共之。孔疏挺好。

徐志銳：九二中德存心、人人願接近。如母鶴山蔭啼、其子遠和應。又如有好酒、願與你一醉。行中道得人心、足見中孚之大用。繫辭引說居其室、出其言善、千里外應之，況其邇者乎！言善即中道之言，應爲同德相應。

張立文：九二，鳴鶴在陰，其子和之。〔我有好爵，吾與爾〕羸（靡）〔之〕。譯：九二，鶴在樹蔭下鳴叫，小鶴應和著。我有一杯美酒，願與你共飲。羸假爲靡。共也。

林漢仕案：初九有獲阿護湯沐之吉、若有第三者介入、容易被誘拐踏入不歸路也。九二時段位陰而陽居、所謂中則正者也。鳴和，爲我所聞而興起與爾靡之之念頭。蓋中心孚信者豈甘寂寞？有好爵招同好飲亦人之情也。九二性情中人乎？雖夜半聞閒雲野鶴家族孳生蕃衍者互相鳴和、（月爲陰、陰夜寒夜也。子謂其孳乳相生蕃衍之族群。鳴和蓋求偶，發現魚蟲呼伴共食。）李光地云「同聲相應、同氣相求。」高亨云「詩伐木、鹿鳴是其類。」李鏡池云「與關雎相似。」從鶴鳴相互應而興下文：「我有好爵、吾與爾靡之。」亦欲招同好夜飲乎？九二時段爛漫生活之一斑。而易家著墨於鶴、於陰、於子、於靡者、迷貿難猜，象曰中心願也。所願者何？子夏傳云我與爾縻之。象傳合子夏傳蓋即九二爻辭之意也。茲逐一集其字解以明究竟：

鶴象：震爲鶴。（京房）　虞翻：震鳴離鶴。鶴知夜半，故鳴鶴在陰。　程頤：鶴鳴幽隱不聞而子通而相應。　蘇軾：端慤无求物自應、鶴鳴子和者也。　張浚：誠行類應、兌中爲鳴、鶴西方物。子謂初。　張根：子和、信可知矣。　朱震：二鳴四和。二大四小。

鄭汝諧：鶴鳴感以天、二靜晦无求、物自應。　李引介：君子言行、雖隱示聞。　楊誠齋：鶴祥禽喩九二賢。在陰、陽處陰。子、同類。號召樂與賢共。　朱熹：鶴在陰謂九居二。

項安世：鳴澤中不求人知、三同類自來相和。趙彥肅：處二陰之下故爲鳴鶴在陰，初九子也。楊簡：兌口舌、鳴象。子和、誠之所感。吳澄：互震爲鳴，子謂六三、二鶴三子。梁寅：二鶴五子。積歲感君。來知德：鶴信，霜降則鳴。子與爾指五。王夫之：鶴高潔、二在下故陰、子初九。毛奇齡：二大離爲鶴，互震善鳴。二互震父、五互艮子。折中：易例子童皆初象。李光地：子爲九五、易無此例。初有子象。同聲相應、同氣相求故象鶴鳴子和。李塨：上巽號、互艮黔喙屬、大離鶴、陰卦是鳴鶴在陰。姚配中：鶴善鳴之鳥。在山之北。吳汝綸：初和之。與初合德。丁壽昌：九五不當稱子。

曹爲霖：東坡詩：寒雞知將晨、獨鶴知夜半。信也。祥禽喻二賢。星野恆：二以陽居陰、不務表現、猶鶴在陰、託跡草莽、忽荷寵命。馬通伯：說文陰、闇。水南山北也。二前互艮山。鶴鳴子和，言象。楊樹達：鄒穆公親民如子、死、百姓哭三月。故愛出者愛反、易曰鳴鶴子和、此之謂乎？劉次源：鶴信禽，秋鳴澤。三和二鳴。李郁：二位陰、子四。徐世大：鶴叫雛兒聲應。俘因有所思！胡樸安：鶴在山陰鳴，鶴子相和。高亨：陰疑借爲蔭。子雛也。鶴鳴猶人酬酢。詩伐木鹿鳴是其類。李鏡池：鶴在樹蔭叫，對偶和。子指雌鶴。屈萬里：此蓋謂修相見禮。冬用雉、下大夫相見以雁……維之以索。陰、蔭。傅隸樸：子母鶴在澤中鳴聲深切，不用闇蔽放棄誠信。金景芳：子、朱說九五、孔指三四，折中謂初九。徐志銳：母鶴山蔭啼，其子遠和應。繫辭引言善、千里外應之，況邇者乎！張立文：鶴在樹蔭下叫，小鶴應和著。總上言：鶴、信禽、霜降鳴、（或善鳴）子和是雛子和鳴、其類應、子指雌鶴。陰爲位陰、處二陰之下、山北水南爲陰、樹蔭、闇蔽。子謂初、謂四、謂三謂五。鶴象：震爲鶴、離鶴。震鳴、兌口鳴。巽號。鶴德爲祥禽、高潔、信禽。

來知德云：「占者有是德方有是感應。」蓋謂關雎，鹿鳴，伐木呼？借在陰之鳴鶴，有關關、呦呦、嚶嚶之鳴，同聲、同氣者友生、嘉賓自然有參與之樂。爻下文「我有好爵、吾與爾靡之」者、豈不明而易見之乎？文字之釋、前賢析之詳矣。如：我、好、爵、吾靡等字眼、輯如后以見一般：虞翻謂二動成坤爲身稱我。吾謂五。朱震：我、四自謂。我五君親二、我君有好爵、吾與爾共靡之、四自和之。吳澄：四對二言我有九五好爵、四二共孚于五。李塨：五若曰我有好爵與爾共靡攣也。姚配中：二陰由中發故中心願。陰陽俱在二。曹爲霖：二取鳴鶴祥禽、喻九二之賢。楊樹達引：風至木動、以類相從也。胡樸安：同獵相謂語。高亨：吾字疑衍。猶人酬酢嘉惠它人象。李鏡池：男唱的婚歌，爵代指酒。屈萬里：此蓋修相見禮。

好、小也。（孟喜）楊誠齋謂：五不私爵祿、樂與賢共。朱熹云好爵謂得中。項安世：好爵樂與三同、以善養人故中心悅服。趙彥肅：好爵靡初九。楊簡：好爵者君臣一心一德。吳澄：好爵猶言嘉賓。梁寅：好爵豈二求五哉！二感君、五隆爵待賢。來知德：好爵懿德也。王夫之：好爵相好之爵。折中：好爵，旨酒。李塨：大離爲爵。吳汝綸：爵、飲器。丁壽昌引：爵祿者所以厲世磨鈍之具。本義好德失之。星野恆：

好爵、美官。馬通伯：好爵共行象。李郁：爵美飲。徐世大：好爵杯。胡樸安：爵、雀。李鏡池：美酒乾杯。爵代指酒。屈萬里：爵爲爵祿。傅隸樸：天爵人爵會自至。金景芳：我同意注疏釋爵祿。徐志銳：有好酒與你一醉。張立文：一杯美酒與你共飲。

靡：子夏傳作縻。孟喜靡、共也。京房：吾與爾劘之。干寶作縻散。陸績：緜之。孔正義亦作靡散。張載：靡偃也。朱震：縻繫象。當作縻。朱熹：靡縻同、繫戀之也。項安世：靡之猶共之。吳澄：靡縻通、係戀之。王夫之：靡繫屬之。毛奇齡：靡縻散也，作緜，劘猶分。又靡共也。折中：靡謂醉。李塨：共靡、孿也。吳汝綸：靡，共。丁壽昌引惠、靡古音磨、言相磨礪。星野恆：羈絆也。徐世大：牽羈。屈萬里：作縻是、羈也。詩烈文靡、累也。金景芳：爵祿分散共之。

我有好爵、應爲占者自謂。九二也。不必言我君有好爵、我有九五好爵。我即九二自謂。好爵、似與天爵人爵、公卿高官之爵祿無關。蓋心中有是物、受邀者則倍受壓力、不能藉杯酒、接殷勤以盡歡也。可以分賓主、不能有賢愚高下自美。姑不論九二所招對象爲初九、六三六四九五、而九二中心所盼者、即銜杯酒、與爾共靡之也。靡：盡也、傾也、累也、愛也，侈也，靡爛也。摩也。意謂我有好酒菜、願與汝共傾、共糜爛也。因野鶴鳴和而興起我招汝飲念頭。不必山珍海味、一尊魚、一頭野豬、一隻雁、招友生與之。我與吾應爲一人、九二也。中孚九二時段，不必有戒心如是．或云陰暗招顯和，好爵靡之亦暗招明顯唱和。似與中孚卦義反，姑不取。

六三、得敵，或鼓或罷，或泣或歌。

象曰：或鼓或罷，位不當也。

荀爽：三四俱陰故稱敵，四得位故鼓而歌，三失位失實故罷而泣之也。（集解）

王弼：三少陰之上，四長陰之下，不相比敵。陰居陽、欲進而閡敵，故或鼓也。四履正承五、非己所克故或罷也。退懼見侵故或泣，四不校故或歌。不量力德可知也。

孔穎達：三四類各自有應對、不相比敵。欲進礙四害故或鼓攻或罷退，懼侵故或泣憂悲，四不害故或歌歡樂也。

張載：處非所安，物之所惡，剛乘柔不比，進退惟敵是求，不恆其德，莫非己致。（一作惟敵是得故求之云云）

程頤：敵對，謂所交孚者正應上九。三失正故得敵以累志。柔說有所係、唯信是從，或鼓張、或罷廢、或悲泣、或歌樂、動息皆係乎所信。唯係信故未知吉凶、然非明達君子之所爲也。

蘇軾：三履非其位，雖應而上九非下我者，而三求之，必過五，五无應而寇我，故曰得敵。得敵躁而失常，故或鼓、或罷、或泣、或歌也。

張浚：二陰相偶曰敵，敵有競進義。三乘剛不中正而急以信售上，疑四阻之，或鼓攻，罷止，位憂，解歌，豈足以爲輕重哉！風澤相激爲鼓，罷爲泣歌。

張根：據非其位、有疑于四。

朱震：子夏傳曰三與四爲敵。蓋同體而異意、近不相得。三小人、四君子。三不見信於君子、三震鼓進、罷退、三離目澤流以感之，小人情狀盡矣。四守正豈能強得！

鄭汝諧：三不中正、履非其位、爲兌主。不中正而用說上，上高亢不下交，三先其故常。凡遇者皆若仇敵。始鼓或廢，始悲泣或喜歌。志操靡定類於喪心失靈者歟！

李衡引簡：失中與信，何以事君，故進退憂喜皆妄也。

楊萬里：水淺則動、三澤水淺遇風其上波、鼓之則動、罷之則止、結泣、融歌，安能有守而自信哉！三己不自信，何孚於人，无它、柔說躁動、人上位不當也。風水敵。

朱熹：敵謂上九信窮者、六三陰柔不中正，居說極與之應、故不能自主。其象如此。

項安世：三內主，志剛求孚四。急故稱敵。三不正而躁、不自知反求於四，進退悲喜，其狀屢變。四无顧三之理。三以同體自來相和九二、二有好爵樂與三同。二鳴三應、其道光明、正得中孚之義。

楊簡：六三近相得者六四，兩陰故得敵。六三鼓進罷止，泣悲歌喜，心不誠故悲喜不常至於此。三居位不當，失中、柔退、三剛進，進退靜躁不常其象。

吳澄：敵與己同等者，三四同爲陰也。同類志不同而相反。震鼓兌歌艮止罷、離目泣。四不來孚也。

梁寅：三上應皆過中失正、非誠相與，故不言孚。謂之得敵、或鼓、或罷、動止无常也；或泣、或歌、哀樂无常也。如是者雖不言凶、而凶可知矣。

來知德：得對敵也、指上九之應。三上不正、位不當所以曰得敵。震鼓艮罷、離錯坎憂泣、兌口歌。不正爲悅、信之窮、鼓泣哀樂无常、占者不能孚信可知矣！

王夫之：陰性雖同類必疑。三躁進與四甫相得而即相猜，鼓進攻，四不競乃罷，詘於四不得進則泣。比四悅以歌。　傳象：柔居剛位躁不寧、無定情而不易感也。

毛奇齡：三柔應上剛是得敵（應）。對者對也。然間於五、間則不決故或之。張杉曰鼓震象、罷艮象、或泣或歌大離象。

折中案：諸爻獨三上有應、有應者動於外，非中孚也。人心動於外則憂樂係於物，鼓罷泣歌喻不能坦然自安，蓋初九虞燕之反也。

李光地：不中不正、有應於上、心繫於物、實德亡矣。內無實德故動靜哀樂皆不自主，因物而變者也。

李塨：三四兩陰相敵，（蓋指上九，豈敵哉！）宜相孚矣。然位不當，震動離燥，或震或鼓、或艮而罷，或離而忽泣忽歌。以此相孚、感亦淺矣。

孫星衍引釋文或罷如字。王肅音皮，徐扶彼反。

姚配中案：皆謂三也。三之上隔於四故得敵，有應故鼓而歌，失正故罷而泣。震鼓艮罷。二之正、三上易位、離目坎水故泣，震笑兌口歌。三失位故泣則化之正矣。

吳汝綸：三四俱陰故稱得敵。

丁壽昌：三上應不可謂敵。中孚惟二陰相敵。蘇蒿坪曰三四同德故敵、猶四以三爲匹。互震鼓。攻。程鼓張、非其義。艮止罷、兌半坎、三變離目故泣。荀歌者兌口向上。

曹爲霖：陳氏曰三柔不正、應上爲敵。乃講信修睦之變也。或鼓而兵進、或相好而歌。蓋諸侯合離之變如此。余按不當以用兵言。小人之態也。

星野恆：敵、對敵也。爻以陰柔不中正與上九正應，柔極相感以累其志、作止無常、哀樂無定。中孚之道在正己，而唯說是從、宜其憂樂之無常也。

馬通伯：劉牧曰人惟信不足故言行之間變動不常如此。案不正之應、不可孚也。爾雅敵、匹也。

劉次源：三孚于四上爲敵也。說極失正、性躁率也。或鼓或罷、欲戰而怯。或泣或歌、恍兮惚也。中孚而不孚陰德不卒。傳象：陰居陽位、疑餒其氣也。

李郁：柔居三不當位，失位故罷泣，有應故鼓歌。三變則與上九爲敵。處境之難故歌泣無端。無非有感于外情不自己！

徐世大：孚即軍獲。俘獲敵人，有鼓著嘴，有疲倦的，有在哭的，有在唱的。鼓凸疲罷形容不出聲俘虜，泣歌出聲俘虜。

胡樸安：敵、當。言與禽獸相當也。或鼓而進，或罷而退，進退不整齊也。不得而泣，得而歌也。

高亨：得敵者虜得敵人也。鼓擊鼓。士卒有勞病力已竭，鼓者勇有餘。泣者有所哀、歌者有所樂，得敵可慶、士卒或鼓或罷或泣或歌、戰勝有利有害、敗則害無利矣。其爲好戰者警深矣。

李鏡池：得敵：克敵。鼓：追擊。罷：班師。泣：喜極。是說打敗敵人，乘勝追擊。凱旋班師、捷報喜極流淚。有的歌喝。前線後方、一片勝利的情景。

傅隸樸：六三陽位以陰僭、無誠信之徵。志進與上應，四阻前路、攻之吃了敗仗，故或鼓或罷狼狽狀。四履正犯而不校、又唱起歌來。三無誠信、喜歡不正描寫得淋漓盡致。

金景芳：敵指上九。敵是配的意思。折中按說：諸爻獨三上有應、有應者動于外非中孚也。人心動于外則憂樂皆系于物。鼓歌不能坦然。俞琰說三不當位、无所主、故或鼓或罷不定。

徐志銳：三四相鄰而比。都是柔故稱得敵。兩陰相幷成匹敵，徒勞无益。六三柔居陽位、不當位、親比的四與自己等同。未能就有道而正焉、所以喜怒无常、動止不定。

張立文：（六三，得敵），或鼓或皮（罷），或汲（泣）或歌。　譯：六三，俘得敵人，有的擊鼓、有的疲勞，有的抽泣、有的歌唱。　皮同音相假。汲泣音近相通。

林漢仕案：得敵二字、先看易家賦予之義：

荀爽：三四俱陰故稱敵。　王弼：三少陰、四長陰、不相比敵。陰居陽、欲進而閡、不量力憊可知也。　孔穎達：三四各自有應對，不相比敵。　張載：進退惟敵是求。（一作惟敵是得故求之云云。）　程頤：敵對、謂所交孚者正應上九。三失正、故得敵以累志。

蘇軾：三求（上九）必過五、五无應必寇我、故曰得敵。　張浚：二陰相偶曰敵、有競進義。疑四阻之。　張根：有疑于四。　朱震：子夏傳：三與四爲敵。三小人、四君子，四守正豈能強得！　鄭汝諧：三不中正說上，三失其常，凡遇者皆若仇敵。　楊萬里：三不自信、何孚於人！風水敵。　朱熹：敵謂上九，三柔不正與之應，故不能自主。　項安世：三志剛求孚四、急故稱敵。　楊簡：六三近相得者六四，兩陰故得敵。　吳澄：敵、與己同等者，三四同爲陰也。同類志不同而相反。　梁寅：三上應皆過中失正，非誠相與、故不言孚，謂之得敵。　來知德：得對敵也、指上九之應。三上不正、位不當所以曰得敵。占者不能孚信可知矣！　王夫之：陰性雖同體必疑。三躁進與四甫相得即相猜。　毛奇齡：三柔應上剛是得敵（應）　折中：獨三上有應、動外非中孚。　李光地：心繫於物，實德亡矣！　李塨：三四兩陰相敵。（舊指上九、豈敵哉！）　姚配中：三之上隔四，故得敵。

吳汝綸：三四俱陰故稱得敵。　丁壽昌：三上應不可謂得敵。蘇蒿坪三四同德故敵。猶四以三爲匹。　曹爲霖：陳氏曰三不正應上爲敵。乃講信修睦之變也。　星野恆：對敵。柔不中正與上九正應、累其志！　馬通伯：爾雅敵、匹也。　劉次源：三孚于四、上爲敵。中孚而不孚、陰德不卒。　李郁：三變則與上九爲敵，情不自已！　徐世大：俘獲敵人。

胡樸安：敵、當。言與禽獸相當也。　高亨：得敵者虜得敵人也。　李鏡池：克敵、打敗敵人。傅隸樸：三陽位陰僭、無誠上應、四阻攻之吃敗仗。　金景芳：敵指上九、配的意思。　徐志銳：三四柔比故稱得敵。兩陰匹敵、徒勞无益。　張立文：俘得敵人。　得敵。

1. 三四俱陰故稱敵。（荀，張浚、朱震、項、楊簡、吳澄等）

2. 三少陰、四長陰、不相比敵。（王、孔）

3. 進退惟敵是求。（惟敵是得故求之）（張載）

4. 三失正、正應上九、得敵以累志。（程、朱、梁、來等）

5. 五无應寇我故曰得敵。（蘇軾）

6. 三失常、凡遇者皆若仇敵。（鄭汝諧）

7. 風水敵。三不自信。（楊萬里）

8. 三四同德、猶四以三爲匹。（蘇蒿坪）

9. 三變則與上九爲敵。（李郁）

10. 俘獲敵人（徐、高亨、李鏡池、張立文）

11. 敵、當也，言與禽獸相當。（胡樸安）

敵對，匹敵，相敵，克敵，敵、相當。若謂敵人、則必爭鬥、你死我活。謂匹敵、好事也、相耦纏綿、如膠似漆、你儂我儂矣！三四俱陰：一云：因俱陰、妬必相敵；一云：少長不相比敵；一云：四阻三應、四敵；一云：三四柔比，同性戀也，兩陰匹。徐志銳謂徒勞无益。故*1.2.8.*說三四俱陰稱敵、味道不同。張載之「惟敵是求。」鄭汝諧之「凡遇者皆若仇敵。」六三乃中孚卦中無孚信、行皆與中孚相反者。（吳澄云）劉次源云中孚而不孚，六三非我類也。難爲六三矣！　丁壽昌云：三上應不可謂敵。卦初四應、三上應。

初宜專於四、三之上應亦宜曰當、曰得、曰匹、不當爲敵對之敵。因謂三上應爲對立對敵之人數衆多，李郁別出心裁謂「三變則與上九爲敵。」三變爲剛、上九亦剛、敵矣！君不見柔可比柔、柔戀柔、剛亦可戀剛，斷袖、餘桃之啖是也。然捨正道而不由，君子恥之。李郁爲三上敵、由三變找到出路。蘇軾之五敵、胡樸安之禽獸相當，與徐高李張之俘虜敵人、各是其所是可也。而五之不可敵、蟠龍一詩可以繫獄、敵君結果可知矣！然則六三得敵、或鼓或罷、或泣或歌者何謂也？卦辭、中有孚信、順天垂象、吉行凶止。初宜專一無它、二結交心腹友生、悠悠我心也。人生得意須盡歡、莫使金樽空對月也。六三位不正、然得大中、大卦之中也。得、德也。耶穌教：「愛你仇敵。」馬太六章。「上帝就是愛。」（約翰一書第四章）「以德報怨」，孔老夫子問何以報德？蔣介石打敗日本、宣佈以德報怨含有多少莫可奈何！朱鮪涉血友于、漢主不以爲疑；張繡剚刃愛子、魏君待之若舊。又含有多少無奈！成大事者豈斤斤計小節而誤天下蒼生？射鉤之怨、九合諸侯、名顯天下。以夷制夷、以敵攻敵、運用之妙、匪中孚六三時段其人能信人用人如是乎！孟子所謂爲叢毆爵者鸇也。君好仁、諸侯皆爲毆矣！故得敵者德敵也、敵可德天下無不可德矣！能推赤心置天下人腹中、其有不效死者乎？德敵，其說似迂似腐。時也、勢也、蓋環境創造境界，匪是先有此境界創造環境也。來知德傳九二爻辭云：占者有是德方有是感應。林漢仕亦以爲占者有感于外，情不自已！而有超水準之演出、如戲人生中、六三時段中孚大諒之感人也。有鼓有罷、或歌或泣、言人之擁戴也、天下無復有反側子矣！易家從矛盾中生大業、玩雌雄同體：荀爽云四鼓歌、三罷泣。程子批爲非明達君子之所爲！蘇軾云六三失常、故或鼓罷、或泣歌。張浚云六三乘剛不中正、急售上以信、故風澤激爲鼓、罷泣歌。朱震以三小人情狀盡矣！鄭汝諧謂六三所遇皆仇敵。李衡引謂三失中信何以事君！楊萬里斥六三已不信、何孚於人！朱熹云居說極與上九信窮者敵應、故不能自主。項安世以爲二鳴三應、正得中孚之義。來知德云不正爲悅、信之窮、占者不能孚信矣！王夫之以三無定情。李光地以三哀樂不自主。姚配中云三上易位、化之正矣。化則成水天需矣。卦已變、無復中孚味矣！雖罷泣鼓歌象不見、何益中孚六三、逃得一時、失卻永久！曹爲霖云不當以用兵言、小人之態也。星野恆云六三時憂樂無常。馬通伯引爾雅敵、匹也。劉次源云中孚不孚、陰德不卒。李郁三變與上九爲敵、處境之難故歌泣無端。六三時段爲非常人矣！猶萬花筒、人見人殊；猶佛家謂肉眼看舍利、依汝福份修爲、所見顏色、大小、形狀亦異。折中謂三非中孚。李光地云心繫於物、實德亡。丁壽昌引蘇蒿坪云三四同德、猶四以三爲匹配。馬通伯引爾雅敵、匹也。六三處中孚大卦之中、又居說體而應上九、位雖不當猶說也。鼓攻、罷憊、泣訴、歌詠、乃六三在中孚大環境中左右上下逢迎之德相乎？神仙、老虎、狗、六三自當也。莫非己致也。

六四、月幾望，馬匹亡，无咎。

象曰：馬匹亡，絕類上也。

孟喜：月既望。（既望十六日也。晁氏）

京房：六四月近望。（釋文）

王弼：處巽始、應說初、居正履順承五、內毗元首，外宣德化。充乎陰德之盛，不與三爭乃得无咎。

孔穎達：履正承五，陰德之盛如月之近望。三攻己、不與三爭乃得无咎故馬匹亡无咎。

李鼎祚引虞翻曰：訟坎爲月，離爲日，兌西震東。月在兌，二離在震，三日月象對故月幾望。乾坎馬匹，初四易位震奔走，體遯乾坎不見故馬匹亡。初四易位故无咎。

張橫渠：誠以接物，體巽居柔，柔德之盛美者也。物所願交，故必一其所應，絕類於上，使陰不疑陽，如月近望而不過於盈，可以无咎。（一作免咎）

程頤：四孚主，近君得正、上信之如月幾望至盛，四初正應、匹也。又兩馬爲匹對。馬行物、初四應、四從五、皆上行故馬象。從五而不係於初是亡其匹也。係初不能成孚功。

蘇軾：初應四從我，五近而攣我，一陰當二陽之求，盛之至也，故曰月幾望。非四所任，必捨五從初、如二馬亡其一然後无咎。類五也，四五皆巽故稱類。

張浚：有離體爲日，兌納丁幾望。蓋位高而不亢，象臣德之謙。匹、兩馬，四捨同體三而弗比。大臣宜絕私類也。四應初剛捨三柔，知所去取，大臣之公道得矣。

張根：絕類于上一人、此大臣之无朋者也。

朱震：四處當位近君、上行成孚。坎月變震、離日變兌、月東日西望也。五中四幾望。四震之上絕類不應則馬匹亡。亡匹絕係應之私、无敵君之禍。易傳係初不進其能成孚乎！

鄭汝諧：四居正而巽體，非无信也。然處盛位迫近五，如月之幾望將敵乎陽，當戒立党爲助。四應初如兩馬亡其匹類，惟上從則取信无咎。此爲處盛位者設戒，仁矣哉！

李衡引子：巽陰之盛、月近望也。與初同其類而應，今乃絕之而附順於五，初遂亡之矣！陰盛得附故无咎。

楊萬里：四陰居陰、順居下、誠其身，誠於君。六四不盈如月近望、不党如馬亡其匹。馬匹亡謂絕党以承上。

朱熹：四居陰得正位，近君爲月幾望象。馬匹謂初與己匹，四絕之、上信五故馬匹亡象。占者如是則无咎也。

項安世：四外主、四志柔不與三競故稱匹。稱類。四方與五以正相孚、如日月相望、自然亡匹絕類无復顧三之理。

趙彥肅：陰虛資陽、月受日光。月幾望受光爲盛，孚之至也。既望則缺，幾望乃盛，月之進退，无一息間，故不可言既望也。

楊簡：四居大臣位，月陰類幾望不敢盈，如馬匹絕其朋類之私，惟上事君則誠心著，達君臣交孚矣。

吳澄：巽爲月既望象。中孚主、陰得位得時、其盛如既望月。互震爲馬，三四不孚、下絕其類、上孚五如馬亡其儔匹。占當位孚中實之君故无咎。

梁寅：月幾望者，言不至於盈滿也。馬匹亡者，言不結強援以陵上也。大臣盈滿、結黨固位必陵上。四巽事君如月不盈滿。又絕初陽之應如亡其人恃以行馬匹，君信矣又何咎？

來知德：月幾望：震東兌西，將望猶未望也。四陰近五陽。震馬變離牛、馬匹亡。匹配指初九。四柔順不繫戀其黨與故有月幾望、馬匹亡象。占者能是則无咎矣。

王夫之：四承五之孚而順受之，柔得位，月幾望象。陰爲陽所孚。兩馬爲匹謂四匹三，陰盛與陽光，四柔退，其躁忌馬匹亡矣！陰孚尚疑有吝、正消三猜、久自化、何咎！

毛奇齡：幾、京作近。荀作既。初四相對猶日月。離日坎月。月無體、相反大離以日爲體。四近上如幾望而下缺。初乾馬、四馬匹、親上馬匹亡矣，雖咎之亦何有！

折中案：四應初義有取者皆不遇五。四遇五則從上爲義，應非所論。此爻尤明。月幾望者陰受陽光、承五象。馬匹亡、無私群、遠初象。蓋孚不容有二、況居大臣者乎！

李光地：下應初九有相求之義。中孚不取繫應。四近五、故能去初、上同五、誠以獲上、无咎之道也。月受日則盈望象。四五交孚。傳象：絕類謂去初。

李塨：六四以六三爲類。同類有不孚者乎！四以陰居中近上受離日光、月幾望矣。與三陰同爲震馬，今亡匹（類），此上進于陽求孚也，何咎！四不願與三類、參伍以變也。

孫星衍引釋文幾音機，又音析。京作近，荀作既。

姚配中案：既濟離日坎月爲望，三四俱陰稱匹，震馬、二化，三上易成既濟，震象不見，故月幾望馬匹亡。四得位故无咎。三四俱陰稱敵，三絕四與上易位、四亡其馬匹也。

吳汝綸：四之馬謂三。陰有馬象。兩馬爲匹。今去三上承五爲亡其匹。絕類而上故王注棄群類也。

丁壽昌：幾京作近、荀旣。當作旣。程傳四初正應，匹也。攷三以四爲敵、三匹。中孚同德相比應。蘇蒿坪曰馬取互震，三四相匹、四在上體故亡也。變互離中虛有亡象。

曹爲霖：徐與喬曰禹不伐，周公不驕。月幾望也。晏嬰不入陳崔之黨、韓愈不污牛李之群。馬匹亡也。絕類上者謂絕黨以從上。

星野恆。陰居近君之位，爲所信位。有陰將盛之象故云月幾望、恐其或盈滿。初九相應爲匹偶、能割其係初私情而從上則得无咎。豈可樹私黨昵姻婭管私？馬匹亡所以无咎也。

馬通伯：胡一桂互震馬象。案周禮馬質……書其齒毛與賈……馬刀旣竭、非用者罪也。言其竭力趨公雖馬死、不咎其養之不善。鶴鳴子和、孚於生者。馬質所掌償馬之法。

劉次源：月受日光、望照正也。四孚五屏三、絕三同類孚于上。弗與志、專而靜也。馬匹亡、巽以進也。

李郁：坎爲月。四之初、內卦成坎，月在中故月幾望。四與初匹、初馬，四之初剛柔易位、馬匹亡。仍各得應故无咎。

徐世大：月快圓了，馬匹逃亡了，怪不得。由於馬之能耐、得其利有攸往，但馬匹已亡、不得不攣如爲俘，乃作者最痛心事。

胡樸安：與小畜月幾望同。獵之日也。有所養而無教，進退不甚整齊至同群馬匹絕類而馳。

馬匹雖亡，亦无咎也。象絕類上也。上、馳驅不相下之意。

高亨：幾既古通用。幾讀爲既、月既望者十五日以後也。筮遇此爻、在十五日以後、喪失馬匹可無咎。其馬當復得。故曰月幾望、馬匹亡、无咎。

李鏡池：寫田獵。月中晚上、馬匹奔馳、進行順利。　月几望：月中。亡、奔跑。

屈萬里：幾、京作近，荀作既。孟作既。　傳象離絕其類而上也。類謂六三上承九五。

傅隸樸：六四得位順君、應初比三、中孚之最盛者。如將滿之月敵日震主！唯有絕正配初九不應、拒三比、一心承九五才可无咎。馬匹指初、上，斷絕其係應順上的省文。

金景芳：陰居陰。朱子說：「居陰得正、位近于君，爲月几望象。馬匹謂與初匹、四絕之故馬匹亡之象。」絕初從五。折中四志絕匹、六四承九五者多吉。這樣講是不錯的。

徐志銳：匹即匹敵。也是說勢均力敵。六三、六四同德相幷是爲馬匹。四守正不與三比則馬匹亡其一。四絕同類相比、上與九五親比，就有道而正焉。唯馬匹亡才能絕類。

張立文：六四，月既（幾）望，馬必亡，无咎。　譯：六四，十五日以後，馬必定喪失了，但無災患。　幾既古通用。馬必亡、通行本作馬匹亡。匹必音近相假。

林漢仕案：帛書馬必亡。通行本馬匹亡。通行本匹字，程子覷定匹字有文章，遂發揮「四初正應、匹也。」宏論。又云兩馬爲匹對。從五不係初是亡其匹。　蘇軾亦謂必捨五從初、如二馬亡其一。　張浚：匹、兩馬。四應初捨三、知所去取。　張根：絕類於上一人，此大臣無朋也。　朱震云：亡匹絕係應之私、无敵君之禍。　鄭汝諧：四應初如兩馬亡其匹類、惟上則從則取信无咎。　楊萬里謂：「不黨如馬亡其匹、馬匹亡謂絕黨以承上。　朱熹：馬匹謂初與己匹、四絕之、上信五故馬匹亡象。　項安世：四五相孚、自然亡匹絕類无復顧三之理。　吳澄：三四不孚、上孚五如馬亡其儔匹。　梁寅：馬匹亡者、言不結強援以陵上也。絕初強之應如亡其人恃以行馬匹。　來知德：匹、配指初九。震馬變離牛、馬匹亡象。　王夫之：兩馬爲匹，謂四匹三。　毛奇齡：初乾馬，四馬匹、親上馬匹亡矣。

折中：馬匹亡、無私群、遠初象。　李光地：絕類謂去初。　李塨：四三爲類、同爲震馬、亡匹（類）、不願與三類、上進于陽求孚也。　姚配中：三四俱陰稱匹、震馬、二化三上、震象不見。三絕四與上易位、四亡其馬匹。　吳汝綸：兩馬爲匹、四之馬謂三、陰有馬象。今去三上承五爲亡其匹。　丁壽昌引蘇蒿坪：馬取互震、三四相匹、四在上體故亡，變互離中虛象。　曹爲霖：絕類上者謂絕黨以從上。晏嬰不入陳崔、韓愈不污牛李

星野恆：初九相應爲匹偶、割初從上則无咎。　馬通伯引：互震馬象。馬質所掌、儐馬之法。　劉次源：四孚五屏三、絕三同類孚于上。馬匹亡、巽以進也。　李郁：四與初匹、初馬、四之初、剛柔易位、馬匹亡。仍各得應故无咎。　徐世大：馬匹逃亡了。　胡樸安：同群馬匹絕類而馳、不相上下之意。　高亨：喪失馬匹當復得。　李鏡池：寫田獵馬匹奔馳，亡奔馳。　傅隸樸：絕正配初九不應、拒三比、一心承五。馬匹指初。　金景芳：絕初從五。六四承九五多吉、這樣講是不錯的。　徐志銳：匹、匹敵。勢均力敵。三四幷是馬匹、四不與三比、上與九五親比、就有道而正焉。馬匹亡才能絕類。　張立文帛書易「馬

必亡。」其釋曰「馬必定喪失了。」自注云：匹必音近相假。自程頤以下著力於「匹」字爲匹對、匹偶、兩馬者、至此可以休矣！必也、非匹也。漢唐不專在匹配上使力、馬匹即馬也，匹爲馬單位數量詞如幾匹馬？又爲帶詞尾助詞、如生口之口、牛頭之頭、魚尾之尾、幾頭牛？幾尾魚？幾匹馬？故是馬匹亡、即馬亡也。若謂馬必亡、乃重其亡之必乎？帛書與今易對照、能是其是而非今本易邪？「婦之非人。」帛書也。今本「否之匪人。」「禮虎尾，不眞人。」帛書也。今易「履虎尾、不咥人。」「中復」帛書，「中孚」今本易。依帛書則易經可全盤古化則多所推翻改易。張立文釋以「馬必亡」，而注又回歸「馬匹亡。」必匹相假。夫如是、程子以下又不必氣餒於文字異、發揮之不合轍也。蓋張立文以今本易爲藍本、令帛書字迎合今易之跡斑可考。是今易即帛書易也。馬匹亡：

初四正應、匹也。（程頤）又

兩馬爲匹對、從五不係初。（程）捨五從初。（蘇）

應初捨三。（張浚）王夫之言四匹三。

徐世大、胡樸安、高亨、李鏡池等第云馬匹，未專挑初二三四五孰是其匹也。跳脫宋以來重視匹配，匹對之匹字。易經爻辭比應似一動物大宛囿：乾馬坤牛，震龍。巽雞，坎豕離雉、艮狗兌羊。似一大家庭：乾父坤母、震長子巽長女、坎中男離中女，艮兌少男少女。易經爲人身之部分：乾首坤腹、震足巽股、坎耳離目、艮手兌口。易爻之比應似……無不似。中孚：天何言哉！四時行焉。中孚有大信、人亦宜有參天地化育之大信。然中孚之言豚魚、有它不燕、鶴鳴、馬匹、翰音登天。直似敘一動物大家庭以諷人事。六四之匹、初二三四五皆可匹也，配也，象馬象豚、象鶴象雞。人盡可妻亦可夫也耶？畜牲之敘以賅人事。初四正應匹也、捨正應從五、爲大多數易家所讚同、徐志鋭稱「就有道而正焉。」金景芳亦稱「這樣講是不錯的。」這與易例似有支吾杆格、況所謂匹配者爲馬邪！士君子若是關切馬養蕃庶、異乎孔子問人不問馬也。中孚六四時段、月既望（十六日）或近望、實施夜間訓練耶？李鏡池云月中晚上。亡、奔跑。馬匹亡、馬匹奔馳。象云絕類上也。胡樸安云馳驅不相上下。謂同群馬匹絕類而馳。各盡所能。所謂絕塵而去之絕。類、四之同儕也。人猶馬匹、處卦中、居位正、此時不競逐，更待何時？過此、時不我予也。六四盡馬之力奔馳而无咎也。亡之言奔也、見國語晉語，又見呂覽審己。六三時段之德敵、諒信感人、人人擁戴。居說體應上、位雖不當、神仙老虎狗、攻罷泣歌遍嚐之矣！六四時段近月中夜半、可馳鶩超出同儕之時矣、盡斯力也、占者能如是、无咎也。

九五、有孚攣如，无咎。

象曰：有孚攣如，位正當也。

王弼：攣如者繫其信之辭。處中居尊，爲群物之主，信何可舍故有孚攣如，乃得无咎也。

孔穎達：攣如相牽繫不絕之之名。五處尊爲群物主、恆須以中誠交物，信何可暫舍！故有孚攣如无咎也。

李鼎祚引虞翻：孚信也。二在坎爲孚，巽繩艮手，故攣，二化爲邦得正應己故无咎。

張橫渠：處乎盛位而信不交物，未免於咎也。

程頤：人君當以至誠感通天下，使天下億兆之心固結如拘攣然則爲无咎。

蘇東坡：有孚者四，自五言之，得四爲无咎。非應而求，從必攣而後固。持以其位當、是以无咎也。

張浚：天下內外罔不一心曰有孚。君臣同心，四方協應。君臣交孚，天下順比是謂攣如。五剛中爲有孚，艮止攣如。无咎者无所可咎，與他卦无咎之辭不同。

張根：中不虛故未能廣，然无可无不可故无咎而已。

朱震：五四君臣位正相孚固結如攣然故无咎。攣、拘攣。五四易有巽股、艮手、離目相就拘攣象。君臣位正德當，其孚如是，豈能无咎乎！

鄭汝諧：二孚內、五孚外。二以陽居陰、明而處晦；五以陽居陽、明而處以明、中孚貴內不貴外，貴晦不貴明。然五居位，烏可不以信結乎民？攣固結也。五孚止无咎而已。

李衡引陸：中孚之尊，群生之主，不能恢弘化萬邦、攣係於四。然正中、雖未光大、固无咎也。　引石：攣如充實貌。　引侁：小畜中孚皆曰攣如、得四之援而然也。　引胡（伊）：至誠發于內以牽攣天下心、得君道又何咎！

楊萬里：九五剛健中正誠實之德來天人萬物之應、惕然如拘攣不少肆，自歛退若不足當天下正位。攣如者五心，位正當者天下之心。中孚主。无咎五之謙也。巽順故攣如。

朱熹：五剛健中正、居尊。爲孚之主，應二與之同德。

項安世：九五與四相攣，兩爻位皆正當也。五爲大君而內與四比則所孚狹矣！特以義正故僅得免咎而已。

趙彥肅：爻至此始稱孚，盡卦義也。餘卦稱孚多泛言。此卦欲極其義、故諸爻吝之。

楊簡：九五陽實有孚信象。近四陰陽相得象，故有孚。攣如者君臣和而不乖違也。

吳澄：占有四之孚。四孚五固結不解和攣其手象。中實得人之孚如此故无咎。

梁寅：五以孚誠得下之心、如拘攣之固不可解、孚之至也。彖辭所言者、九五盡之矣。

來知德：靡與攣字皆有固結不可解意。合九二相連成一體。五居尊、中孚主、剛健中正。有中孚之實德，上下交、德業成、應二同德故其象占如此。

王夫之：五剛中居尊、可以爲上之主而孚同感巽。上九不受孚、五誠信足攣繫四使之安，故无咎。孚巽易、孚同難。伊川不能得蘇氏、亦自處於无咎而可爾。

毛奇齡：孚而如攣孚之至。孚貴固、一如豚魚所爲。則兩絲交纏、骨手如一。蓋二五位正又相當攣顧之。巽繩互艮手、攣象如是。

折中案：化邦者人君之孚。人君以孚天下爲實德、故必誠信固結於天下然後无咎。集說引胡炳文曰六爻不言孚、推九五言之、九五孚之主也。

李光地：九五剛中正爲孚主、有化邦之任，故有孚攣如而後可以无咎。攣如謂固結不可解。說而巽有此效矣。

李塨：若九五則正當剛中尊位、其有是二之孚也。蓋固結而攣如矣。巽爲繩、艮爲手、有攣象。

吳汝綸：攣如與上連也。與小畜象同。

丁壽昌：王注小畜九五二牽已攣。二五皆陽，同德相應、猶三四之匹敵。折中曰此是象孚乃化邦者。但彼主君臣相畜、此主君臣相孚。富其鄰即孚乃化邦之說。

曹爲霖：吳氏易說謂此爻之義如先主之於孔明，苻堅之於景略，固有然矣。明孝宗之於劉忠宣公大夏亦其表表者也。上察知其廉且練事、益信任之。

星野恆：爻以陽剛中正居尊位、下應九二同德、君臣相遇固結如拘攣、何疑乎！君中正必有中實之臣匡輔翊戴，如先主之於孔明是已。

馬通伯：胡炳文曰九五合九二以成一體包二陰以成中孚、其固結如此，二五一心故也。一則孚、孚則化。

劉次源：五四異性孚則攣如、四海皆兄弟故无咎。傳象：位正則心无偏、孚之所以堅也。

李郁：攣如拘縮貌。九五自縮、剛化柔應二故有孚无咎。傳象：中孚六三變剛成小畜故于小畜九五辭同。

徐世大：伏卵的雞拳曲着爪腳，莫怪。

胡樸安：與小畜九五有孚攣如同。言各攣係所獲而歸。皆當其事所以无咎也。故象曰位正當也。

高亨：孚讀浮、罰也。攣如猶攣然，拘係貌。拘係而囚之，亦罰之一種。但筮遇此爻即可解脫。

李鏡池：攣如：綑緊樣子。把俘虜綑緊、用作人牲。這是說祭禮。有如萃六二、升九二孚乃利用禴。

屈萬里：說文攣、係也。連也。　傳象：小畜九五亦有此語。

傅隸樸：攣是手指拘攣、伸張不開、是握緊不放鬆。有作當字解、當緊握著孚信如十指拘攣一樣、五君剛中、必須堅持中孚誠信之德去維繫人心，才可免於咎。

金景芳：攣如說程朱不一致、本義五應二同德、專指九二講的。程傳說當至誠感天下使信之，固結如拘攣然。我看程傳指九五講得好一些。

徐志銳：六四絕類而上親比九五，九五則有孚攣如。一剛一柔緊緊連結不可分離。五剛得中正之位，四柔陰位也是正當其位。信守中道貴得中、也貴得正。初二、四五、此四爻屬此例。

張立文：有復（孚）論（攣）如，无咎。　譯：九五，有所俘獲，縛綁相聯牽引，則無災患。復借爲孚即俘。　論假爲攣。

林漢仕案：中孚九五之禮讚爲有孚攣如。因孚信於中而相牽繫不絕於外也。九五之人際關係孚於衆所謂協和萬邦不可解矣！茲彙衆賢如何讚九五之攣如：

象云：位正當也。　王弼云：處中居尊、群物主、信何可舍、故有孚攣如。　孔疏：五以中誠交物、信何可暫舍、故有孚相牽繫不絕。　虞翻：二坎孚信，巽繩艮手故攣。　張載：處盛而信不交物、未免於咎。　程子：人君以至誠固結億兆之心如拘攣然。　蘇軾：五得四必攣而後固。位當是以无咎。　張浚：君臣一心、天下順比是攣如。五剛中爲有孚。朱震：君臣位正德當，相孚固結如拘攣然。　鄭汝諧：五君位、烏可不以信結乎民？攣固結也。　李衡引陸：中孚之尊、群生之主、不能恢宏萬邦、攣係於四。引胡：至誠牽攣天下心，得君道又何咎！　楊萬里：攣如者五心、惕然拘攣不少肆，自歛若不足、五之謙也。巽順故攣如。　朱熹：五剛健中正、尊爲孚主、應二與之同德。　項安世：五大君、內與四比則孚狹、特義正故免咎而已。　趙彥肅：此卦稱孚、欲極其義。　楊簡：五陽實近四、陰陽相得象。君臣和而不乖違也。　吳澄：四孚五固結不解如攣其手象。梁寅：五孚誠得天下心、如拘攣之固不可解。　來知德：靡攣皆有固結意、應二同德故象占如此。　王夫之：五足攣繫四、孚異易，孚同難，上亢不受孚。毛奇齡：孚貴固、二五位正又相當攣顧之。巽繩互艮手。　折中：化邦人君之孚、故必誠信固結於天下。　李光地：五孚主，有化邦之任。　李塨：剛中有二之孚、固結攣如矣。　吳汝綸：攣如與上連也。與小畜象同。丁壽昌：二五陽同德相應、猶三四匹敵。小畜君臣相畜、此君臣相孚。　曹爲霖：先主於孔明、苻堅於景略，固有然矣。　星野恆：君中正必有中實匡輔翊戴之臣。　馬通伯：五合二成一體包二陰成中孚、二五一心故。孚則化。　劉次源：五四異性孚則攣如。四海皆兄弟故无咎。位正則心无偏，孚所以堅。　李郁：攣如拘縮貌。五自縮化柔應二、故有孚无咎。徐世大：伏卵雞拳曲爪腳。胡樸安：各攣係所獲而歸。高亨：孚罰、拘係而囚、罰之一挫。筮此可解脫。李鏡池：攣如細緊梯子。把俘虜細緊用作人牲。屈萬里：說文攣、係也，連也。傅隸樸：手指拘攣伸不開。有、當也。當如十指拘攣緊握孚信、維繫人心才可免咎。金景芳：朱指九二、程指九五當至誠感天下。我看程好一些。徐志銳：四親比五、連結不可分離。初二、四五、此四爻屬此例。張立文：九五有所俘獲、縛綁相連牽引。

攣應是一種癖好、一種病態。象瘻躄、兩膝曲。互相牽繫、拳曲不能伸、攣縮、攣生、攣眷。牽攣。攣亦有治亂義。九五之有孚、豈謂彼有治亂狂？以理亂爲癖好？治亂舵手？九五陽剛中正居尊位、象云位正當。則其孚天下、協萬邦乃天經地義。何爲糾結拘繫、緊抱「有孚」、在乎是否孚信於民、不惜造作以示信、牽攣拘結百僚之翊戴、四海是否歸心？天下是否一德、夫如是。五惕然不少肆而自斂。五自我改造若是、又何咎？然易家局限於五之二坎孚信。（虞）五得四必攣而固。（蘇）五攣係於四。（李衡引陸）五大君、內與四比則孚狹。（項）楊簡、吳澄、王夫之等是之。朱熹、來知德、毛奇齡等則是二之孚。不如王、孔之謂攣如者繫其信、相牽不絕之名。趙彥肅稱此卦稱孚、欲極其義。五無應二比四之狹、有孚誠得天下心之願。（梁）信何可暫舍？（王、孔）烏可不以信結乎民？（鄭汝諧）五之有心哉、久假不歸、當孚攣如矣！

卦辭之豚魚吹浪、人知航時之利正。初潛龍之遭阿護，若有第三者介入則不得安寧。二時爛漫、接引同好、借杯酒、接殷勤、同聲相應、同氣相求以盡歡也。三時位雖不當猶說。神仙、老虎、狗、莫非己致。德其所匹敵也。推赤心待人乎？四盡馬力、近月中（十四、十五、十六）夜半馳鶩、祈拔頭籌耶？五則不惜造作示信、務使天下歸心。本身亦久假成眞、一片至誠矣！

上九、翰音登于天，貞凶。

象曰：翰音登于天，何可長也。

王弼：翰、高飛也。音飛而實不從，居卦上信終，忠篤內喪、華美外揚故翰音登于天也。正亦滅矣！

孔穎達：上九處信終則衰也，信衰詐起，若鳥翰音登天，虛聲遠聞也！故曰翰音登于天，虛聲无實，正之凶也。

李鼎祚引虞翻：巽雞應震爲音，翰高也，巽高乾天故翰音登于天。失位故貞凶。禮薦牲雞稱翰音也。

張載：處信之極，好居物上，信而无實，窮上必凶。一云將變而爲小過也。

程頤：翰音者音飛而實不從。孚於上、進不知止。貞固於此不知變、凶可知矣！夫子曰好信不好學，其蔽也賊。固守不通之謂也。

蘇東坡：翰音、飛且鳴者也。其飛不長、雉之類是也。處外居上，飛而求顯，鳴求信者故翰音登于天，與九二在陰子和相反。惟不下從陰得陽之正，故曰貞凶。

張浚：巽極信衰，志在說人，不足以欺天下後世。若新室諄諄其辭，凶其宜哉！巽雞爲翰音，位卦上爲天。周公誠在言先、作大誥成王幾危復安，其言足以有格也。

張根：此信不足而急人之知者，異乎在陰之鶴矣！

朱震：巽雞、剛翰、羽翮也。雞振羽翮而後聲出于口，翰音也。乾五天。聲聞天者鶴也。雞无是實，其可長乎！不信之極，正乎其凶故曰貞凶。張載曰信无實窮上必凶。

鄭汝諧：信貴內乃處外，信貴中乃極上。巽風陽居，蓋以飛求顯、以鳴求應者，實既喪，烏能久哉！正固守此，凶之道也。

李衡引侯：窮上失位，信不由中。以此申命、有聲无實，是翰音登天也。巽雞曰翰音、虛音登天、何可長也。　引介：聲聞過情，雖貞示凶，況不貞乎！

楊萬里：上九處中孚之外、非中孚之徒、爲中孚之聲、挾其善鳴如樊籠之雞欲一飛登天可乎？曾謂雞能登天乎？上九巽之極高者故登天。巽雞故翰音。

朱熹：信極不知變、雖正亦凶。雞曰翰音、巽象。巽極爲登于天。雞非登天物、信非所信，不知變亦猶是也。

項安世：上九巽極躁不中正，以巽雞翰音效澤鳴聞于天，內不足求孚於外、聲聞過情，涸可立待。愈久愈凶、何可長也！

楊簡：巽雞爲翰音。上九卦上、有翰音登天象。雞飛不過尋丈，今過常登天，彊力而上，雖貞正亦凶。何則？彊過其力，何可長也！必墜無疑矣！可爲彊矯過力之戒！

吳澄：巽爲雞曰翰音。豚魚知風、鶴知夜半、雞知旦。皆有信故中孚。上九天位、雞飛類走鳴於地、欲彼音登天則非所能，占也。項氏曰効澤鳥鳴愈久愈凶。

梁寅：上九處中孚之極、不中正而有信聞、其有名无實者乎？雞曰翰音、巽象。上天位是雞音登聞於天地。雞不能飛而音聞于天、聲聞過情亦甚矣！貞固守此安得不凶乎！

來知德：禮記雞曰翰音。巽雞錯小過飛鳥遺書。雞信物，巽爲高、又居天位、登升。上九極則中孚變，聲聞過情、不能長久于中孚者。占者得此、貞亦凶矣！

顏炎武：翰音雖登于天而非實際。如齊物之言，怪迂之辨。中孚之反也。

王夫之：雞翰音鳴有信。上九剛亢、居高不下，比五孚陰、不自量、尙小信、雞高飛能幾何哉！超陰不足孚，又不能順五，其剛不靡可謂貞，然匹夫匹婦之諒爾，凶必及之。

毛奇齡：上位不中不能攣孚，譬雞羽族、不能高飛，乃欲登天，雖貞不幾凶乎！蓋剛極則貞凶不能登天。後漢封事引有貌無實佞人，有實無貌道人。（註屈道事闇朝）指此爻言。

折中集說引胡瑗：翰、鳥羽高飛、徒務虛聲、外節以矯僞爲尙。　引鄭汝諧曰：聲聞過情，君子恥之。　引章潢曰：二居兌故曰陰、上巽故于天。中孚可以人僞爲之哉！

李光地：孚道積內不暴外，脩己不揚於衆。處外居上、下繫應、虛聲遠聞而實德病矣！故象爲翰羽之音升聞于天，與在陰鳴鶴異矣。以是爲貞必凶也。

李塨：上九孚終不能孚矣。自信之極、以巽雞之音勉爲叫號、欲上登天，此雖正而凶矣！京房以新進斥石顯、及外出又屢上封事、卒以殺身、其此之謂乎！

姚配中案虞注：小宛傳翰高戾至。行小人之道、責高明之功終不可得。又案：在五上故登于天，失位亢上，惡聲上聞也，故貞凶。此喻紂腥聞在上也。失位不正而人正之也。

吳汝綸：上貞凶、居極將變爲小過宜下、正與此相反。翰音謂鶴。翰、高也。高音登天爲其不可長也。與二在陰相和者異矣！

丁壽昌：虞曰巽爲雞應震、音、翰高乾天故翰音登于天。禮薦牲雞稱翰音。王注音飛實不從非確詁。蘇蒿坪曰翰音登天、必無能久之理，故貞凶戒之。宜變柔求得乎中可知矣。

曹爲霖：日知錄：翰音登天其如齊物之言、怪迂之辨、高過大學而無實。鶴鳴子和、孰誕孰信。永嘉之亡、大清之亂、孰非談空空覈元元者有以致之哉！王伯厚亦曰翰音登天、無實之名也。殷浩、房琯以之。

星野恆：雞曰翰音、巽雞象。陽處極、務上不知止、志廣才疏，欲登天貪高亢而無其實、雖貞亦不免凶。人苦不自知分，進而才不勝、雖勉爲正、豈免於凶哉！

馬通伯：上居巽極、高亢失位、應震而鳴，自成其凶。齊策顏斶引易傳云居上无實而喜名必驕奢倨慢、則凶從之。是古易家說此爻義也。易傳以此爲最古。

劉次源：雞亦信禽。鳴則振翰、登天非所能也。亢斯凶矣。難乎其爲貞也。傳象何可長者、物極必返、終而復始也。

李郁：天雞赤羽，非如鶴之能鳴九皋。乃猶引吭欲其音登天、是不量力矣！卑而強高故凶。

徐世大：雞兒飛上天、耐久難矣哉！雞能飛，若不高不久。猶俘無馬匹，即有遁逃機會、亦無可奈何！

胡樸安：獵罷而歸，所獲之禽飛去，其音上至于天。其事凶也。有飛去、須謹防、不可長有此事。故象曰何可長也。

高亨：翰鶾古字通用。雞不能高飛、今高飛升天、物反其常，乃妖徵、實爲凶兆。

李鏡池：這是說用雞祭天。周人祭祀用人牲多，用雞的只此一見。爻分說喪、賓、嘉、軍、吉五禮。寫二種祭品——人牲和雞。事分輕重、寫法別致。

屈萬里：按登于天，言高飛而去。如是則不克用于祭祀。傳象：言此現象不可長久。國語周語下韋注：純美曰犧。惠氏易說鶾古郊天故曰登于天。禮記雞曰翰音。詩小宛毛傳翰高戾至。翰音謂飛時羽音也。爾雅鶾天雞。說文赤羽也。

傅隸樸：上九剛實而位非中正、是中無誠信象。身不誠而求人信、空名得進、大名之下、難以久居！何況虛名！好比音飛愈高、響愈微弱、堅持虛浮不改、必遭凶！翰音即飛音。

金景芳：朱子釋翰音爲難。曲禮雞曰翰音。王弼翰、高飛也。音飛而實不從。華內外揚。蘇軾飛且鳴也。飛求顯、鳴求信。朱震巽雞、翰羽翮。我不從朱子、王弼解釋挺好、可從。

徐志銳：公雞啼、先振動翅膀而後引頸高叫、其聲稱翰音。上九剛爲陰位、究其實質无中道與中德、虛張聲勢以假亂眞、豈能不凶。上九未得中道失去操守之人。

張立文：尙（上）九，鶾（翰）音登于天，貞凶。　譯：上九，丹雞飛上天，占問則凶。

鶾假爲翰。

林漢仕案：經傳翰：鶾雞、白雉、天雞赤羽、翬雉、一名鷐風。雞、白色馬、高飛、長毛、高卬。易家注翰音：王弼：翰、高飛。音飛實不從。 孔穎達：鳥翰音登天、虛聲遠聞。

虞翻：禮薦牲雞稱翰音。巽雞、震音。翰、高也。巽高乾天故翰音登于天。 張載：信而无實。 程頤：音飛而實不從。孔子曰好信不好學、其蔽也賊。蘇軾：翰音、飛且鳴也。雉飛不長。飛求顯、鳴求信，故翰音登于天。 張浚：巽雞爲翰音。志在說人，不足以欺天下後世。 張根：此信不足而急人之知者，異乎在陰之鶴矣。 朱震：雞振羽翮而後聲出于口、翰音也。聲聞天者鶴也，雞无是實、其可長乎？ 鄭汝諧：以飛求顯、以鳴求應。實既喪、烏能久哉！ 李衡引侯：有聲无實、巽雞翰虛音登天，何可長也。 楊萬里：如樊籠之雞欲一飛登天可乎？巽雞故翰音。 朱熹：雞曰翰音、雞非登天物。不知變猶是也。項安世：上九躁、巽雞效澤鳴、聲聞過情、愈久愈凶。 楊簡：巽雞爲翰音。上九卦上，雞飛不過尋丈，今彊力上、必墜無疑。 吳澄：雞飛類走鳴於地、上九天位、欲登天則非所能。 梁寅：雞不能飛而音聞于天，貞固守此、安得不凶。 來知德：禮記雞曰翰音。巽雞錯小過、飛鳥遺音。巽高。上九極、中孚變。占貞亦凶。 顧炎武：翰音登天如齊物怪迂之辨，中孚之反。 王夫之：雞鳴有信、上亢、小信、匹夫匹婦之諒爾、凶必及之。

毛奇齡：上不能攣孚、雞不能高飛。乃欲登天、貞不幾凶乎！ 折中引：鳥羽高飛、務虛聲。中孚可人僞爲之哉！ 李光地：孚道修己不揚於衆。虛聲而實德病。與鳴鶴異。

李堪：上九自信極、勉爲叫號欲登天，雖正亦凶矣。姚配中：失位亢上、惡聲上聞，不正而人正之也。吳汝綸：翰音謂鶴、翰、高也。高音登天爲其不可長也。丁壽昌：翰高乾天。禮薦牲雞稱翰音。王注非確詁。曹爲霖：永嘉之亡、大清之亂、孰非談空空覈元元者有以致之哉！星野恆：志廣才疏、貪高無實、雖勉爲正，豈免於凶哉！馬通伯：巽極震鳴。齊策引居上无實而喜名、必驕奢倨慢、凶從之。易傳以此爲最古。劉次源：雞信禽，登天非所能、亢斯凶矣。李郁：天雞非如鶴能鳴九皐、猶引吭是不量力。徐世大：雞兒飛上天，耐久難矣哉！胡樸安：獵獲之禽飛去、不可長有此事。高亨：翰鶾古通用。雞高飛升天、乃妖徵，實凶兆。李鏡池：用雞祭天、只此一見。屈萬里：登天言高飛而去，不克用于祭祀。古郊天故曰登于天。翰音：飛時羽音也。爾雅天雞、說文赤羽。傳隸樸：上九大名之下難以久居，好比飛愈高、響愈微。翰音即飛音。金景芳：王弼解釋挺好。可從。徐志銳：公雞啼聲稱翰音、虛張聲勢以假亂眞。張立文：雞飛上天、占問則凶。

牝雞雄鳴、主不榮。雞生角、雌化爲雄，雞自齧斷尾。古人謂雞毦。其他如鼷鼠食郊牛角、鼠舞不休。狗生角、邯鄲狗與彘文、近犬豕之禍、（按台灣報載有犬與野生雌猴交。）史犯稱茲謂反德、國有兵革。（見五行志第七中之上）牡馬生子爲馬禍。京房易傳：方伯分威、厥妖牡馬生子。亡天子、諸侯相伐、厥妖馬生人。」牝雞鳴、鼠齧牛角、馬生角、牡馬生子、馬生人、是決無之事。無而爲有，虛而爲盈，吾知其無可如何矣！今云翰音登天、象云何可長。王弼音高飛實不從。孔疏若鳥翰音登天。李引虞翻云禮薦牲雞稱翰音。蘇東坡：翰音飛且鳴也。張浚：雞音爲翰音。楊萬里：巽雞故翰音。項安世：巽雞效澤鳴。朱熹：雞非登天物。吳澄：雞飛類走鳴於地。　來知德：雞信物居天位、聲聞過情。顧炎武：如齊物之言、怪迂之辨、中孚之反也。　王夫之：匹夫匹婦之諒爾。　毛奇齡：雞羽族欲登天，雖貞、不幾凶乎！　折中：翰、鳥羽高飛、徒務虛聲。中孚可以人僞爲之哉！李塨：自信之極、巽雞勉爲叫號、欲上登天、正而凶！　姚配中：行小人之道、責高明之功、紂腥聞在上也。　吳汝綸：翰音謂鶴。翰、高也。　丁壽昌：王注非確詁。蘇云翰音必無能久之理。　曹爲霖：鶴鳴子和、孰誕孰信？永嘉亡、大清亂、孰非談空空者有以致之哉！　星野恆：人苦不自知分！　馬通伯引齊策易傳：居上无實而喜名、必驕奢倨慢、凶從之。　李郁：雞非如鶴之能鳴九皋。卑而強高故凶。　徐世大：雞能飛、耐久難。胡樸安：獵獲之禽飛去。　高亨云妖徵。　傅隸樸云：上九大名之下難以久居。　張立文：雞飛上天、占凶。

翰音，禮薦牲謂雞。翰音登于天。即雞登于天。顧炎武云怪迂之辨。高亨云妖徵。乃針對爻辭言。王弼之云音高飛實不從。乃拆開翰與音二字以表之。丁壽昌故云王注非確詁，然金景芳云「王弼解釋挺好、可從。」禮記曲禮下：牛曰一元大武，豕曰剛鬣、羊曰柔毛、雞曰翰音。犬曰羹獻、雉曰疏趾、兔曰明視……注翰猶長也。疏雞肥則其鳴聲長也。翰音爲雞代稱、究其來由爲鳴聲長。先儒則兩義並陳，既言雞、又言其鳴聲。持王弼之疏、孔云「若鳥翰音登天。」不專指雞耳。丁壽昌之「非確詁」責王弼、不無理也。翰音是雞代稱、雞登于天，除非九五得道、否則雞犬如何昇天？顧炎武齊物怪誕謂上九雞飛上天、高亨之云妖徵。直比五行志之難生角、雞自齧斷其尾、古人謂之旣乎？ 禍之未必也、守此論確信不疑、占稱凶也。有所失也。象云何可長也、正謂雞飛戾天、何可長乎？天有多高？三尺耶？三千丈三億丈耶？天祇在爾之頭頂耳。鳥飛魚游各有所長、教猱升木、教隼飛天、順事易成、亦多此一舉。教中孚因上九信終則衰而代之詐、天性之斲傷，而人亦不信徒增笑柄耳。劉禪驚視司馬文王曰「誠如尊命」，左右皆笑。爲何笑、笑阿斗直言正是卻正教我語也！雞不能一飛衝天、謂上九也。守正教飛亦徒勞、飛愈高、甩愈重、正行、卜問皆凶、是上九也。如豚魚吹浪、司夜、守信則吉。有它如燕直飛不下來、意外之患在等待揭露眞相結果矣！有孚攣如、无咎也。

易傳都都參考書目

參同契	魏伯陽	
周易集解纂疏	李鼎祚・李道平	廣文書局
易經皇極經世秘書	邵康節	武陵
周易音義	陸德明	
易童子問	歐陽修	
橫渠易說（張子全書）	張載	廣文書局
溫公易說	司馬光	上海古籍出版社
蘇氏易傳	蘇軾	廣文書局
易程傳	程頤	台灣商務印書館
易數鈎隱圖	劉牧	
漢上易傳	朱震	廣文書局
周易義海最要	李衡	廣文書局
周易玩辭	項安世	廣文書局
郭氏傳家易傳	郭雍	
復齋・易傳	趙彥肅等	廣文書局

東谷易傳	鄭汝諧	廣文書局
吳園易傳	張根	廣文書局
易本義	朱熹	廣文書局
紫巖易傳	張浚	廣文書局
誠齋易傳	楊萬里	三才書局
李氏易傳	李中正	
楊氏易傳	楊簡	廣文書局
讀易私言	許衡	廣文書局
漢上易	朱震	廣文書局
易纂言	吳澄	廣文書局
易學濫觴	黃澤	廣文書局
易參議	梁寅	廣文書局
來氏易注	來知德	民樂出版社
易禪解	釋智旭	
船山易學	王船山	廣文書局
仲氏易	毛奇齡	廣文書局
折中	李光地等	眞善美出版社

周易通論	李光地	廣文書局
合訂刪補易大全	納蘭德成	廣文書局
周易傳注	李塨	廣文書局
惠氏易學	惠棟	廣文書局
易學十書	張惠言	廣文書局
周易平議	俞樾	
易說	惠士奇	廣文書局
易學三書	焦循	廣文書局
卦氣解	莊存歟	
易集傳	孫星衍	廣文書局
易圖明辨	胡渭	廣文書局
周易卮言	孔廣森	
周易述聞	王引之	
周易考異	宋翔鳳	廣文書局
周易異文釋	李富孫	廣文書局
周易解故	丁晏	
周易答問	全祖望	

卦氣集解	黃元炳	
周易釋爻例	成蓉鏡	
周易校勘記	阮元	
漢魏廿一家易注	孫堂輯	映雪艸草藏書
京氏易傳箋	徐昂	
九家易集注	黃奭	
周易要義	宋書升	山東齊魯書社
易古義	楊樹達	台灣力行書局
易古史觀	胡樸安	
周易大義	吳汝綸	台灣中華書局
周易古經今注	高亨	
周易解題及其讀法	錢基博	
科學的易	丁超五	
學易筆談	杭辛齋	廣文書局
周易新證	于省吾	藝文印書館
周易正言	李郁	廣文書局
周易話解	劉思白	弘道文化事業公司

周易通義　李鏡池　中華書局
周易探源　鄭衍通　中教出版社
周易解頤・周易闡微　徐世大　台灣開明書店
易經精華　薛嘉穎　新文豐出版社
易學史鏡　曹爲霖　新文豐出版社
讀易會通　丁壽昌　河洛出版社
周易費氏學　馬通伯　新文豐出版
周易理解　傅隸樸　中華書局
易鑰　陳炳元　弘道文化事業公司
周易古今通說　胡自逢　文史哲出版社
先秦諸子易說通考　胡自逢　文史哲出版社
周易讀本　黃慶萱　三民書局
周易經翼通解　伊籐長胤　五洲出版社
周通　劉次源　廣文書局
周易集解初稿　屈萬里　聯經出版公司
先秦漢魏易例述評　屈萬里　學生書局
談易　戴君仁　台灣開明書局

易經講義	程兆熊	九龍鄧鏡波學校
周易研究	徐芹庭	世界圖書公司
易學源流	徐芹庭	國立編譯館
易數淺說	黎凱旋	
周易講座	金景芳	吉林大學出版社
易卦淺釋	沙少海	貴州人民出版社
周易大傳新注	徐志銳	山東齊魯書社
周易祕	黎子耀	浙江古籍出版社
神祕的八卦	王玉德等	廣西人民出版社
點校易經	蘇勇	北京大學出版社
今人讀易	關角如	湖南教育出版
周易哲學史	朱伯崑	北京大學出版社
周易補注	陳樹楷	天津市古籍書店
費氏古易訂文	王樹枏	文史哲出版社
易學新探	程石泉	黎明文化事業
周易要義	宋書升	山東齊魯書社
漫談周易・周易旁通	王居恭	文史哲出版社

讀易劄記　汪忠長　老古文化事業
周易帛書今注今譯　張立文　台灣學生書局
馬王堆帛書易經斠理　嚴靈峰　文史哲出版社
帛書易傳初探　廖名春　文史哲出版社
無求備齋易經集成　嚴靈峰輯　台北成文出版社
十三經註疏　阮元編　藝文印書館
廿五史　楊家駱編　鼎文書局
資治通鑑　司馬光　明倫書局
老、莊集成　嚴靈峰輯　成文出版社
論、孟集成　嚴靈峰輯　成文出版社
廿二史劄記　趙翼　廣文書局
文選筆記　廣文書局
茶香室經說　俞樾　廣文書局
茶香室叢鈔　俞樾　廣文書局
通俗篇　翟灝　廣文書局
經學源流考　甘鵬雲　廣文書局
經學世界　本田成之　廣文書局

經義述聞 王引之 廣文書局
經史答問 全祖望 廣文書局
述學 汪中 廣文書局
國故論衡 章太炎 廣文書局
國學發微 劉師培 廣文書局
文始 章太炎 廣文書局
讀書隨筆 劉師培 廣文書局
韓昌黎文集 韓愈 廣文書局
王荊公詩 王安石 廣文書局
宋稗類鈔 潘永因 廣文書局
讀經示要 廣文書局
左傳會箋 竹添光鴻 廣文書局
魏晉六期小說筆記 廣文書局
十八家詩鈔 曾國藩 廣文書局
日知錄 顧炎武 明倫出版社
十駕齋養心錄 錢大昕 中華書局
甲骨文字集釋 李孝定 中央研究院史語所

綴遺齋彝器考釋　方濬益　國風出版社
攈古錄金文　吳式芬　樂天出版社
兩周金文辭大系考釋郭沫若
金文編、金文續編　洪氏出版社
積古齋鐘鼎彝器款識　阮元　藝文書局
積微居金文說・甲文說　楊樹達
三代吉金文存　羅振玉　中文出版社
殷墟卜辭綜類　島邦男
商周彝器通考　容希白　大通書局
愙齋集古錄　吳大澂　台聯國風出版社
殷契粹編　江盧劉氏藏本　大通書局
彝銘會釋　于省吾、吳闓生　樂天書局
歷代鐘鼎彝器款識法帖　薛尚功　廣文書局
金石書錄目及補編　容氏　大通書局
古籀拾遺・古籀餘論等　孫詒讓　華文書局
汗簡箋正　廣文書局
中國字例　高明

周金疏證　魯實先　廣文書局
小學答問　章太炎
太平廣記　宋·李昉　文史哲出版社
僞書通考　張心澂
中國古籍研究叢刊　維明書局
元明清戲劇選　學海書局
中國戲典發達史　學藝
盛明雜劇　廣文書局
國學彙編　胡樸安
歷代職官表　黃本驥　國史研究室
世界史上古編、中古編、近代編　世界書局
崔東壁遺書　崔述　河洛出版社
韓非子集釋　河洛出版社
詩毛氏傳疏　明·陳奐　廣文書局
詩集傳　宋·朱熹　藝文書局
四書集註　朱熹　華聯出版社
閱微草堂筆記　紀曉嵐　大中國圖書公司

竹簡兵法　河洛書局
貞觀政要　河洛書局
要籍解題及其讀法　梁啓超　華正書局
困學紀聞　王應麟　中華叢書
墨子畢沅注　廣文書局
詩品注　陳延傑　開明書局
東萊左氏博議　呂祖謙　廣文書局
孫武兵法、六韜合訂本　廣文書局
二程子全集　廣文書局
東坡詩話、詩談　廣文書局
王陽明傳習錄　王陽明　樂天書局
諸子新證　于省吾　樂天書局
春秋繁露・尉繚子・鬼谷子等　廣文書局
竹書紀年、楊子等　廣文書局
周敦頤・張載全書　廣文書局
馬浮先生語錄（爾雅台答問）　馬浮　廣文書局
中國文學批評史　郭紹虞　文史哲出版社

中國目錄學講義　昌彼得　文史哲出版社
國史大綱　錢穆
朱熹實紀　　廣文書局
蘭陔室選鈔　林孝圖
白虎通、吳子等　　廣文書局
讀書脞錄　孫志祖　廣文書局
中國史學史　金毓黻　文力出版社
古事比　方中德　廣文書局
經學通論　皮錫瑞　商務印書館
經傳釋詞　王引之　商務印書館
說文古籀補　吳大澂　商務印書館
古籀彙編　徐文鏡　高務印書館
毛寺品物圖考　岡元鳳　廣文書局
觀堂集林　王國維　文華出版社
中國哲學史　馮友蘭
書傭論學集　屈萬里　台灣開明書店
中國思想史論文集　徐復觀　學生書局

讀書雜志	王念孫	樂天出版社
求闕齋讀書錄	曾國藩	文光圖書公司
淡墨錄	李調元	廣文書局
史記會注考證		文史哲出版社
筆記小說大觀		新興書局
論衡	王充	中華書局
古時漢語	王了一	
說文通訓定聲	朱駿聲	藝文書局
經籍纂詁		世界書局
說文解字	許慎	廣文書局
十八家詩鈔	曾國藩編	廣文書局
禪定天眼通(系列)	馮馮	天華書局
古史辨	顧頡剛	

林漢仕著作書目

易傳評詁	二八九	七十二年十一月初版	文史哲出版社
乾坤傳識	二五四	七十七年十二月初版	文史哲出版社
否泰輯眞	四一九	八十年十一月初版	文史哲出版社
易傳綜理	三四六	八十一年五月初版	文史哲出版社
易經傳傳	五五七	八十三年十一月初版	文史哲出版社
易傳匯眞	四五八	八十七年十二月初版	文史哲出版社
易傳廣玩	四三二	八十八年十一月初版	文史哲出版社
易傳廣都	五五八	九十一年元月初版	文史哲出版社
易傳彙玩	三八三	九十一年十月初版	文史哲出版社
易傳都都	三六一	九十一年十月初版	文史哲出版社
孟子探微	二七九	六十七年七月再版	文史哲出版社
重文彙集	一三四	七十八年二月再版	文史哲出版社
錦繡河山見聞	一八四	八十五年十月初版	文史哲出版社

林漢仕易傳都都共十册，約三百萬言。費時二十三年。盡可能做到：地綜南北，人合古今。採擷了二千年來治易專家精湛論點，一字兒攤開，讓當代及後來讀者開門見山、第見一

山高似一山。「抗峯岷峨、偕嶺衡疑。」一如酈道元水經江水注云：「頹崖所餘、尙爲竦桀；翼附群山、並槩青雲。（只有）更就霄漢，（才有辦法）辨其優劣耳。」林某「五十以學易」，符合了孔聖人導遊易學的年齡。著書立說、提供了選邊站或對號入座的方便。江山代有才人出、各領風騷若干年、此其時也乎？此其時也！快來讀林漢仕易傳都都。